智能财务研究系列丛书

# 2020 年影响中国会计从业人员的十大信息技术：现状与趋势

刘勤 吕晓雷 等著

立信会计出版社
LIXIN ACCOUNTING PUBLISHING HOUSE

**图书在版编目(CIP)数据**

2020 年影响中国会计从业人员的十大信息技术：现状与趋势 / 刘勤等著.—上海：立信会计出版社，2020.12
ISBN 978 - 7 - 5429 - 6642 - 1

Ⅰ.①2… Ⅱ.①刘… Ⅲ.①信息技术—影响—会计—研究—中国—2020 Ⅳ.①F23

中国版本图书馆 CIP 数据核字(2020)第 231600 号


策划编辑　　张巧玲
责任编辑　　张巧玲
封面设计　　南房间


**2020 年影响中国会计从业人员的十大信息技术：现状与趋势**

2020 Nian Yingxiang Zhongguo Kuaiji Congye Renyuan de Shida Xinxi Jishu：Xianzhuang yu Qushi

| | | | | |
|---|---|---|---|---|
| 出版发行 | 立信会计出版社 | | | |
| 地　　址 | 上海市中山西路 2230 号 | 邮政编码 | 200235 | |
| 电　　话 | (021)64411389 | 传　　真 | (021)64411325 | |
| 网　　址 | www.lixinaph.com | 电子邮箱 | lixinaph2019@126.com | |
| 网上书店 | http://lixin.jd.com | http://lxkjcbs.tmall.com | | |
| 经　　销 | 各地新华书店 | | | |
| 印　　刷 | 江苏凤凰数码印务有限公司 | | | |
| 开　　本 | 787 毫米×1092 毫米 | 1/16 | | |
| 印　　张 | 16.5 | 插　　页 | 5 | |
| 字　　数 | 310 千字 | | | |
| 版　　次 | 2020 年 12 月第 1 版 | | | |
| 印　　次 | 2020 年 12 月第 1 次 | | | |
| 书　　号 | ISBN 978 - 7 - 5429 - 6642 - 1/F | | | |
| 定　　价 | 78.00 元 | | | |

如有印订差错，请与本社联系调换

# 编辑委员会

# 前　　言

习近平同志在 2018 年两院院士大会上[①]指出：“世界正在进入以信息产业为主导的经济发展时期。我们要把握数字化、网络化、智能化融合发展的契机，以信息化、智能化为杠杆培育新动能。”财政部在《会计改革与发展“十三五”规划纲要》中也明确要求广大会计人员，“密切关注大数据、‘互联网＋’发展对会计工作的影响，及时完善相关规范，研究探索会计信息资源共享机制、会计资料无纸化管理制度”。毫无疑问，数字化转型已成为中国企业发展的趋势，会计信息化也已成为会计界普遍关注的重要内容。

近年来，信息技术对会计的影响引发了很多新的思考：会计学专业还会持续成为高考生优先的选择吗？究竟有哪些信息技术正在影响我们会计人员的工作？基层会计人员的工作会不会被机器人所取代？财务负责人如何才能有效地驾驭越来越复杂的信息系统？怎么样的课程和师资才能培养出市场急需的会计人才？监管机构如何才能识别和防范具有高科技特征的会计舞弊……

面对信息技术带来的层出不穷的新问题，会计界正在从不同的角度去寻找理想的答案，在这种大背景下，上海国家会计学院试图从“信息技术＋会计”这个独特的视角，去帮助广大会计人员解读当前这些热点问题。从 2017 年起，学院联合业内多家机构，在中国会计学会会计信息化专业委员会的指导下，开展了“影响中国会计从业人员的十大信息技术”

---

① 两院院士大会指中国科学院第十九次院士大会、中国工程院第十四次院士大会。

评选活动,期望用这种方式来跟踪信息技术的发展,揭示信息技术对会计产生的影响,了解中国会计信息化的应用情况,并进一步通过专家的分析来展现会计这个古老的职业在新的历史发展阶段所迸发出的新活力。

在积累了多次评选活动经验的基础上,2020 年,上海国家会计学院联合用友网络科技股份有限公司、元年科技股份有限公司、中兴新云服务有限公司、金蝶软件(中国)有限公司和浪潮集团有限公司等多家知名机构,在中国会计学会会计信息化专业委员会的指导下,共同组织了"2020 年影响中国会计从业人员的十大信息技术"评选活动。组织方邀请了来自高校、企业、事务所和软件厂商等的 157 位专家代表,共提名 600 余项信息技术,并在充分讨论后推出 30 项正式候选项,结合来自全国及各省市高端会计人才、总会计师、财务负责人等为主体的 5 375 份公众投票,最终形成评选结果。

2020 年 6 月 20 日,在各方的共同努力下,在来自学术界、企业界(含中介机构)专家们的大力支持下,"信息技术赋能会计融合创新"高峰论坛暨"2020 年影响中国会计从业人员的十大信息技术"评选结果发布会在上海国家会计学院成功举办。针对每一项信息技术,与会专家做了精彩的、高质量的演讲,给数以万计的云端参会人士以深刻的启迪。

为了让更多人从本次评选和论坛中受益,我们组建了写作团队,以论坛演讲稿为基础,针对影响会计人员的各项信息技术,从原理、历史、影响、场景和学习建议等多方面进行充分的解读并形成了本书的书稿。我们希望本书的内容能够有利于会计人的职业发展、信息技术在会计工作中的应用、会计人才能力培养和会计软件产品开发等工作,并在某种程度上推动我国信息技术与会计融合的理论、政策和实务的发展。

本书适合所有对会计信息化感兴趣的读者阅读,包括政府和企事业单位的会计从业人员,监管机构、会计中介机构、软件厂商、高校和研究机构的相关人员以及会计专业的学生。

由于作者研究水平有限，本书内容难免存在不足和局限，敬请读者在阅读时给予批评与指正！

"影响中国会计从业人员的十大信息技术"评选活动自开展以来，已经取得了一定的成果，我们相信还将取得更为丰硕的成果。信息技术在不断发展，需要会计界做出更积极的努力和探索。我们期待与各界的朋友一起，积极探索信息技术对会计人的影响、与会计工作的融合，致力于指导会计人更好地发展，共创会计职业的美好未来。

### 特别感谢

中国会计学会会计信息化专业委员会的各位委员们多年来对这项活动的专业指导；

用友网络科技股份有限公司付建华副总裁、元年科技股份有限公司韩向东总裁、中兴新云服务有限公司陈虎总裁、金蝶软件（中国）有限公司赵燕锡高级副总裁、浪潮集团有限公司魏代森副总裁对活动的大力推动和积极参与；

人民日报、中央人民广播电台、中新社、光明日报、中国青年报、新华日报、解放日报、经济日报、证券日报、第一财经、澎湃新闻、财务与会计、财会通讯、新理财、中国会计报等百余家媒体多年来持续关注和深入报道我们的评选活动；

参与本次活动的毕培文、卞敏娜、柴寅初、车桂娟、陈传亮、陈耿、陈虎、陈琳、陈灵国、陈沛、陈宋生、陈文龙、陈旭、陈震晗、陈志斌、程平、邸慧清、董皓、董军、杜美杰、范松林、冯思源、冯涛、傅怀全、付建华、葛巍、龚浩年、桂友泉、韩海晏、韩敏、韩向东、郝宇晓、胡尔纲、胡嘉、胡靖、胡列类、胡文、胡咏华、黄冠程、黄国敏、黄融、黄衍智、黄长胤、季丰、蒋占华、金磊、金彬、靳庆鲁、金源、荆宝森、乐嘉伟、李超、李丹、李德宏、李国范、李纪建、李建维、李立成、李美平、李闻一、李映文、李志杰、李卓洋、梁芳斌、梁浩东、刘长波、刘红建、刘军、刘勤、刘庆华、卢闯、马鸿瀚、马永强、玛天梅、梅瑜、孟高栋、孟祥云、穆秀平、秦婕、屈伊春、饶艳超、任晓慧、任永平、邵光兴、沈雁冰、石林、施铭蓉、施伟忠、舒彬、宋永豪、苏南、苏适、孙存一、孙彦丛、孙彦永、孙玉甫、谭介辉、唐琦松、唐艳茜、田高良、涂军、王春焱、王海林、王宏星、王纪平、王健、王娟、王军、王明东、王文章、王彦超、王一军、王玥、魏代森、魏美钟、魏明海、吴江涛、吴忠生、夏鹏、谢峰、谢昆蓉、徐兴周、续慧泓、薛贵、薛军利、严励、颜凡清、杨川、杨寅、叶向阳、殷国炜、袁磊、张鄂豫、张锋、张华、张克慧、张立纲、张敏、张苏、张万萍、张玉虎、章帆、赵丽娟、赵松泉、赵燕锡、赵昱锋、郑开颜、郑萍、郑耀祥、郑永强、周建军、朱保成、朱恩磊、朱灏、朱会俊、朱亮、诸凡等 157 位来自各界的专家学者；

尹成彦、邱铁、赵健、杨寅、胡晓栋、曹巧波、雷程程、朱津萱、李春影、王路、付博等评选工作团队 6 个月来的所做的大量细致而卓有成效的工作；

5 375 位来自中国各行各业的专业投票者；

澳洲会计师公会对本书给予的大力支持；

立信会计出版社窦瀚修董事长、张巧玲主任等为本书出版付出的艰苦努力。

# 目　　录

**下篇** **2020 年潜在影响会计人的五大信息技术解读**

# 上篇

**影响中国会计从业人员的十大信息技术**

**评选活动介绍**

# 影响中国会计从业人员的十大信息技术评选活动

刘勤、吕晓雷、赵健，上海国家会计学院

## 一、十大信息技术评选的背景与意义

作为企业经营管理的重要工具，信息技术正在赋能财务工作的转型升级，并且已经渗透到了会计从业人员工作的方方面面，如会计工作逐渐共享化、无纸化、实时化和智能化，使会计行业迎来了日新月异的变化和前所未有的挑战，也带来了无限的生机。信息的维度以及传递速度等约束条件一旦发生改变，基于场景化的多维信息以及自动化的信息搜集与处理能力的提升，将使得会计产生深度变革：不同的信息技术对会计职能、会计组织架构和会计知识需求存在哪些影响？这些影响的传导途径、覆盖面和影响期限又如何？哪些是颠覆性的，哪些是辅助性的？这些问题都存在广泛的探讨空间，唯一确定的是会计人员的业务转型已经成为共识，需要重塑自身知识架构来拥抱已经到来的数字化变革，但如何利用快速发展的信息技术来帮助会计工作的转型则还有诸多值得探讨之处。

基于此，早在 2002 年上海国家会计学院曾经发起"影响会计从业人员的十大信息技术"评选活动，因为评选的是中性的信息技术而非任何一家商业机构的产品，在当时引起业内很大的关注。此活动在 2017 年重新开展，进一步明确了评选目的：第一是汇集专家智慧，厘清对中国会计从业人员有重要影响的信息技术；第二是帮助中国会计人员了解和掌握流行技术的基本概念、核心产品、应用场景和学习方法；第三是持续打造引领会计人员职业发展、引领会计行业变革的风向标。该评选活动在之后的 2018 年、2019 年、2020 年连续举办，通过专家投票和公众投票，评选出"当前对会计从业人员影响程度最高的十大信息技术"。每年的评选结果都吸引了超过百家媒体的报道，对会计从业人员的职业规划与转型升级、会计人才培养知识体系的构建、会计类软件的开发、会计工具的选择以及会计组织架构的科学设置等都有较大的参考价值，逐步成为行业的风向标。

从过往评选结果的影响来看，评选是凝结学术界、企业和软件厂商共识的过程，也贯穿于基础研究、应用研究、技术开发和产业化研究等不同层面，通过充分的交流从不同视角解读信息技术对会计人的影响，建立一个技术交流平台。评选结果产生的影响是广泛而深远的，对于会计从业人员规划职业生涯、会计从业人员有效掌控信息技术、助力会计从业人员成功转型、帮助会计教育机构有效设计会计从业人员培训课程体系、修订会计相关专业培养方案，对于政府机构制定和完善涉及信息化会计相关法律法规等，都具有较大参考价值。评选在社会各界也引起了广泛的反响，据不完全统计，全国高端会计人才培训、总会计师培训、专业论坛、高校授课、课题研究、相关专业文章、软件产品规划中都多次对评选结果进行了引用。该评选结果对会计人员如何运用好信息技术、研究信息技术和规划未来的工作起了非常好的引领作用。

当市场环境发生明显改变时，企业的战略也需要随之而变，尤其是在今年诸多不确定因素接连出现的情况下，信息技术的重要性无疑大为提升。上海国家会计学院李扣庆院长认为，我们今天所生存的世界充满了不确定性。不确定性给我们带来了挑战，也给我们带来了大量的机遇。信息技术毫无疑问将是我们在危中寻机，化危为机，应对不确定性的重要手段。要很好地应对不确定性，就意味着我们要更快地决策，更有效地执行，执行过程当中更快速地获得反馈，基于反馈快速地对我们的行动进行修正。这一切，都离不开信息技术的帮助，我们要更快速地收集信息、分析信息和解读信息，以便更好地作出科学的决策，而在决策实施的过程当中，我们又需要更有效地传递信息、分享信息，还需要更快速有效的信息反馈机制。所有这一切，没有现代信息技术的帮助是很难想象的。通过评选能够推动社会各界更多地关注信息技术在会计行业的应用,带动更多的人研究会计信息技术,并促进它的不断升级、不断提升。我们希望通过这样一个活动,能够引起整个社会对于相关问题的更多关注,最终帮助更多的企业,更好地去应对在商业活动当中所面对的高度不确定性,帮助企业增强竞争力,实现基业长青。

对于软件企业来说,需要兼顾信息技术本身、社会需求和人员能力等因素在软件产品中的具体体现,评选对于软件企业来说起到了凝聚共识的作用。用友公司副总裁付建华认为,评选出来的信息技术都是已经成熟和可以进入到企业会计和财务管理实践领域的技术。信息技术对会计的影响是全面的,如借助大数据技术可以有效提升会计人员加工分析数据的能力,从而让企业财务部门更好为企业输出决策提供有用的信息;人工智能技术也将会很快进入到企业会计和财务管理应用领域,帮助企业会计和财务管理人员的工作效率不断提升,工作精准性不断提高,同时财务工作者智慧化水平不断提升。她建议财会人员要更加积极主动关注、了解、学习和使用这些新技术,运用新技术提升会计以及财务管理工作本身的效率,并且为企业创造更多的价值。

对于应用这些技术的企业而言,如何制定自身的信息技术战略并有效落地?由于信息技术的前瞻性和发展性,从认识到应用需要的是具备"共同知识"。中国唱片集团有限公司总会计师孙彦永从三个方面总结了评选体现出的独特价值:其一是学界、企业和软件厂商对会计信息技术发展的方向进行了充分探讨和交流,在一定程度上明确了影响未来会计行业的技术方向;其二是基于技术而非产品的充分交流,其学术性、引领性和实践性更强;其三是信息技术前沿知识能够在会计群体中进行广泛普及和推广,宣传和教育效果具有社会效应。在亨通集团有限公司财务副总裁王春焱看来,十大信息技术正是企业管理中简洁规律的提炼,也是内部规则的载体工具,更是企业管理实践中最前沿、最领先的应用。评选活动为企业通过运用这些信息技术,更好地把握微观秩序,提升企业的洞察力,为未来的不确定性和不可预测性提供了最直接、最直观、最简洁明确的最佳实践指引。

除了企业探索外,人才的培养成为信息技术在会计领域发挥作用的基础工作,高校是前沿技术探索和人才培养的高地,现有的人才培养体系是否能满足社会的需求?重庆理工大学会计学院副院长程平教授认为,会计是受现代信息技术影响较大的行业,通过评选活动,能够为 2 000 多万会计人员的继续学习提供方向性指导;尤其是能够让高校重视会计人的信息技术能力培养和培养重点,为高校进行人才培养方案修订提供指导,包括培养目标中的信息技术能力、融合信息技术的会计课程体系构建和课程设置。同时,升级后的人才培养措施,能够为学生的实习实践和职业发展提供新的路径选择、创造新的就业岗位,比如 RPA 财务机器人的咨询与实施等。同样,企业管理会计的应用也离不开信息技术的支撑,通过评选活动,也能够为企业管理会计的落地明确需要掌握的信息技术内容,针对性培养实践所需要的专业人才。

春江水暖鸭先知,作为会计领域先知先觉的会计师事务所,对于信息技术的变化有敏锐的感觉。在天职国际会计师事务所合伙人王玥看来,"影响中国会计从业人员的十大信息技术"评选一直是引领财会、审计领域数字化、智能化进程的风向标,随着这些新技术的不断成熟和完善,未来也将在审计领域寻找到更多的落地应用场景。他列举了三个应用场景:一是大量基础性、重复性的工作可以自动化地完成,提高审计工作效率;二是未来函证平台等的建设,可以更好地解决审计证据的真实性问题;三是大数据、人工智能技术的应用,可以更好地进行自动化、智能化的风险评估,提高审计质量。

## 二、2020 年当前影响会计人的十大信息技术评选过程与结果

"2020 年影响中国会计从业人员的十大信息技术"评选过程采取了五个环节。第一个环节是组织评选组织机构;第二个环节是遴选专家团队,一共有 157 位来自各领域(高校、企业、会计师事务所、软件厂商)的专家加入专家团队;第三个环节是提名候选技术,判断标准是已经有成熟的应用产品和应用场景,由专家提名了 600 个候选技术,经过充分讨论后进行分类,合并为 53 个技术,再由全体专家进行投票确定了 30 个正式候选技

术;第四个环节是正式投票,专家和大众评委都是在 30 个技术里面投出 10 个结果,各占 50% 比重;第五个环节是分析整理,梳理统计出 157 位专家投票和 5375 份有效大众投票信息,计算出"2020 年影响中国会计从业人员的十大信息技术"评选结果(见表 1-1)。

表 1-1    2020 年影响中国会计从业人员的十大信息技术

| 排名 | 综合 | | 大众投票 | | 专家投票 | |
|---|---|---|---|---|---|---|
| 1 | 财务云 | 73.14% | 财务云 | 71.76% | 财务云 | 74.52% |
| 2 | 电子发票 | 66.33% | 会计大数据技术 | 68.19% | 电子发票 | 70.06% |
| 3 | 会计大数据技术 | 62.44% | 电子发票 | 62.60% | 机器人流程自动化(RPA) | 60.51% |
| 4 | 电子档案 | 50.56% | 新一代 ERP | 53.13% | 会计大数据技术 | 56.69% |
| 5 | 机器人流程自动化(RPA) | 48.41% | 在线办公 | 50.33% | 电子档案 | 54.14% |
| 6 | 新一代 ERP | 47.91% | 电子档案 | 46.98% | 区块链技术 | 47.77% |
| 7 | 区块链技术 | 45.73% | 移动支付 | 46.51% | 数据挖掘 | 45.22% |
| 8 | 移动支付 | 43.00% | 区块链技术 | 43.68% | 数据中台和业务中台 | 43.95% |
| 9 | 数据挖掘 | 42.77% | 在线审计 | 43.44% | 商业智能(BI) | 43.95% |
| 10 | 在线审计 | 42.74% | 信息与网络安全 | 42.62% | 新一代 ERP | 42.68% |

由上述对比可以看出,大众投票与专家投票,在一些技术的重要性上存在一定认知差异。大众投票的信息技术中,第五位的"在线办公"和第十位的"信息与网络安全"均未入选;专家投票的信息技术中,第三位的"机器人流程自动化(RPA)"、第八位的"数据中台和业务中台"和第九位的"商业智能(BI)"均未入选。

据分析,专家投票更带有一定的预见性,从一项信息技术的特性、发展途径、实施成本等方面综合判断其对会计的影响;大众投票更代表信息技术的普及程度,受到的影响因素主要是成熟产品、单位实践与培训学习、媒体宣传等,如已经开始在大中型企业广泛实施的机器人流程自动化

(RPA)技术、数据中台和业务中台技术,对于中小企业而言可能尚未成为其重点关注的内容。

值得注意的是,新一代 ERP 首次参选即受到广泛关注,更受到大众评委的重视。华润集团财务部专业总监苏南认为,相对于传统 ERP,新一代 ERP 具有明显优点:一是云计算模式显著提升运营效率、改善稳定性及业务一致性;二是嵌入了大数据和机器学习等数字化技术,推动系统的自动化和智能化。新一代 ERP,未来将作为企业级信息化基础平台,结合财务中台、数字化技术等技术综合运用,帮助企业实现数字化转型。这也是传统 ERP 借助信息技术的一次转型提升。

同样作为新上榜的机器人流程自动化(RPA)更受到专家的青睐,大众投票中有 30.66% 的人选择了"不了解"。重庆理工大学会计学院副院长程平教授解读为,机器人流程自动化(RPA)是针对高重复性、标准化、规则明确、异构系统的相关工作,以机器人作为"数字员工",能够模拟并增强用户与计算机系统的交互过程,自动完成一系列特定的工作流程和预期任务,有效实现人和信息系统集成的智能化软件。RPA 是建立人、业务和信息系统一体化协同的粘合剂和连接器,能够实现企业内部价值链的"合纵连横、无缝衔接",外部价值链的"纵横四海、决胜千里"。在财务领域,机器人流程自动化(RPA)技术主要应用于增值税发票管理、税务申报、银行对账、会计凭证处理、报表生成等场景,能够帮助企业提高工作效率,保障工作质量,有效降低企业成本。

需要说明的是,相对于自然科学所具备的强逻辑性,社会科学的模糊性比较明显,这些信息技术之间并不是相斥的,甚至还存在一定的重叠,可以满足不同的应用场景,共同构筑起企业全方位数字化转型的信息平台。而从排名可以看出,4~10 名之间的相邻两项信息技术支持率差异并不大,体现出在应用层面场景需求的丰富性和多样性,这也对会计从业人员的数字化知识储备提出了挑战。

## 三、2020 年潜在影响会计人的五大信息技术评选过程与结果

2020 年,评选组织方重启了潜在影响会计人的信息技术评选,考虑对

信息技术的理解程度,仅由专家投票,其结果作为对部分影响会计人的信息技术发展趋势的判断。该评选采用与"2020年影响中国会计从业人员的十大信息技术"类似的评选过程。潜在影响会计人的信息技术的判断标准是"当前还未有成熟的会计类产品,预期3年内会出现会计应用场景的现有信息技术"。由157位专家提名近300项候选技术,经过充分讨论后进行分类,合并为18项技术,由155位专家进行投票确定5项正式技术(2位提名专家未投票)(见图1-1)。

区块链
电子发票
53.55%

数字货币
47.74%

物联网与
自动化物件
43.23%

第五代移动通信
技术(5G)
37.42%

分布式账本
(Distributed Ledger)
34.19%

**图 1-1　2020 年潜在影响会计人的五大信息技术**

潜在影响会计人的信息技术既存在一定的前瞻性,又留下了足够的想象空间。从评选结果可见,专家对各项信息技术的观点存在一定的分歧,只有进行广泛的探索、尝试后,才能看清对会计实质上的影响范围和影响方式。

2018年8月,深圳成为全国区块链电子发票首个试点城市,此后其他城市也相继开展区块链电子发票应用探索。重庆理工大学会计学院陈旭教授认为,区块链电子发票是基于区块链技术,依托云计算服务开具并生成的电子发票。它将"资金流、发票流"二流合一,有效打通发票申领、开票、报销和报税等环节。与传统的费用报销流程相比,可以解决发票流转中的一票多报、虚报虚抵和真假难验等难题,简化了流程,保障了数据安全,减少了财会人员的查验等工作,节省了财务开支,降低了财务风险。

针对2020年已经开展试点应用的数字货币,云从科技集团股份有限公司财务中心总监陈琳认为,即将实现并面向公众使用的数字货币是DC/EP(Digital Currency/Electronic Payment),它的本质是现金纸钞的数字化,仍然是传统 $M_0$ 的货币范畴,无须绑定银行卡,并且是可以离线使用的。数字货币对财务的主要影响是，将带来新的记账方式和保管模式，因为理论上会产生与其他货币不同的面值的可能，有可能影响长期以来的货币在会计上的计量和列报准则。

中国制造2025的核心标志是物联网和自动化物件的普及化应用。北京农村商业银行股份有限公司金融市场部总经理李纪建认为，物联网和自动化物件在会计领域的应用方兴未艾，未来的应用场景和发展空间十分广阔。比如对车辆、设备等固定资产的管理可以更加精准，可以实现运维和统计的"一键盘点"和自动记账，使得有限的会计管理资源更加合理地使用分配。物联网和自动化物件技术的应用将推动传统会计的核算范围、处理方式、信息质量等方面得到显著改进，有效推动会计工作走向智能化、信息化、精准化和自动化，必将进一步提升会计服务的投入产出和价值贡献，是未来会计领域向智能化变革的关键技术之一。

对于即将到来的5G时代，亨通集团有限公司财务副总裁王春焱认为5G时代是"万物互联"纪元的开始。5G与人工智能（Artificial Intelligence, AI）、云技术（云计算、云存储等）、大数据、区块链和虚拟现实（Virtual Reality, VR）等技术的融合形成的智能互联网将给人类带来前所未有的影响。在5G时代，市场主体间的物理边界将被进一步打破，更多地融合、交织在一起。交易"脱实向虚"的趋势加速到爆炸性增长，不求所有，但求所用，交易将更多地体现在"权"的交易，交易标的的时间性价值、使用权、控制权和收益权等交易将成为主体。5G对"会计主体、持续经营、货币计量、会计分期"等会计基本前提和假设等的重新定义提出了新的课题，推动会计信息与计量对象本身具有的其他维度信息的回归，信息的反映、监督、控制将迎来全新的模式，会计学将迎来新的发展机遇，会计人将与其他人一起转为"智能人"。

分布式账本技术很容易与区块链技术混淆。新大洲控股股份有限公司副总裁马鸿瀚对此进行了详细解读，分布式账本是指分布在多个节点、计算机、移动设备上，因记账和每个节点独立搭建、记录、复制和自动更新，从而形成的数据库。它是由共识算法自动执行的，通过对副本的投票和协议形成的一种共识。基于此理念和技术支撑，会计记账业务和账本将从中心化、专业化，转向由业务端直接发起、生成、确认的"后互联网时代"的去中心化的真正业务财务一体化的创新方式。每一条区块链都是分布式账本,但并不是所有的分布式账本都是区块链。无论在公共还是私营领域,分布式账本对于降低信任成本,减少对政府、银行、律师和公证等中心化组织的依赖将起到极大的推动作用。会计工作的流程、职能和职业标准,必然会因此发生巨大的变革。

## 四、2020 年评选中不同投票群体认知差异分析

就大众投票而言,结果是群体认知的最大公约数。就不同层次、不同岗位、不同类型、不同规模和不同所有制企业来说,结果体现出不同维度下的投票人对各项信息技术的认知存在明显差异。

在 2020 年针对大众的调查中,创新地增加了信息技术的实际应用调查。在"我不了解"选项中,选择比重最高的信息技术是机器人流程自动化(RPA),比率达到了 30.66%;最低的信息技术是电子发票,比率是 4.30%。选择"已良好应用"比重最高的信息技术是电子发票,比率达到 48.78%,其次是移动支付,比率是 47.01%;最低的信息技术是区块链技术,比率是 4.63%,其次为数据挖掘,比率是 7.87%。选择"有应用计划"比重最高的信息技术是电子发票,比率达到了 41.3%,其次是会计大数据技术,比率是 39.87%。这在一定程度上表明了这些信息技术的社会普及程度。

通过公式

$$变异系数\ C \cdot V = (标准偏差\ SD\ /\ 平均值\ Mean) \times 100\%$$

来计算,数值越大则意见分歧越大。在按高层管理人员、中层管理人员、基层管理人员和普通工作人员来划分不同职位层次投票人的选择中,意见分歧最大的是区块链技术,其次是数据挖掘,意见分歧最小的是财务云,其次是会计大数据技术。从这一结果可以看出不同职位层次对各项信息技术的理解程度。当对信息技术的认知趋于一致时,其相关信息技术上的产品的采用将更成为可能。

在按财会类综合管理工作和会计核算等十个不同工作岗位分类的投票人的选择中，意见分歧最小的是会计大数据技术，其次是电子发票；意见分歧最大的是在线审计，其次是机器人流程自动化（RPA）、移动支付。从这一结果可以看出各项信息技术对不同工作岗位的影响程度，以在线审计为例，仅有政府审计、外部审计和内部审计三个群体支持率较高，明显体现了信息技术影响力的边界。

在按行政事业单位、企业和会计师事务所等专业机构、其他（含自由职业）等类型工作单位分类的投票人的选择中，意见分歧最小的是会计大数据技术，其次是数据挖掘；意见分歧最大的是在线审计，其次是区块链技术。从这一结果可以看出单位业务属性对各项信息技术的需求程度，其中会计师事务所等专业机构对在线审计的支持率高出其他群体近50%，行政事业单位则对区块链技术的支持率最高，体现了单位属性对不同信息技术的关注程度。

在按超大型企业、大型企业、中型企业、小型企业和微型企业等企业规模分类的投票人的选择中，少数信息技术呈现出与规模相关的特征。意见分歧最小的是新一代ERP，其次是电子档案；意见分歧最大的是在线审计，其次是机器人流程自动化（RPA）。从这一结果可以看出基于场景的复杂性和信息技术的影响力边界、实施成本等因素考虑，企业对相关信息技术的接受态度。

在按国有或国有控股、民营或集体、欧美外资、其他外资和其他等不同所有制企业分类的投票人的选择中，意见分歧最小的是新一代ERP，其次是电子发票；意见分歧最大的是机器人流程自动化（RPA），其次是数据挖掘，欧美外资对这两项信息技术的支持率最高，这一结果可能是由于部分信息技术的应用路径是通过在欧美外资企业初步探索后形成经验，再推广到其他类型的企业。

综合上述五个维度的选择分析，排名较前的技术在不同类型的投票人之间的意见差异也比较小，比较容易达成共识。相反，排名较后的技术在不同分类下，不同类型的投票人之间意见分歧比较大。在不同维度的交叉分析下，我们可以判断出这些信息技术在会计领域的应用基础、应用路径、应用边界和应用难点等，这也是本次评选的价值所在。

## 五、2017—2020 年十大信息技术评选结果纵向分析

### 表 1-2　2017—2020 年十大信息技术评选结果纵向比较

| 排名 | 2020 年 | | 2019 年 | | 2018 年 | | 2017 年 | |
| --- | --- | --- | --- | --- | --- | --- | --- | --- |
| | 技术名称 | 支持率 | 技术名称 | 支持率 | 技术名称 | 支持率 | 技术名称 | 支持率 |
| 1 | 财务云 | 73.14% | 财务云 | 72.10% | 财务云 | 90.22% | 大数据 | 88.68% |
| 2 | 电子发票 | 66.33% | 电子发票 | 69.50% | 电子发票 | 81.15% | 电子发票 | 81.12% |
| 3 | 会计大数据技术 | 62.44% | 移动支付 | 50.70% | 移动支付 | 66.49% | 云计算 | 71.26% |
| 4 | 电子档案 | 50.56% | 数据挖掘 | 46.90% | 电子档案 | 62.25% | 数据挖掘 | 58.26% |
| 5 | 机器人流程自动化（RPA） | 48.41% | 数字签名 | 44.50% | 在线审计 | 62.19% | 移动支付 | 54.69% |
| 6 | 新一代 ERP | 47.91% | 电子档案 | 43.10% | 数据挖掘 | 54.77% | 机器学习 | 50.27% |
| 7 | 区块链技术 | 45.73% | 在线审计 | 41.40% | 数字签名 | 54.06% | 移动互联网 | 49.28% |
| 8 | 移动支付 | 43.00% | 区块链发票 | 41.10% | 财务专家系统 | 53.30% | 图像识别 | 47.48% |
| 9 | 数据挖掘 | 42.77% | 移动互联网 | 39.60% | 移动互联网 | 48.41% | 区块链 | 46.22% |
| 10 | 在线审计 | 42.74% | 财务专家系统 | 37.70% | 身份认证 | 47.70% | 数据安全技术 | 45.01% |

注：由于不同年度选取技术的颗粒度有所调整，导致入选信息技术名称等存在差异，例如，2017 年的"大数据"，在 2020 年被细化为"会计大数据技术"。

　　不断满足应用场景的需求是信息技术发展的动力，不仅仅是有信息技术基础支撑、内外部有满足的条件、有真实场景需求，还需要容易实施、效果稳定可靠、应用成本低，满足这些综合条件的基于信息技术的软件产品，才能够被市场所接受。当然，接受的程度和范围也要视其代表的共性、行业特性和企业专用区分。

　　从整体来看，如果以支持率 50% 为集中度界限，无论是前三名的支持率，还是整体的支持率，以及超过 50% 支持率的信息技术，都呈现出了明显下降的趋势，意味着信息技术的涌现、迭代与社会公众的认知出现了一定程度的分化。2017 年入选的十大信息技术，在 2020 年中只保留了 60%，除前三项信息技术排名变化但仍旧保留在前三之外，另三项信息技术——数据挖掘、移动支付和区块链的排名则明显下降，且区块链在 2018、2019 年未曾入选。

　　根据信息技术的特性和应用驱动力，我们可以将其分为以下三大类。

## （一）政府推动型

早在 2012 年我国就开始了电子发票的试点工作，2015 年 12 月 1 日国家税务总局开始在全国推行电子发票系统，2017 年年初在部分行业推行电子发票。可以看到在政府的持续推动之下，电子发票得到了广泛应用，获取方式越来越便捷，这四年恰好是电子发票不断推广普及的四年，因而取得了广泛共识。

2020 年 6 月 20 日，第十三届全国人民代表大会常务委员会第十九次会议对《中华人民共和国档案法》（以下简称《档案法》）进行修订，档案信息化建设首次写入《档案法》，标志着我国档案信息化建设从项目试点进入全面推广的重要转变，可以预见的是因为加速推广，电子档案的排名也将发生明显变化。

## （二）基础设施型

部分信息技术具有基础设施的属性，如移动互联网、5G、移动支付等，发挥着"润物细无声"的作用。5G 对普通民众生活的影响更大，相对于其他信息技术而言 5G 对会计的影响容易被低估，需要尤为关注。2019 年 6 月 6 日，随着 5G 牌照的发放，中国开启了 5G 时代。5G 是一种以政府推动为主的通用技术，用来打通各信息技术形成的孤岛，是为信息技术服务的信息技术，作用与电力类似，还没有众多面向大众功能型 5G 应用产生（陈志刚，2020）。

## （三）价值推动型

哪些因素推动财务云连续三年都位居榜首？中国唱片集团有限公司总会计师孙彦永认为，财务云价值的体现，在云计算、移动互联网和大数据等成熟的信息技术的有效融合下，财务云是能实现一定范围内企业、单位或组织的会计核算、财务管理、资金管控、资本运作，以及业财融合、数据分析等功能及服务数字化的技术。因为财务具有专业化、体系化、数值化和逻辑性强等特征，使得财务云技术应用具有了模式化场景。可以说财务云以成熟的、可复制的，且成本低廉的方式解决的是行业普遍面临的管理问题，因而在近几年里得到广泛的发展，价值得到企业的广泛认可。

信息技术对企业的影响可以分为两个层面：其一是业务层面，起到的是相对优势作用，如电子发票、机器人流程自动化、电子档案和在线审计等,所影响的是某个具体业务模块,该项业务的覆盖面就决定了其价值,如机器人流程自动化起到替代部分人工的作用;其二是管理层面,起到的是增加附加值的作用,如数据挖掘,需要在所产生的数据中不断完善其算法来找到有意义的模式或信息,只有建立在一定的规模和信息化资源的基础上才适合应用,所以其影响群体的范围有限。这也与上文中提到的不同职位层次对其分歧较大的结论一致。除此以外,还有媒体的推动作用。

## 附录 候选信息技术介绍

### 一、"2020 年影响中国会计从业人员的十大信息技术"30 项候选信息技术

附表 1-1 2020 年影响中国会计从业人员信息技术的候选技术

| 序号 | 当前影响的技术选项 | 简介 |
| --- | --- | --- |
| 1 | 财务云 | 财务云是将集团企业财务共享管理模式与云计算、移动互联网和大数据等计算机技术有效融合,实现财务共享服务、财务管理、资金管理三中心合一,建立集中、统一的企业财务云中心,支持多终端接入模式,实现"核算、报账、资金、决策"在全集团内的协同应用 |
| 2 | 电子发票 | 电子发票是信息时代的产物,同普通发票一样,采用税务局统一发放的形式给商家使用,发票号码采用全国统一编码,采用统一防伪技术,分配给商家,在电子发票上附有电子税局的签名机制 |
| 3 | 机器人流程自动化(RPA) | 机器人流程自动化(Robotic Process Automation, RPA),是可以记录人在计算机上的操作,并重复运行的软件。RPA 可以按照事先约定好的规则,对计算机进行鼠标点击,敲击键盘,数据处理等操作 |
| 4 | 电子档案 | 电子档案是指通过计算机磁盘等设备进行存储,与纸质档案相对应,相互关联的通用电子图像文件集合,通常以案卷为单位 |
| 5 | 数据挖掘 | 数据挖掘是数据库知识发现中的一个步骤。数据挖掘一般是指从大量的数据中通过算法搜索隐藏于其中的信息的过程。数据挖掘通常与计算机科学有关,并通过统计、在线分析处理、情报检索、机器学习、专家系统(依靠过去的经验法则)和模式识别等诸多方法来实现上述目标 |
| 6 | 会计大数据技术 | 会计大数据技术是指大数据在大会计概念下的应用技术,涵盖各类会计大数据平台、会计大数据指数体系等大数据应用技术,包括数据管理、决策分析、风险管控和审计等 |

（续表）

| 序号 | 当前影响的技术选项 | 简介 |
|---|---|---|
| 7 | 光学字符识别（OCR） | OCR（Optical Character Recognition，光学字符识别）是指电子设备（例如扫描仪或数码相机）检查纸上打印的字符，通过检测暗、亮的模式确定其形状，然后用字符识别方法将形状翻译成计算机文字的过程 |
| 8 | 移动支付 | 移动支付是允许用户使用其移动终端对所消费的商品或服务进行账务支付的一种服务方式。移动支付将终端设备、互联网、应用提供商以及金融机构相融合，为用户提供货币支付、缴费等金融业务。移动支付主要分为近场支付和远程支付两种 |
| 9 | 信息与网络安全 | 信息与网络安全分为两个方面：信息安全包括信息的物理安全和信息的逻辑安全（包括信息完整性、保密性以及可用性等）；网络安全主要是指网络系统的硬件、软件及其系统中的数据受到保护，不受偶然的或者恶意的原因而遭到破坏、更改和泄露，系统连续可靠正常地运行，网络服务不中断 |
| 10 | 在线审计 | 在线审计是指审计人员基于互联网，借助现代信息技术，运用专门的方法，通过人机结合，对被审计单位的网络会计信息系统的开发过程及其本身的合规性、可靠性和有效性以及基于网络的会计信息的真实性、合法性进行远程审计 |
| 11 | 自然语言处理（NLP） | 自然语言处理（Natural Language Processing，NLP）是计算机科学领域与人工智能领域中的一个重要方向，是计算机科学、人工智能、语言学关注计算机和人类（自然）语言之间的相互作用的领域。它研究能实现人与计算机之间用自然语言进行有效通信的各种理论和方法 |
| 12 | 移动互联网 | 移动互联网是一种通过智能移动终端，采用移动无线通信方式获取业务和服务的新兴业务，是指互联网的技术、平台、商业模式和应用与移动通信技术结合并实践的活动的总称，包含终端、软件和应用三个层面 |
| 13 | 区块链技术 | 区块链技术，从本质上讲，是一个共享数据库，存储于其中的数据或信息，具有"不可伪造""全程留痕""可以追溯""公开透明""集体维护"等特征。基于这些特征，区块链技术奠定了坚实的"信任"基础，创造了可靠的"合作"机制，具有广阔的运用前景 |
| 14 | 数据中台和业务中台 | 中台概念与前台和后台对应，指的是在一些系统中，被共用的中间件的集合。前台即是面向客户的市场、销售和服务部门或系统；后台是技术支持、研发、财务、人力资源和内部审计等；中台则是介于前台和后台之间的一个综合能力平台，常见于网站架构、金融系统。中台包括数据中台和业务中台。数据中台重构了企业数据系统的架构，业务中台则是企业的共享平台，集合了标准化和可以复用的功能模块 |
| 15 | 专家系统 | 专家系统是一种在财务领域内具有专家水平解决问题能力的程序系统，是一个智能计算机程序系统。它能够有效地运用专家多年积累的有效经验和专门知识，通过模拟专家的思维过程，解决需要专家才能解决的财务问题 |

（续表）

| 序号 | 当前影响的技术选项 | 简介 |
|---|---|---|
| 16 | 生物识别 | 生物识别是通过计算机与光学、声学、生物传感器和生物统计学原理等高科技手段密切结合，利用人体固有的生理特性（如指纹、脸象、虹膜等）和行为特征（如笔迹、声音、步态等）来进行个人身份的鉴定的技术 |
| 17 | 机器学习 | 机器学习（Machine Learning，ML）是一门多领域交叉学科，涉及概率论、统计学、逼近论、凸分析和算法复杂度理论等多门学科。专门研究计算机怎样模拟或实现人类的学习行为，以获取新的知识或技能，重新组织已有的知识结构使之不断改善自身的性能 |
| 18 | 工业（产业）互联网与物联网 | 工业（产业）互联网与物联网是全球工业系统与高级计算、分析、感应技术以及互联网（物联网）连接融合的结果，通过智能物件之间的连接，结合软件和大数据分析，重构全球工业、激发生产力，是将具有感知、监控能力的各类采集、控制传感器或控制器，以及移动通信、智能分析等技术不断融入工业生产过程的各个环节，从而大幅提高制造效率，改善产品质量，降低产品成本和资源消耗，最终实现将传统工业提升到智能化的新阶段 |
| 19 | 知识图谱 | 知识图谱（Knowledge Graph/Vault）又称为科学知识图谱，在图书情报界称为知识域可视化或知识领域映射地图，是显示知识发展进程与结构关系的一系列各种不同的图形，用可视化技术描述知识资源及其载体，挖掘、分析、构建、绘制和显示知识及它们之间的相互联系 |
| 20 | 新一代 ERP | 新一代 ERP 是指依托包括大数据、人工智能、云计算等信息技术，一方面不断整合管理思想与企业管理，另一方面实现企业内部系统之间、企业系统与外部系统之间的整合。新一代 ERP 的发展趋势是进一步和电子商务、客户关系管理、供应链管理等进行整合 |
| 21 | 在线办公 | 在线办公是指个人和组织所使用的办公类应用的计算和储存两个部分功能，不通过安装在客户端本地的软件提供，而是由位于网络上的应用服务予以交付，用户只通过本地设备实现与应用的交互功能。在线办公的实现方式是标准的云计算模式，隶属于软件即服务（Software as a Service，SaaS）范畴 |
| 22 | XBRL 和 iXBRL 技术 | XBRL（可扩展商业报告语言）是基于互联网、跨平台操作，专门用于财务报告编制、披露和使用的计算机语言，基本实现数据的集成与最大化利用，会计信息数出一门，资料共享，是国际上将会计准则与计算机语言相结合，用于非结构化数据，尤其是财务信息交换的最新公认标准和技术。通过对数据统一进行特定的识别和分类，可直接为使用者或其他软件所读取及进一步处理，实现一次录入、多次使用。iXBRL（Inline XBRL）可以将 XBRL 数据直接嵌入到申报文件中，便于计算机和人类更为轻松地阅读信息披露文档 |
| 23 | 商业智能（BI） | 商业智能（Business Intelligence，BI）是指对商业信息的搜集、管理和分析过程，目的是使企业的各级决策者获得知识或洞察力，促使决策者做出对企业更有利的决策。商业智能一般由数据仓库、联机分析处理、数据挖掘、数据备份和恢复等部分组成。商业智能的实现涉及软件、硬件、咨询服务及应用，其基本体系结构包括数据仓库、联机分析处理和数据挖掘三个部分 |

（续表）

| 序号 | 当前影响的技术选项 | 简介 |
|---|---|---|
| 24 | 人机交互和认知计算 | 人机交互是指人与计算机之间使用某种对话语言，以一定的交互方式，为完成确定任务的人与计算机之间的信息交换过程。认知计算是代表一种全新的计算模式，它包含信息分析、自然语言处理和机器学习领域的大量技术创新，能够助力决策者从大量非结构化数据中揭示非凡的洞察。认知系统能够以对人类而言更加自然的方式与人类交互；认知系统专门获取海量的不同类型的数据，根据信息进行推论；从自身与数据、与人们的交互中学习 |
| 25 | Python | Python是一种跨平台的计算机程序设计语言，是一个高层次的结合了解释性、编译性、互动性和面向对象的脚本语言。最初被设计用于编写自动化脚本（shell），随着版本的不断更新和语言新功能的添加，越多被用于独立的、大型项目的开发 |
| 26 | 微服务 | 微服务是一个新兴的软件架构，是把一个大型的单个应用程序和服务拆分为数十个的支持微服务。一个微服务的策略可以让工作变得更为简便，它可扩展单个组件而不是整个的应用程序堆栈，从而满足服务等级协议 |
| 27 | 数字孪生 | 数字孪生是指以数字化方式再现真实的实体或系统，是充分利用物理模型、传感器更新、运行历史等数据，集成多学科、多物理量、多尺度、多概率的仿真过程，在虚拟空间中完成映射，从而反映相对应的物件或系统的全生命周期过程。帮助了解物件或系统的状态、响应变化、改进运营并提升价值 |
| 28 | 金融服务中间件 | 金融服务中间件是介于应用系统和系统软件之间的一类软件，它使用系统软件所提供的基础服务（功能），衔接网络上应用系统的各个部分或不同的应用，能够达到资源共享、功能共享的目的。金融服务中间件已成为大型IT项目中不可分割的组成部分，借助中间件技术，金融机构能够实现扩展性、性能和效率的最大化，同时保持低廉的成本 |
| 29 | 供应链技术 | 供应链是指围绕核心企业，从配套零件开始，制成中间产品以及最终产品，最后由销售网络把产品送到消费者手中，将供应商、制造商、分销商直到最终用户连成一个整体的功能网链结构。供应链技术的核心，是从消费者的角度，通过企业间的协作，谋求供应链整体最佳化。成功的供应链管理能够在不同业务领域，协调并整合供应链中所有的活动，最终成为无缝连接的一体化过程 |
| 30 | 边缘计算 | 边缘计算是指在靠近物或数据源头的一侧，采用网络、计算、存储、应用核心能力为一体的开放平台，就近提供最近端服务。其应用程序在边缘侧发起，产生更快的网络服务响应，满足行业在实时业务、应用智能、安全与隐私保护等方面的基本需求。边缘计算处于物理实体和工业连接之间，或处于物理实体的顶端。而云端计算，仍然可以访问边缘计算的历史数据 |

## 二、"潜在影响中国会计从业人员的五大信息技术"18项候选信息技术

附表1-2 2020年潜在影响中国会计从业人员信息技术的候选技术

| 序号 | 潜在影响的技术选项 | 简介 |
|---|---|---|
| 1 | 财务知识图谱 | 知识图谱(Knowledge Graph/Vault)又称为科学知识图谱,在图书情报界称为知识域可视化或知识领域映射地图,是显示知识发展进程与结构关系的一系列各种不同的图形,用可视化技术描述知识资源及其载体,挖掘、分析、构建、绘制和显示知识及它们之间的相互联系。知识图谱是结构化的语义知识库,用于以符号形式描述物理世界中的概念及其相互关系。其基本组成单位是"实体-关系-实体"三元组。财务知识图谱用于描述企业中业务、财务、税务和管理等概念及其相互关系 |
| 2 | 财务专家系统 | 财务专家系统是一种在财务领域内具有专家水平解决问题能力的程序系统,是一个智能计算机程序系统。它能够有效地运用专家多年积累的有效经验和专门知识,通过模拟专家的思维过程,解决需要专家才能解决的财务问题 |
| 3 | 超自动化(Hyperautomation) | 超自动化是一个为了交付工作,涵盖了多种机器学习、套装软件和自动化工具的集合体。超自动化不但包含了丰富的工具组合,还包含自动化本身的所有步骤(发现、分析、设计、自动化、测量、监控和再评估)。超自动化的主要重点在于理解自动化步骤的作用范围、它们彼此之间的关联以及它们的组合与协调方式。该趋势由机器人流程自动化(RPA)开始,组合多种工具来帮助复制任务流程中人类所参与的部分 |
| 4 | 第五代移动通信技术(5G) | 第五代移动通信技术,也称第五代移动电话行动通信标准,外语缩写:5G。5G是在4G基础上,对于移动通信提出更高的要求,它不仅在速度而且还在功耗、时延等多个方面有了全新的提升。由此业务也会有巨大提升,互联网的发展也将从移动互联网进入智能互联网时代。5G技术具有高速度、泛在网、低功耗、低时延、万物互联和重构安全等特点 |
| 5 | 分布式账本(Distributed ledger) | 分布式账本是一种在网络成员之间共享、复制和同步的数据库。分布式账本记录网络参与者之间的交易,比如资产或数据的交换。这种共享账本降低了因调解不同账本所产生的时间和开支成本。通过网络数据交换,降低信任成本,实现信任革命 |
| 6 | 管理驾驶舱 | 管理驾驶舱是基于ERP的高层决策支持系统,是一组动态的KPI指标。通过详尽的指标体系,包含"平衡计分卡"模型中的各项指标(这些指标通常直接指向公司的目标和阶段性问题)实时反映企业的运行状态,将采集的数据形象化、直观化和具体化 |

（续表）

| 序号 | 潜在影响的技术选项 | 简介 |
|---|---|---|
| 7 | 流程挖掘 | 流程挖掘基于真实交易数据信息,对企业进行端对端的业务流程分析、工作流日志分析,自动识别业务瓶颈和低效率流程节点,对瓶颈优化,提升流程效率。流程是一种基于事实而创建的分析方法,它利用企业信息日志中的数据实时挖掘客观洞察,帮助管理者获得必要信息,发现业务流程执行中存在的隐患和风险。流程挖掘在企业数字化转型战略和实际运行情况之间架起了桥梁,通过真实的数据为企业的数字化转型升级提供源源不断的动力 |
| 8 | 区块链电子发票 | 在区块链上可以实现发票申领、开具、查验、入账,消费者可以实现链上储存、流转、报销,达到全流程监管的科技创新。区块链电子发票,通过密码学和分布式存储技术,连接消费者、商户、公司、税务局等每一个发票干系人,让每个环节都可追溯,实现数据不可篡改和不可抵赖 |
| 9 | 人机共生管理技术（Man-computer symbiosis） | 人机共生是人类和电子计算机之间合作互动的一个预期发展。这将涉及人类和电子设备之间非常密切的耦合。主要目的是:①让计算机促进公式化思维（formulative thinking）,因为它们现在促进了公式化问题的解决。②让人类和计算机能够合作做出决策和控制复杂的情况,而不依赖于预先确定的程序。人机共生管理技术让 AI 机器服务于两侧。一方面是专家侧,一方面是用户侧,也就是一面是生产者,一面是用户。我们每个人可能同时是专家也是用户。中间的机器的任务作为服务的环节,让专家更专业,让用户体验更好,效率更高 |
| 10 | 深度学习（Deep Learning） | 深度学习是学习样本数据的内在规律和表示层次,这些学习过程中获得的信息对诸如文字、图像和声音等数据的解释有很大的帮助。它的最终目标是让机器能够像人一样具有分析学习能力,能够识别文字、图像和声音等数据。深度学习是建立深层结构模型的学习方法,典型的深度学习算法包括深度置信网络、卷积神经网络、受限玻尔兹曼机和循环神经网络等。深度学习可以帮助目前处于弱人工智能应用状态的会计智能化,使机器模仿视听和思考等人类的活动,解决了很多复杂的模式识别难题,帮助构建具有自主学习和适应能力的会计信息系统 |
| 11 | 生物识别与计算机视觉 | 生物识别是通过计算机与光学、声学、生物传感器和生物统计学原理等高科技手段密切结合,利用人体固有的生理特性（如指纹、脸象、虹膜等）和行为特征（如笔迹、声音、步态等）来进行个人身份的鉴定的技术。通过生物特征进行身份识别,进而对于 ERP 系统操作,财务云端操作,金融机构操作等行为中对于身份的鉴别程序进行简化。帮助更好地实现远距、多终端、多线程和无接触操作的需求。而计算机视觉指用摄影机和电脑代替人眼对目标进行识别、跟踪和测量等机器视觉,并进一步做图形处理,使电脑处理成为更适合人眼观察或传送给仪器检测的图像,是人工智能领域重要的输入途径,也是图形学等传统 IT 技术发展的结果 |

| 序号 | 潜在影响的技术选项 | 简介 |
|---|---|---|
| 12 | 数据湖 | 数据湖通过收集、存储、分析结构、半结构、非结构化数据，提供企业级数据应用及可扩展性、安全性和新应用，提升静态数据和动态数据的内在价值，是对信息的沉淀、收集及再挖掘、整理、建模和复用等技术的应用基础。数据湖是以其自然格式存储的数据的系统或存储库，通常是对象 blob 或文件。数据湖通常是所有企业数据的单一存储，包括源系统数据的原始副本和用于报告、可视化、分析和机器学习等任务的转换数据 |
| 13 | 数字货币 | 数字货币可以认为是一种基于节点网络和数字加密算法的虚拟货币。数字货币的核心特征主要体现在四个方面：①由于来自某些开放的算法，数字货币没有发行主体，因此没有任何人或机构能够控制它的发行；②由于算法解的数量确定，所以数字货币的总量固定；③由于交易过程需要网络中的各个节点的认可，交易过程足够安全；④改变了会计计量以价值量计量这个基本前提假设的定义和内涵。对会计的挑战：①动摇货币计量的基础；②虽然虚拟货币不是法定货币，但从会计角度看，虚拟货币能够为持币者带来现金流入，对资产要重新定义；③数字货币是一项独立的资产，不纳入外币、金融资产，增加资产分类 |
| 14 | 数字孪生 | 数字孪生是充分利用物理模型、传感器更新、运行历史等数据，集成多学科、多物理量、多尺度和多概率的仿真过程，在虚拟空间中完成映射，从而反映相对应的物件或系统的全生命周期过程。数字孪生是对真实存在的物理系统的一个虚拟复制品，虚拟体和实体之间通过数据交换建立联系，通过这种联系，可以监测实体的实时动态。数字孪生的使用将会极大节省研发成本，提高全面预算的准确度 |
| 15 | 物联网与自动化物件 | 物联网与自动化物件是通过各种信息传感器、射频识别技术、全球定位系统、红外感应器和激光扫描器等各种装置与技术，实时采集任何需要监控、连接和互动的物体或过程，采集其声、光、热、电、力学、化学、生物和位置等各种需要的信息，通过各类可能的网络接入，实现物与物、物与人的泛在连接，实现对物品和过程的智能化感知、识别和管理的一系列技术手段。将传感器附在物品上，通过网络搜集数据。所有的东西都与互联网相连。通常用于目前使用的数十亿设备，这些设备嵌入了传感器和处理器，并具有网络连接性。这些设备包括从卡车到灯泡的任何东西。该技术可以应用在资产管理上。例如，利用物联网手段，开展存货管理与账务处理。将财务与物联网相结合，实现库存管理的快速对接。行业内对物联网的定义是，通过射频识别（Radio Frequency Identification，RFID）、红外传感、全球定位系统、激光扫描等信息传感设备，按照约定的协议，把任何物品与互联网相连接，进行信息交换和通信，以实现智能化识别、定位、跟踪、监控和管理等。将物联网取得的信息，通过信息化传递到财务信息化系统，实现存货管理的智能化 |

**（续表）**

| 序号 | 潜在影响的技术选项 | 简介 |
|---|---|---|
| 16 | 现代高性能计算技术 | 高性能计算（High Performance Computing，HPC）指通常使用很多处理器（作为单个机器的一部分）或者某一集群中组织的几台计算机（作为单个计算资源操作）的计算系统和环境。有许多类型的 HPC 系统，其范围从标准计算机的大型集群，到高度专用的硬件。大多数基于集群的系统使用高性能网络互连，比如那些来自 InfiniBand 或 Myrinet 的网络互连。基本的网络拓扑和组织可以使用一个简单的总线拓扑，在性能很高的环境中，网状网络系统在主机之间提供较短的潜伏期，所以可改善总体网络性能和传输速率。例如，超级计算集群、光基计算机、流式计算、智能边缘计算、边缘计算和无服务器计算等 |
| 17 | 虚拟现实技术（AR 和 VR） | 虚拟现实技术囊括计算机、电子信息和仿真技术于一体，其基本实现方式是计算机模拟虚拟环境从而给人以环境沉浸感。它是集计算机技术、传感器技术、人类心理学及生理学于一体的综合技术，其是通过利用计算机仿真系统模拟外界环境，主要模拟对象有环境、技能、传感设备和感知等，为用户提供多信息、三维动态、交互式的仿真体验；虚拟现实技术是借助 XR、混合现实、智能交互、普适计算、360 度全方位摄像和浸入式技术等，帮助用户突破键盘和屏幕的禁锢，与用户感知无缝衔接，可以更自然地参与互动。虚拟现实的目的是打破传统的空间界限，让人与底层技术进行更自然、本能甚至下意识的互动；增强现实技术不仅能够有效体现出真实世界的内容，也能够促使虚拟的信息内容显示出来，这些细腻内容相互补充和叠加 |
| 18 | 智能合约（Smart contract） | 智能合约是一种旨在以信息化方式传播、验证或执行合同的计算机协议。智能合约允许在没有第三方的情况下进行可信交易，这些交易可追踪且不可逆转，可以以技术手段大幅提升现有购销业务的结算效率，尤其是对于规则较为清晰的结算业务，后续可依据合同进行确认计量、开展资金结算。智能合约概念于 1994 年由 Nick Szabo 首次提出。智能合约的目的是提供优于传统合约的安全方法，并减少与合约相关的其他交易成本 |

注：上述信息技术的说明，或直接引用了公认的权威定义，或综合专家的讨论汇总而成。

感谢尹成彦、邱铁、杨寅、胡晓栋、曹巧波等对此部分所做的贡献。

# 中·篇

## 2020 年入选当前影响会计人的十大信息技术解读

# 财务云：从共享服务到财务数字化

陈东升，中兴新云服务有限公司高级副总裁

## 一、何为"财务云"

在上海国家会计学院主办的"2020 年影响中国会计从业人员的十大信息技术"评选活动中，"财务云"以 73.14% 的支持率又一次蝉联"影响会计从业人员的十大信息技术"的第一名，并已连续三年高居榜首，可见"财务云"所代表的财务管理模式和信息技术早已得到财会专家和从业人员的广泛认可并深入人心。那么，财务云究竟是什么？

事实上，财务云很难简单地被定义为某种单一技术，它是财务共享服务模式与各项信息技术的综合应用，许多专家学者以及专业机构都从不同角度给出了不同的定义，以上海国家会计学院发布的《2020 年影响中国会计从业人员的十大信息技术评选报告》对"财务云"的定义为例：财务云是将集团企业财务共享管理模式与云计算、移动互联网、大数据等计算机技术有效融合，实现财务共享服务、财务管理、资金管理三中心合一，建立集中、统一的企业财务云中心，支持多终端接入模式，实现"核算、报账、资金、决策"在全集团内的协同应用。

### （一）"财务云"灵感的妙思偶得

"财务云"一词由中兴通讯在 2011 年正式提出，它的理念来源则要追溯到 2005 年。

2005 年，由于中兴通讯全球化业务的快速扩展，出于公司战略以及业务经营对财务转型的需求，中兴通讯将各个业务单位的财务工作进行了标准化、流程化的再造,集中至财务共享服务中心统一处理,从而建立了中国企业第一个财务共享服务中心。

2010年,中兴通讯建立了云计算中心。中兴通讯财务共享服务的领导团队在研讨云计算技术发展趋势时发现,共享服务中心其实就是企业内部财务计算能力的集成,非常符合云计算的特征——无时不在,无处不在,且随需取用。如同"看不见的财务",你不知道它在哪里,由谁提供,但只要提出服务请求,就会实时响应,随时满足需求。

因此,2011年,中兴通讯将财务共享服务中心正式更名为"财务云服务中心",简称"财务云"。这是"财务云"概念的首次提出。它寓意着财务能像水和电一样无处不在,并唾手可得。为了向用户提供最佳财务服务体验,中兴财务云提出了"5A"服务理念:任何时间(Anytime)、任何地点(Anywhere)、任何人(Anyone)都可以通过任何工具(Anydevice)获得财务服务(Anything)。

随着中兴财务云的快速发展与不断创新,2013年中兴通讯将分布全球一百多个国家的核算业务、资金业务、纳税基础业务纳入共享服务中心,成立了中国企业第一个全球财务共享服务中心,向全球一百多个国家的分子公司提供财务服务。

## (二) 三个关键词理解财务云

"财务云"从财务共享服务的实践中演变而来,既是财务管理模式的创新,又在信息技术发展的驱动下,被赋予了更高的期望和定位,从早期的"会计工厂"向"财务大数据中心"转型与发展。

理解财务云,需要理解三个关键词:财务共享服务、技术的创新应用以及财务的大数据中心。

### 1. 财务共享服务

财务云,首先是一种基于财务共享服务的管理模式,将分散、重复、量大的财务交易处理业务全面纳入共享服务中心进行集中处理,实现财务的标准化、专业化和流程化,完成财务的"工业化革命",让财务人员从财务基础业务中释放出来,将更多时间和精力投入到经营决策支持等更有价值的工作中去。

财务共享服务被称为财务的"工业化革命",是因为财务共享服务对财务的意义，就像工业革命对生产带来的变化。泰勒在第二次工业革命中，有两个主要观点：第一，科学的分工能够极大地提高效率；第二，操作和管理分离，产生了真正意义上的管理科学。这两点同样适用于财务，财务改革的进程也是从集中化生产到专业化分工，当财务的作业规模足够大时，就需要实现高效的专业化分工，在此过程中就诞生了企业的共享服务中心。在企业共享服务中心支持下形成的战略财务、业务财务的管理模式把操作与管理分离，财务共享服务实际上是在企业发展到一定程度的基础上，对财务自身的一次工业化革命。

财务共享服务是方法，不是目的，建立共享服务中心，最终目的是推动财务组织的转型升级，在共享服务的基础上，实现财务组织操作与管理分离，实现组织、流程、系统、人员的再造，建立企业的战略财务和业务财务团队。财务共享服务中心，是数据中心，主要负责采集数据、加工数据并提供数据。而战略财务和业务财务是数据的使用团队，业务财务为经营服务，战略财务为决策服务，三者共同形成财务转型的模型。

2. 技术的创新应用

财务共享服务完成了流程和组织的变革，实现了财务交易处理业务的集中化、规模化、流程化效应，为新兴技术的应用提供了天然的场景，也推动了信息技术在财务领域的创新应用，从业务连接环节的数据采集，到共享服务中心的交易处理，再到数据分析与决策支持，财务共享中心更加自动化、智能化和数字化。

1）自动化

在共享服务中心，财务信息系统与业务系统、外部交易系统实现了更加广泛的互联。交易流程更加自动化，数据采集更加全面。比如不少企业共享中心的财务云系统平台，与集中采购系统、供应商结算系统、客户收款管理系统，以及税务系统、银行系统实现了数据对接，能够更加自动化地进行费用、往来、税务和资金业务的处理。一些业务规模和交易处理量大的共享中心，利用OCR智能识别、电子发票、自然语言处理（NLP）等技术将非结构化数据转为结构化数据，为财务交易处理流程提供了自动化的前提，并沉淀了大量的经营数据，让共享中心利用数据发挥更大的价值。

2）智能化

在交易处理流程中，财务共享服务中心借助工作流引擎、规则引擎和会计引擎等，实现信息的自动流转、审核及核算工作的自动化。机器学习、RPA等技术的应用进一步让共享中心实现了智能审核与核算，为共享中心带来了"智慧"的数字化员工，极大提升了财务的处理效率和风险控制水平，推动了财务的智能化。

3）数字化

有了企业内部和外部、结构化和非结构化、经营以及财务数据的沉淀，借助模型与算法，财务共享服务中心能够充分地采集、加工与展示企业经营管理过程中有价值的数据，将数据转化为信息，以数据指导行为，以洞察辅助决策，为管理层经营决策提供支持。

3. 财务的大数据中心

财务云应致力于成为"企业的Google"、企业的大数据中心。财务云帮助企业建立财务与业务的广泛连接，使财务部门拥有大量数据的采集能力，实现大规模地采集利益相关者的交互数据，包括"我情"，即企业自身的经营状况；"客情"，即所有连接者的信息，包含了客户、供应商和员工等；"竞情"，即潜在的业务机会、竞争关系；还有"国情"，即国家宏观经济形势和全球经济变化等。这四个数据合在一起，就是财务的大数据，用大数据协助经营，提高企业价值。

财务云将获取的企业经营过程中的大量数据转化成信息、沉淀为知识、凝结成智慧。财务报表将摆脱"精确而不准确"的传统定位，由最小数据集向大数据转变，数字化、可视化地提供利益相关者真正需要的信息，为业务财务、战略财务和经营单位提供财务数据服务，为管理层提供经营决策支持，为实现企业数字化赋能。

## 二、财务云的发展路径

我们从共享服务这一管理模式的发展来看财务云在全球以及中国的产生与发展。

### （一）财务共享服务在全球的发展

20 世纪 80 年代初，福特公司建立了第一个财务共享服务中心。之后，在经济全球化和信息化的推动下，众多企业跨国业务的快速增长以及科技的迅猛进步，促进了业务流程的融合，加速了共享服务的发展，从而帮助企业聚焦核心业务、开拓市场，同时利用规模经济降低企业运营成本。

在此背景之下，从 20 世纪 80 年代中期至末期，共享服务开始逐步发展起来并初具规模。在这一期间，杜邦和通用（GE）也建立了共享服务中心，爱尔兰工业开发署更是聚焦发展服务行业，促进了共享服务在爱尔兰的初步发展。到了 20 世纪 90 年代，惠普、道尔和 IBM 相继在欧美建立了财务共享服务中心。埃森哲也于 2003 年成立亚太共享服务中心，服务于 10 个亚太国家的 1.4 万名员工。

共享服务充分发展后，又将向社会化方式进一步延伸。从 20 世纪 90 年代开始，越来越多的全球性企业基于战略布局和经营发展考虑，选择将一些基础性工作外包给社会上更加专业和更具成本优势的外包公司。尤其在波兰、匈牙利和捷克共和国，许多外包公司凭借其明显的成本优势在全球外包市场中迅速发展起来。与此同时，印度也凭借其劳动力成本和语言上的优势迅速占领了很多欧美业务外包市场的份额，美国通用电气公司、英国航空公司等纷纷在印度建立其专属共享服务中心。

### （二）财务共享服务在中国的发展

财务共享服务在中国的发展，可以分为以下三个阶段。

第一个阶段是萌芽期（2005—2007 年）。在此期间，中国企业开始尝试建立共享服务中心，共享模式主要应用于外资企业和民营企业，覆盖行业主要为通信电子行业和金融行业。2005 年，中兴通讯建立财务共享服务中心，成为第一家建立财务共享服务中心的中国企业。从 2006 年开始，华为、海尔和长虹等大型企业也逐步建立了财务共享服务中心。

第二个阶段是试点期（2007—2013 年）。财务共享服务逐渐被视为财务转型的重要手段，成为一些追求管理效率大幅提升的国企和金融集团关注的重点，也开始得到政府部门的关注。2011 年 7 月 26 日，国务院国有资产监督管理委员会下发的《关于加强中央企业财务信息化工作的通知》(国资发评价〔2011〕99号)明确提出:"具备条件的企业应当在集团层面探索开展会计集中核算和共享会计服务。"国资委组织近30家大型央企围绕央企财务信息化建设和财务共享中心建立进行探讨。在这一阶段,中国电信、中国移动、中国铁建、中广核和万科等越来越多的中国企业开始尝试建设财务共享服务中心。

第三个阶段是发展期(2013年至今)。财务共享服务中心的建立逐步得到中国政府部门的支持与鼓励,加上技术的推动作用,各类大型企业集团、国企开始广泛建设财务共享服务中心,推进财务转型。同时,新兴技术的快速发展及在财务领域的创新应用层出不穷,财务共享服务中心既是财务组织转型的基础,也成为智能财务建设的关键要素。

2013年12月6日,财政部印发的《企业会计信息化工作规范》(财会〔2013〕20号)明确提出:"分公司、子公司数量多、分布广的大型企业、企业集团应当探索利用信息技术促进会计工作的集中,逐步建立财务共享服务中心。"2014年10月27日,财政部印发的《财政部关于全面推进管理会计体系建设的指导意见》(财会〔2014〕27号)提出:"鼓励大型企业和企业集团充分利用专业化分工和信息技术优势,建立财务共享服务中心,加快会计职能从重核算到重管理决策的拓展,促进管理会计工作的有效开展。"

同时,不少大型国际化企业的财务共享服务范围也开始由国内走向海外。中兴通讯于2013年成为第一家立足中国本土、服务全球的财务共享服务中心,服务于全球100多个国家的8万多名员工。

2017年,ACCA、中兴新云和通用(GE)全球运营的联合调研报告显示,近400家被调研企业中已有54%的企业建立了财务共享服务中心。2019年,中兴新云联合中国会计报、西安交通大学调研中国中央企业,发现96家中央企业中已有一半企业建立了或正在建立共享服务中心。

从全球以及中国共享服务的发展来看,三十年来,共享服务模式不断在企业中得到验证、改进和发展,为企业提供更高效、更有效的职能服务,以支持企业发挥其竞争优势。在信息技术的快速发展下,全球和中国的共享服务中心不约而同地看到了新的发展机会,未来的财务是数字化的。共享服务中心的价值从基础交易处理正在转型为大数据中心,需要利用人工智能与数字技术,对海量、异构、多类型的数据进行处理与挖掘,共享服务中心将不再是"会计工厂"，而是真正成为"数据云图"。

## 三、财务云的实例应用——以中兴新云 FOL 财务云信息系统 为例

财务云的应用依赖于信息系统的部署与构建，并随着信息技术的不断发展而逐渐走向成熟。以下以中兴新云 FOL 财务云信息系统为例，来对财务云的应用进行介绍。FOL 财务云信息系统以财务共享为核心，集合费用、采购、销售、核算、资金和税务六大体系，采用成熟、主流的信息技术框架，通过各个系统的互联互通，实现业务数据的自动采集与财务处理的智能高效，帮助企业发挥数据价值。

FOL 财务云信息系统平台，具有"微服务 + 接口平台 + 数据中台"的架构特点。第一，FOL 财务云信息系统采用微服务架构，代替了传统的 ERP 信息系统架构，实现了组件化、服务化。系统服务拥有独立的可扩展性，保持独立的可升级性，像积木一样可灵活插拔使用。第二，中兴新云借鉴通信行业网规网优的实践，建立了大型企业的接口平台，作为业财数据的统一交换入口。第三，FOL 财务云信息系统建立了基础数据平台（统一的主数据管理）、数据中台（财务价值数据的沉淀池）；同时，运用大数据分析系统挖掘企业数据价值，实现从会计科目的"小数据集"向多维分析的大数据转变。

中兴新云 FOL 财务云信息系统共划分为八个模块。FOL 财务云信息系统通过业财连接模块，帮助企业打通业财数据线上通道；通过财务控制模块，内嵌管控规则，保障企业业务规范可控；通过共享核心模块，推动企业提升运营效率和质量，沉淀经营数据和信息；通过发票税务模块，高效支持企业发票管理，沉淀发票价值数据；通过会计核算模块，实现账务处理的自动化，充分披露财务信息；通过资金管理模块，提高企业资金使用效率，防范资金风险；通过税务管理模块，实现税务全流程统一管理，支撑税务筹划决策；最后，企业通过财务云图®可视化展现数据及信息的挖掘分析结果，进而支持企业经营管理决策，助力企业数字化创新。各信息系

统之间互联互通,实现财务运营的合规高效和价值创造。FOL财务云信息系统框架图如图2-1所示。

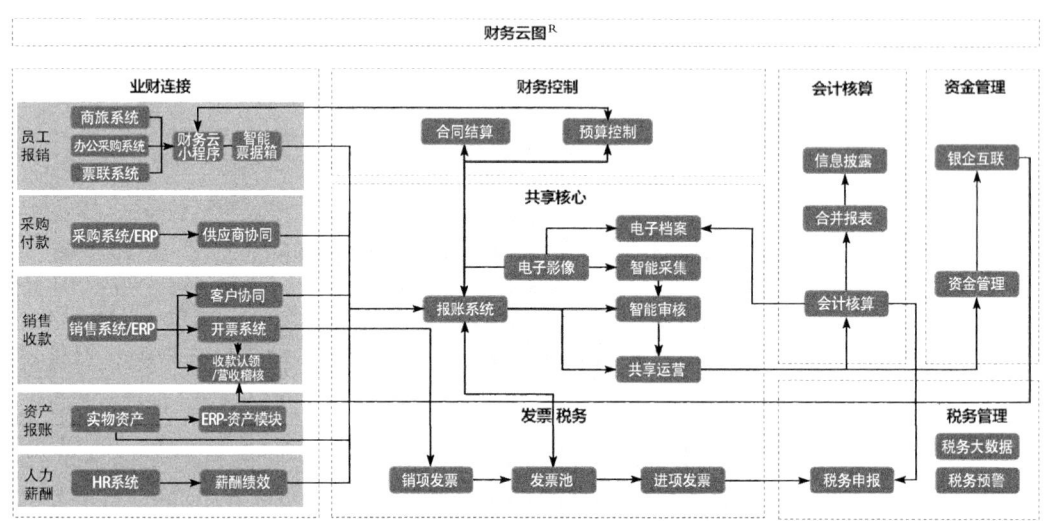

**图2-1　FOL财务云信息系统框架图示例**

以下对部分模块进行详细介绍。

## (一)业财连接

业财连接模块,可以智能化采集前端业务信息,帮助企业实现与关键利益相关者的连接,涵盖员工报销、采购付款、销售收款、资产报账和人力薪酬等领域。核心系统包括票联系统、财务云小程序、智能票据箱、采购系统(主要包括采购共享-智能应付云、采购共享-线上采购商城)、收款认领/营收稽核系统。

1.票联系统

中兴新云与微信团队合作,为企业客户提供员工发票归集和验真验重解决方案。E票联作为微信小程序,可通过微信卡包获取、混合拍照识别、分类拍照识别、手工录入等方式采集各类票据信息,归集所有发票信息形成发票池,集成税局系统自动验真验重,无缝对接企业内部报销系统,为企业减少人力成本,提升工作效率。

2.财务云小程序

它集事前申请、发票归集、费用报销、业务审批、费用分析等功能于一体,打通业务财务壁垒,为员工提供个人费用移动报销的全流程服务。

3. 智能票据箱

它打通了移动智能报销中实物单据流转的断点,是票据收集的一体化自助服务终端。员工融合使用票联系统、财务云小程序与智能票据箱,即可通过一部手机轻松完成发票采集、在线填单、单据投递的报销全流程,实时追踪票据流转状态,方便员工报销,也减少了财务处理工作量。

4. 采购共享-智能应付云

它以采购的应付管理为聚焦点,以贯穿采购交易的结算/开票、对账/付款、认证/报税全流程为主脉络,以供应链上下游企业围绕支付的线上智能协同为手段,重点解决集团企业客户的采购和财务业务部门面临的结算难、开票难、付款难以及支付数据难等一系列问题,并有效提升应付管理效率,管控涉税合规风险。

5. 采购共享-线上采购商城

它聚合采购资源,实现办公用品、低值易耗品、固定资产和会议服务等商品的电商化采购,通过公平、公开、公正的线上竞争,使企业享受更优惠的价格、更高效的服务和更可靠的商品品质,使企业采购流程便捷高效、易于管理。

6. 收款认领/营收稽核系统

它聚焦企业收款环节,对银行收款流水及票据进行清分认领,根据对账规则自动进行银企对账;提高企业财务核查能力,确保收入及时准确认领、入账。

## (二) 财务控制

在财务控制模块中,合同结算、预算控制系统与共享核心模块的报账系统对接,规范企业合同执行管理,对预算进行过程控制和事后分析。系统包括合同结算系统和预算控制系统。

1. 合同结算系统

它统一管理合同收付款计划,实时全面监控合同执行阶段的收支情况、发票进度等,关联合同数据与业务数据,帮助企业高效安排收支计划,防范管控资金风险。

2. 预算控制系统

它支持预算执行过程管控,保证业务部门各项开支均在预算范围内进行。在费用发生前后,实时反馈预算执行情况,可根据企业个性化需求配置预算维度、科目等,还可根据需求进行预算调整,自定义配置预算审批流,提高财务预算管控效率。主要功能包含预算模板定义、预算导入、预算复核、预算调整、控制规则、预算分析等。

### (三) 共享核心

共享核心模块,承接前端系统传递的数据,对任务进行加工、处理,规范业务流程和操作,提升运营效率和质量,并记录财务交易事务产生的数据,进行统一管理。系统包括电子影像系统、电子档案系统、智能采集系统、智能审核系统、共享运营系统、报账系统。

#### 1. 电子影像系统

它为实现大中型企业无纸化办公、票据扫描成像、建设电子档案管理需求而设计,配合报账系统搭建基于影像的电子审核模式。实现将合同、报账、核算等环节各类实物单据转换为电子影像,实现电子信息采集、影像传输、集中存储和调阅管理,系统可扩展支持其他类型影像(如财务报表、银行回单)的采集、管理和调阅。

#### 2. 电子档案系统

它是财务共享模式下的重要信息系统之一,也是财务共享模式下在线系统末端环节的管理系统。电子档案系统基于安全性、实用性和开放性原则,将财务与业务相关系统产生的各类信息、纸质单据转化为电子档案,减少实物档案的邮寄成本和保管成本。对电子档案的归档、借阅、销毁全流程进行规范管理,实现了会计档案的电子借阅和实物借阅管理,提升了档案管理效率,保障了档案管理安全。

#### 3. 智能采集系统

它基于机器学习,为各类影像建立分类模型,利用OCR技术将单据影像转换为结构化数据,辅之以自定义的手工录入模板数据,实现全方位电子信息采集、全单据价值数据整合。为智能审核提供强大的数据资源,为智能分析奠定坚实的数据基础。

#### 4. 智能审核系统

基于获取的结构化数据,智能审核系统依据审核规则智能校验数据逻辑的一致性、合规性,推动从报账到审核、支付和记账的全流程智能处理。智能审核系统的应用,极大降低了财务人工作业,防范了人工审核的遗漏和失误,降低了财务运行成本,提高了审核效率与质量。

### 5.共享运营系统

它是共享中心作业平台、财务业务统一处理平台、共享中心运营管理平台。主要包括任务管理、运营监控、凭证管理、付款管理、质量管理、绩效报表多个功能模块,标准规范财务审核流程,实现过程跟踪、监控和绩效管理,使财务处理更高效规范、员工满意度更高。系统内置三级任务调度机制、绩效管理机制、信用管理机制、运营监控机制及统一会计引擎等,使得共享中心运营更为高效、合理、合规。

### 6.报账系统

它是财务报账业务一体化处理平台。根据企业财务流程分为员工报销域、采购付款域、收入收款域、资产报账域、薪酬报账域、财务记账域和资金票据域等核心报账域。可结合基础数据平台、数据中台和预算控制系统,加强财务对各类开支的合理合规性管控,提高业务流程效率。可与资金管理系统、采购管理系统、商旅系统、核算系统、资金系统、预算系统等企业业务、财务系统建立起连接,实现业务、财务系统的互联互通。

## (四) 发票税务

发票税务模块,为企业提供从进项管理、销项管理到纳税申报、税务大数据分析和税务预警全流程的服务保障。系统包括销项发票管理系统、发票池、进项发票认证系统。

### 1.销项发票管理系统

它通过管理平台或数据接口,获取开票数据,实现自动开票、生成报税数据、完成增值税调节表等环节,彻底消除发票流程中的重复工作,保证数据的一致性,将数据的效用最大化。

### 2.发票池

它对企业生产经营过程中涉及的全类型发票进行集中管理,基于汇集的全票面信息、发票状态、报账信息、合同及关联信息等,深度挖掘发票价值,实现发票管理便捷化、智能化,辅助企业经营决策。

### 3. 进项发票认证系统

它通过与税局系统和企业发票池对接，一站式满足企业进项发票查询、认证、抵扣、统计、确认等需求，助力企业实现进项发票管理的高效性、便捷性、准确性。系统包括票据采集、票据仓库、发票查验、发票认证、电子发票等功能模块。

## （五）资金管理

资金管理模块，一方面通过系统直联技术与各银行系统对接，实现银企互联；另一方面对资金计划、资金调度、资金结算进行运作管理，实现银行账户可视、资金集中运营管理，提高使用效率，防范资金风险。系统包括银企互联系统和资金管理系统。

### 1. 银企互联系统

它支持银行账户的集中管理、资金不落地支付以及银企自动对账。对接企业财务信息系统和外部银行，减少支付和对账的手工工作量，降低差错率，提高资金支付和管理效率。

### 2. 资金管理系统

它是资金计划、调度、结算和投融资管理等的平台。支持企业财务部门、财务公司、资金结算中心、共享服务中心等多种应用模式，可实现集团层面的资金集中，提高企业资金使用效率，降低资金风险。

## （六）财务云图®

财务云图®模块，可实现海量数据的可视化展现，汇集企业内部和外部数据，从数据中挖掘有价值的信息，结合大数据分析模型及算法，为企业数据管理、分析、应用提供武器，有效支持企业经营管理决策、助力企业数字化创新。

具体来说，财务云图®通过搭建分析模型、深度挖掘数据价值来进行价值分析，洞见数字背后的业务逻辑，实现从会计科目的小数据向多维分析的大数据转变；通过贴合业务实际设计多样化预警模型，实现智能预警，实时监控重点数据，及时发现数据异常，敏锐识别经营风险；通过建立预测模型进行趋势预测，探析数据中隐含的关联关系和内在规律，把握趋势、预测未来。FOL财务云信息系统财务云图®示例如图2-2所示。

**图 2-2　FOL财务云信息系统财务云图®示例**

## 四、财务云的价值探析

随着信息技术的进步、企业业务量的快速增长以及企业业务复杂程度的不断提高，财务云在自动化、智能化、数字化等领域持续加深探索，助力企业在转型升级、风险管控、强化核心竞争力等方面不断发展、持续发力。

### （一）提高财务运营效率，促进财务管理模式全面转型

财务云以共享的方式提供财务基础服务，通过流程整合、组织架构重组、集团协作的方式来提升企业的财务运营效率。财务效率的提升表现在两个方面：一是财务工具的变革促进了财务人员的解放。自动化和智能化的应用不断突破人力资源的局限，具有极高的扩展性。二是财务共享服务中心的建立，大大促进了财务职能的专业化分工，将财务人力从基础的运营工作中释放出来，财务组织可建立专业化的交易处理团队（即共

享服务中心)、业务财务团队和战略财务团队,有利于管理会计专业化运作,发挥财务价值,实现财务管理模式的全面转型。

### (二)提升财务核算质量,加强企业风险控制能力

财务云帮助企业将许多重复烦琐的线下工作搬到线上来处理,对数据信息进行实时的归集整理,可以实现多个国家和地区核算业务的集中共享,覆盖率可达100%,实现企业整体的财务信息化。同时,统一的财务信息化平台建设,推动了企业业务系统与财务系统的深度集成,统一数据来源、数据处理及数据报送,消除企业内部信息孤岛,提升数据质量,发挥数据价值。财务部门数据能力提升,对财务风险甚至是非财务风险形成一定的预判能力,财务部门从"幕后"不断走向"台前",由提供事后的财务数据,向事前的预算管控和事中的规范管理转变,借助健全的防范机制和内控机制,促使企业风险应对能力获得极大提升。

### (三)构建管理数据中心,推动集团数字化转型

大数据时代的到来,海量数据成为传统生产要素的有效补充以及企业的宝贵资产。随着企业的发展,业务活动越来越复杂,企业和利益相关者的连接越来越广泛,在经营过程中会产生大量的数据。财务部门的价值在于获取并分析这些海量数据,描绘企业的价值图谱。作为企业财务大数据中心,财务云通过标准化处理流程和操作规范,保障基础数据口径的一致性。基于大数据分析,财务云为各需求方提供标准化的财务分析报表,通过对财务数据的深挖,为集团战略财务和业务财务提供全方位管理数据,支持管理决策。

### (四)促进核心业务发展,增强企业综合竞争力

财务云基于共享中心,通过标准化、专业化的运营,建立高效的流程运行能力,在节约成本的同时保障公司战略的执行。同时,共享服务实施后,用于重复性工作的时间大大缩短,释放出的员工有更多的精力投入到决策支持和业务支持等经营管理活动中,为企业战略提供高水平的决策分析、评价和支持,以及丰富的决策相关信息,促进企业核心业务的发展,增强企业综合竞争力。

## 五、未来：从共享服务到财务数字化

### （一）数字化转型——技术与财务的演变过程

科技革命推动着财务的演变。复式簿记标志着现代会计学的建立，算盘和账本是最早的计算和记录工具，财务主要发挥"账房先生"的作用，产生的是"小"数据。计算机的诞生引发了会计电算化和 ERP，前者用小型数据库和简单的计算机软件取代了部分人工核算工作，实现了计算能力和存储能力的巨大飞跃，是从"0"到"1"的变化；后者使得企业实现了更广泛的业务财务连接，是从"1"到"N"的变化。直到互联网的出现，跨越了时空的障碍，使财务以"云"的方式提供服务，实现财务共享，带来财务的重新聚合，这是从"N"到"一"的变化。

而今天，世界正处于从工业经济向数字经济转型过渡的大变革时代，数据已成为驱动经济社会发展的新要素、新引擎。以"大智移云物"为代表的新兴技术正在改变企业和行业的运作规律。持续变革，破除定式，挑战常规……已成为商业领域乃至整个社会的新常态，传统企业纷纷踏上自动化、智能化、数字化转型之路，寻求新的价值增长点。因此，财务部门亦需要应新而变，改变它作为"账房先生"的传统职责，更多地参与企业经营活动和决策，成为企业的经营伙伴与管理团队的决策支持者，成为企业的"数字神经系统"。数字化转型——技术与财务的演变过程如图 2-3 所示。

### （二）建立财务与业务的广泛连接，实现数字化赋能

财务部门作为企业天然的数据中心，集聚了几乎企业内外部的所有相关数据，这些数据如同冰山一样，90%都沉睡在企业经营管理中，沉睡在企业内外部的交易和交换过程中。

伴随着企业信息系统的升级再造，建立财务与业务的广泛连接，大量的数据源源不断地被挖掘，业务数字化创新对财务的价值计量职能提出了更高的要求，沉睡的数据价值期待着被唤醒。财务的数字化，将企业经营过程中的不仅是量化、金额化信息，而且将客户、供应商、合作伙伴等利

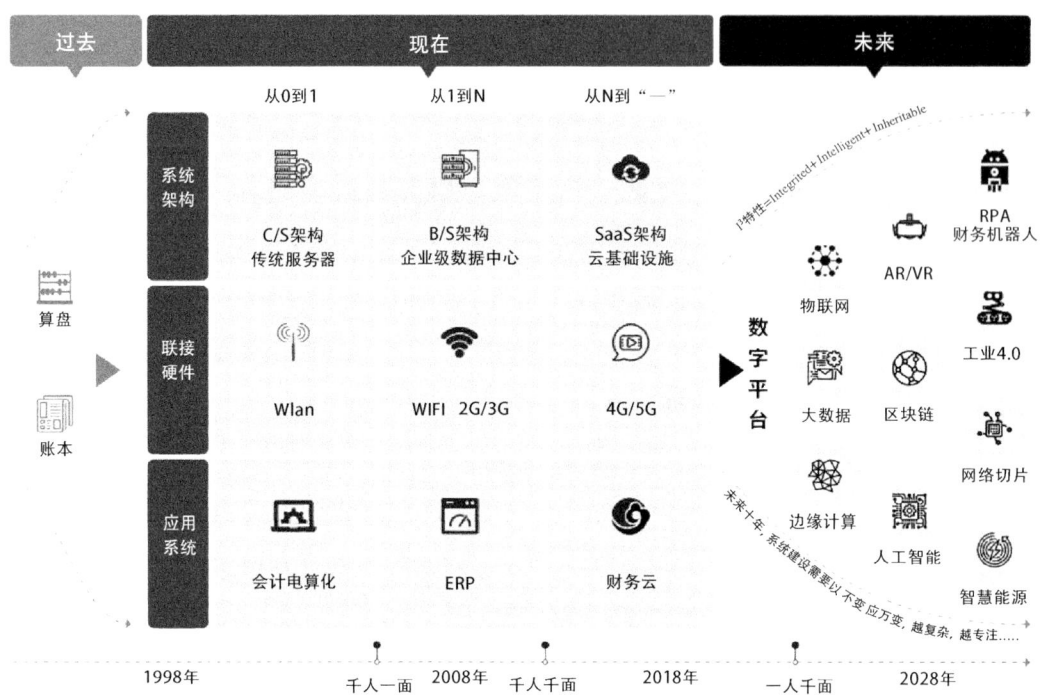

图2-3　数字化转型——技术与财务的演变过程

益相关者的行为信息、交流信息通过数据采集平台生成,将数据通过模型转化成信息、转化成知识,以数字化的方式、可视化的方式去展示企业的经营成果和企业的管理过程,实现企业数字化赋能。

### (三)企业经营数据体系——从财务向经营转型

过去财务只专注于自身的数据,从记账凭证和会计科目的小数据集中提取信息,发挥"后视镜"的功能,使企业明确过去的经营管理情况;通过财务共享服务和财务集成信息化,财务部门能够全面收集公司各部门、各业务单据数据,实现业财联动,发挥"仪表盘"的功能,使企业了解当前所处情况以及内在原因。然而,这样的财务依然是"精确的不准确",业务信息经过层层压缩反映到会计报表上,即使精确到小数点后两位的数字,但却不能准确反映企业真实的经营状况。

未来,"大智移云物"等技术的发展可辅助财务部门实现内外部数据的互联和实时更新。作为重要的数字部门,财务需要帮助企业预先评估未来趋势、合理制定战略决策，包括商机洞察、资源分配优化、业务模式变革、交易方选择、产品市场定位、现金流动态模拟等，发挥"导航仪"的功能。

数字化变革在即，企业和财务人员都应主动改变思维和行动方式，把握机遇，直面未来。企业应主动迈出面对变革的第一步，以财务共享服务模式为起点，借力于先进的信息技术，逐步向财务的自动化、智能化发展，拥抱财务数字化新未来。企业对数据的渴望，对数字化转型的期待，为财务人员自身的转型开辟了新空间。未来的财务人员一定要转化成"智能化"的财务，在做到精通会计之外，还要擅长管理、熟悉技术、洞察业务、了解公司战略，成为兼具会计、信息化、管理、金融等领域知识的综合性人才。为此，未来的财务人员，需要广泛、灵活、有洞见的学习体验，需要广博、宽泛的通识教育，会计这个职业将会更宽广、更深刻、更创新，将具备洞察和解决"未知的问题"的能力，为企业更好地创造价值，这是未来财务令人激动的魅力所在。

二

# 电子发票：引领财税数字化新时代

李彤，北京元年科技股份有限公司高级副总裁

## 一、电子发票的定义和发展历程

2019 年 6 月 30 日，国家税务总局发布《企业自建和第三方电子发票服务平台建设标准规范》，明确了官方电子发票的定义：电子发票是指单位和个人在购销商品、提供或者接受服务，以及从事其他经营活动中，按照税务机关要求的格式，使用税务机关确定的开票软件开具的电子收付款凭证。

这个定义有两个重要特征：一是按照税务机关要求的格式，二是使用税务机关确定的开票软件。

电子发票的特点（见表 2-1）就是无纸化、网络化、电子化。在应用过程中，电子发票和纸质发票之间有巨大差异，表现在企业端的开具、交付、接受、存储、认证等方面，以及税务机关在监管和稽查方面的效率都比纸质发票时代有了大幅提升。

2019—2020 年这一年半的时间里，国家高密度出台了推广应用电子发票的各项政策，打起了一场"互联网＋税务"行动计划的攻坚战。增值税电子发票的发展历程如图 2-4 所示。

2013 年 5 月，经北京市政府批准，北京市国家税务局启动了电子发票项目，选取京东作为项目的试点单位。

2015 年 12 月，中共中央办公厅、国务院办公厅印发了《深化国税、地税征管体制改革方案》，全面推行电子发票。

**表 2-1　电子发票的特点**

| 电子发票的特点：无纸化、网络化、电子化 | | | 纸质发票 | 电子发票 |
|---|---|---|---|---|
| 企业 | | 发票开具 | 手工处理，效率低，出错率高，需打印 | 自动化处理，效率高，出错率低，无需打印 |
| | | 发票交付 | 时间长，风险高，邮寄成本高 | 即刻交付，可多次推送 |
| | | 发票接收 | 人工传递，时间长，容易损坏 | 线上处理，即刻到达 |
| | | 归档存储 | 查阅难度大，存储成本高 | 电子存储，查阅方便 |
| | | 查验认证 | 信息有延迟，容易造假 | 即刻查验真伪、勾选认证 |
| 税务局 | | 税收征管 | 印刷、存储、传递成本高 | 即刻办理，易于推广，宽税基 |
| | | 税务稽查 | 人工核对，效率低 | 自动化处理，效率高 |

## 增值税专用发票电子化："互联网+税务"行动计划的攻坚战

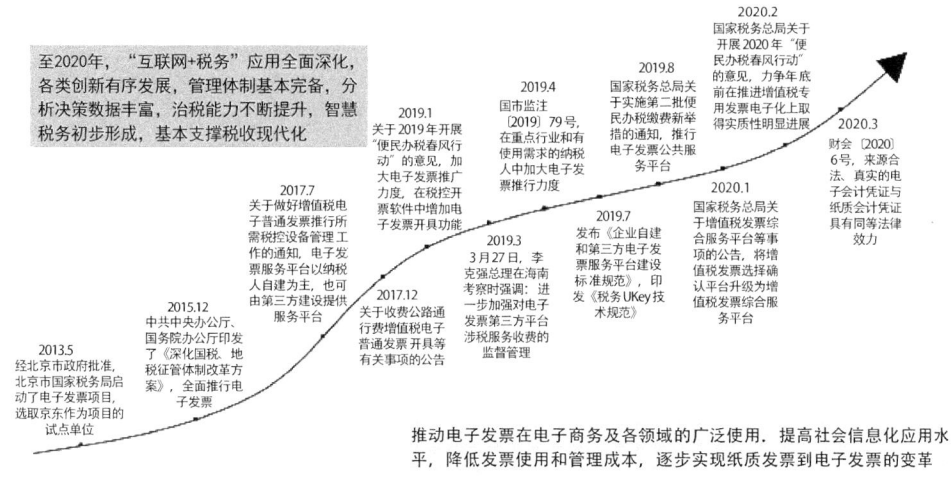

**图 2-4　增值税电子发票的发展历程**

2017 年 7 月，国家税务总局印发了《关于做好增值税电子普通发票推行所需税控设备管理工作的通知》（税总函〔2017〕232 号），电子发票服务平台以纳税人自建为主，也可由第三方建设提供服务平台。

2019 年 1 月，国家税务总局发出了《关于 2019 年开展"便民办税春风行动"的意见》（税总发〔2019〕19 号），加大电子发票推广力度，在税控开票软件中增加电子发票开具功能。

2019年3月27日,李克强总理在海南考察时强调:进一步加强对电子发票第三方平台涉税服务收费的监督管理。

2019年4月,国家市场监督管理总局等五部门发布了《关于持续深化压缩企业开办时间的意见》(国市监注〔2019〕79号),在重点行业和有使用需求的纳税人中加大电子发票推行力度。

2019年7月,国家税务总局发布了《企业自建和第三方电子发票服务平台建设标准规范》(税总发〔2019〕84号),国家税务总局发布了《关于印发〈税务UKey技术规范〉的通知》(税总发〔2019〕81号)。

2019年8月,国家税务总局发布了《关于实施第二批便民办税缴费新举措的通知》(税总函〔2019〕243号),推行电子发票公共服务平台。

2020年1月,国家税务总局发布了《关于增值税发票综合服务平台等事项的公告》(国家税务总局公告2020年第1号),将增值税发票选择确认平台升级为增值税发票综合服务平台。

2020年2月,国家税务总局发布了《关于开展2020年"便民办税春风行动"的意见》(税总发〔2020〕11号),力争年底前在推进增值税专用发票电子化上取得实质性明显进展。

2020年3月,国家税务局和财政部联合下发了《关于规范电子会计凭证报销入账归档的通知》(财会〔2020〕6号),通知表明:来源合法、真实的电子会计凭证与纸质会计凭证具有同等法律效力。

国务院总理李克强在2020年3月特别强调,到2020年年底,全国要在增值税专用发票电子化方面取得实质性进展,这无疑会对企业整个财税流程运作带来深远影响。

## 二、专票电子化的三大变化

专票电子化和现有的电子普票有很大的差别,主要表现在三个方面,即新税控、新版式、新签章。专票电子化带来的发票运营管理的变化如表2-2所示。

### (一)新税控:发票开具方式的变化

以前每个税务主体都需要有税控设备,用一台专用电脑连接打印机开

表 2-2 专票电子化带来的发票运营管理的变化

| 类别 | 现有（电普） | 未来（电专/电普） |
|---|---|---|
| 文件格式 | PDF | OFD |
| 税控设备 | 金税盘/税控盘 | 税务 Ukey |
| 税控设备提供商 | 航信/百望 | 13 家入围厂商 |
| 版式文件 | 各平台不统一 | 税务局统一版式 |
| 签章方式 | 企业电子签章 | 税务局统一电子签章 |
| 安全性 | 有篡改风险 | 不可篡改 |

具发票。启用电子专票以后，企业不再需要这样一套设备了。小企业只需要去税务局领取一个免费的 Ukey 就可以随时随地在线连接到全国电子发票公共服务平台上，不管是专票，还是普票，开具都非常方便。

如果一家有一定规模的企业，希望在发票管理过程中实现与内部 ERP、财务系统的打通，则有第二种选择，即通过专业服务商在云端提供的第三方电子发票开具平台来开票。只需把企业税控信息托管给第三方平台，企业就可以用云服务商提供的接口跟 ERP 系统进行更有效的连接，实现电子发票开具的自动化管理。当然企业需要给平台支付一定的服务费用。

经过测算，如果一家大型企业集团的税务主体、管理税号超过 100 家，甚至达到 200 家，那么用第三方电子发票平台开具发票在成本核算上并不划算，可以考虑自建一个电子发票开具平台。通过自购的集成设备、集成软件和 ERP 系统进行打通，实现最强的个性化服务，完整实现税务数字化管理。

综上，企业在税控方面有三种选择：中小企业通过免费国家电子发票公共服务平台；有一定规模企业考虑第三方云平台；大型和超大型企业可以考虑通过自建方式建立自己的电子发票管理。

## （二）新版式：从 PDF 变成 OFD 格式

现在的电子普票是 PDF 文件，是非结构化文档，所有 PDF 阅读软件都可以打开电子发票的版式文件。PDF 文件在防伪和数据签名加密方面无法完全管控。在使用过程中，很多企业仍然视同纸质发票管理，还是需要打印，全票面信息需要连接税务局的电子底账库抓取，即对电子普票的真伪进行验证。

OFD(Open Fixed-layout Document)格式是全新的结构化数据文件格式,在电子发票文件中承载数据的内容、结构等方面都有很大突破。数据文件存储着全票面信息,企业只要拿到这样的文件,就可以通过阅读器拿到所有结构化的电子数据。同时,由于这是一个我国自主的开放版式数据文件格式,可以在发票数据本身采用电子签名的加密方式进行防伪,对发票进行验签就可以证明其真伪,而无需连接税务局的电子底账库进行验真。

OFD 格式的电子发票突破了目前开票项目最高为 100 行的限制,可以即时推送与接收实现信息共享,可以自动传递电子文件、自动识别,实现系统自动读取、自动查验电子签章验证功能,实现发票真伪的自动查验。开票方和收票方需要纸质发票的,可以按需打印增值税电子发票,其法律效力、基本用途、基本使用规定等与税务机关监制的增值税发票相同。OFD 格式让发票归档非常灵活,符合档案管理要求的电子会计档案与纸质档案具有同等法律效力。

尽管经过验签就可以确认 OFD 数据文件是真实的,但是还无法了解发票的状态是否正常,这时候必须要连接税务局的电子底账库进行查询,才能了解发票状态。

### (三) 新签章:签章、加密方式的全新变化

在 OFD 格式的版式文件上可以看到原来的企业专用发票章被取消了,只有税务局统一电子发票的监制章,这就是数据加密技术。假设企业要自建一个电子发票平台的话,我们就要整合一系列经过税务局认证的、专用软硬件设备才能完成这样的工作。

首先,所有发票领取和开具在自建平台中,都需要连接增值税发票2.0系统,需要购买一个签章服务器的税控安全设备,并在税务局备案之后,通过安全代理软件和电子签章来保证企业和税务局之间的数据访问是安全的。

其次,与企业税号相关的税控信息需要购买一个税控服务器去存储所有电子发票。平台管理税号税控的信息存储在专用应用设备里面,开发票时生成 OFD 格式的版式数据文件,也需要有专用软件来完成。开出发

票后签上国家税务局的电子签章，同样也需要一个电子签章服务器把签章的信息生成 OFD 数据文件里面。只有通过这样一系列软硬件相结合的安全保护手段，才能保证电子发票平台里面开具出来的发票是有效和安全的。

企业要自建一套完整的开具平台，需要集成一系列软硬件设备、开发服务平台，和内部 ERP 系统、财务共享系统打通，调度各种税控设备、加密设备、开票设备和税务局系统连接等一系列业务环节，这对企业 IT 整合能力、开发能力和持续运营能力都提出了比较高的要求。当然，市场上也会出现更多专业厂商助力企业自建发票管理平台。

## 三、新电票时代给开票和运营管理带来的变化

新电票时代的来临，尤其是专票电子化给企业的发票管理和业务、财务、税务业务流程带来了很大变化，这些流程主要包括供应商采购结算、费用报销、销售开票和税务处理等流程。

专用电子化给企业财务流程带来的变化如图 2-5 所示。

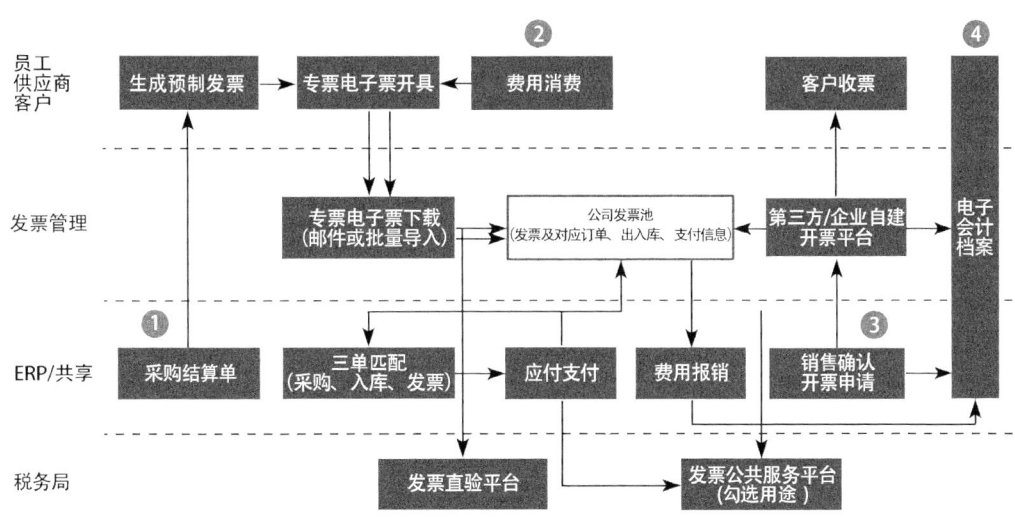

图 2-5 专票电子化给企业财务流程带来的变化

## （一）提高大型、超大型企业集团供应链协同效率

企业原来在会计审核里面花了很多时间精力，都是在和供应商进行结算对账，尤其在发票收到之后的三单匹配过程中会消耗大量的人力和时间。如果企业管理的数字化、智能化程度不够，都会卡在这个环节上。

电子专票可以通过已有的供应商协同平台和供应商在线完成交易的确认，完成对账结算之后，由甲方按照税务主体要求预制发票，把开票要求、开给哪个法人公司、哪些产品要开、数量多少这些信息，通过电子预制发票在线传给供应商。供应商接到信息之后可以通过自己的开票方式，按照一定的数据要求开具发票，在线实时传递给甲方。无论是连接税务局的平台还是用了第三方的云平台，或者在自建平台上都可以开具电子发票。

具有自建发票平台能力的大型企业可以把平台开放给上下游合作伙伴，大大提高甲乙双方结算效率。在一个平台上把发票数据传给供应商，供应商确认开票，发票在平台上开出来，直接落到甲方发票池里面，完全取代了人工靠肉眼识别开票商品是否正确的操作环节，规避了三单明细级数据匹配有误的风险。全数字化的发票和订单匹配、结算单匹配，完全一致，大大提升了自动三单匹配的效率。

通过供应链协同提高应付结算效率和准确性，财务共享中心和供应商结算环节可以真正做到无人化、自动化结算。同时，电子专票突破属地化限制、集中开票共享成为可能，解决了原来分散开票的问题。电子专票通过供应链协同提高应付结算效率和准确性的过程如图 2-6 所示。

## （二）企业费用和应收管理的变化

现在的电子普票很多时候还要打印，要和税务局连接验真。新的电子专票技术会大幅度简化 OCR 的使用，不再依赖 OCR 能力获取发票数据，或者去税务局获取数据，管理效率和准确性大幅提高。电子发票带来的费用管理流程的变化如图 2-7 所示。

在无纸化报销越来越成为现实的同时，也需要增加一定成本，比如对所有电子发票数据存储和后续电子档案的必要投入。

专票电子化后的应收管理流程得到了显著改善，从开票到传输全部线上处理，发票开具和管理效率高、成本低。同时，集中开票降低了企业开

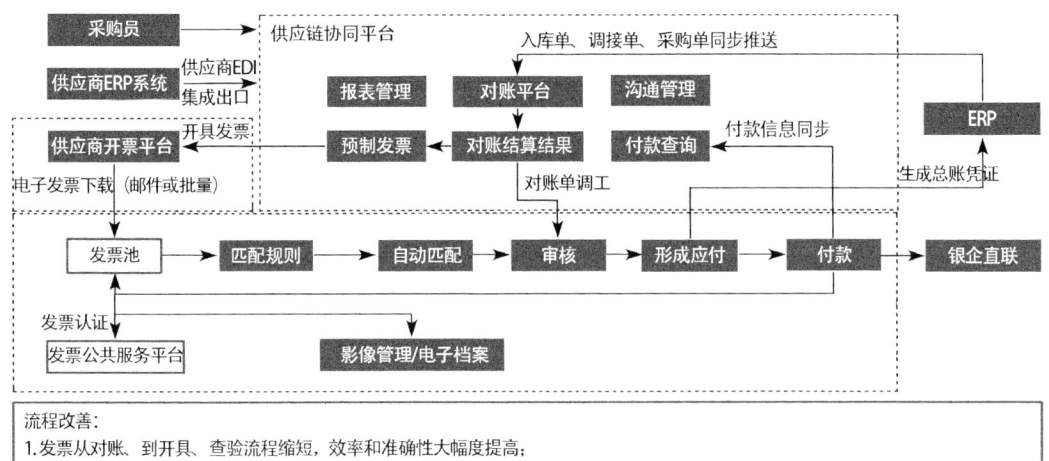

图 2-6 电子专票提高应付结算效率和准确性

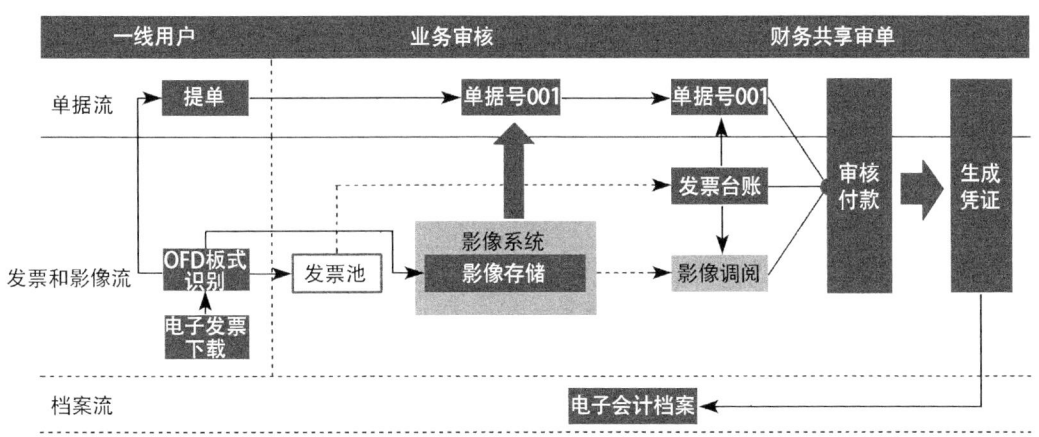

图 2-7 电子发票带来的费用管理流程的变化

票的管理成本,减少了开票风险,也更有利于实现税务共享的全新管理模式。专票电子化后的应收管理流程如图 2-8 所示。

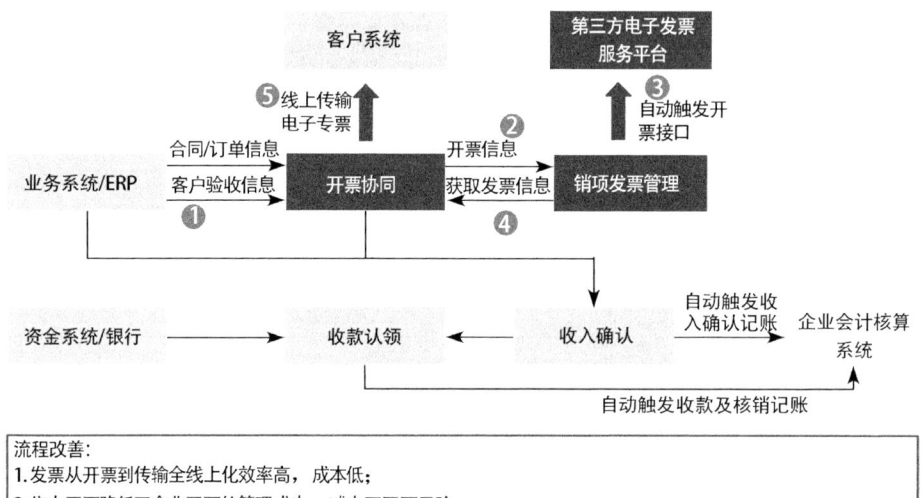

**图 2-8 专票电子化后的应收管理流程**

### （三）电子会计档案管理的变化

国家通过了一系列政策文件,明确了电子档案的法律有效性。企业合理合规把信息采集、信息存储、归档以及后续查询调阅通过电子档案有效管理起来,真正进入了无纸化票税管理的时代。

第一步,信息采集。交易电子化后更多信息可以直接电子采集,包括共享单据、电子影像和电子会计凭证。纸质单据明显减少,也降低了归档难度。

第二步,凭证管理。凭证自动匹配后,加强了业财融合,会计凭证和单据的匹配度增强了。

第三步,归档管理。进行电子分册、电子归档。电子与纸质档案具备同等法律效力后,电子档案作用明显增强。

第四步,档案管理。进行归档文件的库存管理,增强档案检索能力,方便电子调阅。

国家档案局、财政部对电子文档都做了明确规定。从政策角度看,电子会计档案有同等的法律效力，电子会计档案管理会越来越普及。另外，国家也在同步推广财政票据的电子化改革，且越来越多的票据种类也纷纷加入电子发票的阵营，借助新电票时代的东风全面提升企业电子票据的管理能力，也简化和降低了税务局统一票制、采集监控的管理难度。

### （四）税务管理流程的变化

在目前传统纸质专票状态下，发票必须在当地税务局领取，不能跨属地流通，集团企业根本无法突破发票属地化管理局限，也无法实现税务集中管理。专票电子化把属地限制打破了，可以实现在一个地点，对全集团所有确认交易开票过程进行集中化管理，扩大了财务共享中心税务管理范围，提升了发票全生命周期管理能力。

传统的增值税"票-会-税"管理流程开票逻辑控制复杂，"票-会-税"差异比对工作量大。专票电子化后的增值税"票-会-税"管理流程得到明显改善，增值税纳税义务发生与开票同步，减少"票-会"差异比对环节；根据会计处理和发票勾选结果，直接作为纳税申报的税基，不需要抄报税，减少了"会-税"差异。

电子专票没有纸质发票实物的线下处理过程，简化了税务管理流程，效率大幅提升。实时的发票开具和交付，实时的税务义务转移，以往各种因为时间差的原因造成的核算上的差异处理，在新的流程里会得到大幅度简化，对提高企业税务自动化程度和降低税务管理成本有非常重大的影响。

在疫情期间，"非接触式"的线上办税流程得到了全面提升。不管发票处理还是税务申报，都减少了企业办税人员到税务局现场的工作要求。企业领取发票、认证抵扣、抄报税等工作均可线上操作，同时具备实现自动算税、自动对比校验、自动生成纳税申报表等功能的流程自动化，大大提高了工作效率。

税务机关培养企业线上办税习惯，提高办税效率和满意度。同时，税务机关实时监控异常，对税源企业实现全天候全方位监控，提高政务处理效率。

### （五）共享中心的变化

专票电子化给共享中心带来很大改变，实现了企业从业务到财、税、票的端到端管理。

首先，在业务流程上的变化，提升了业务流程的数字化程度，提高了共享业务的效率。

其次，优化了组织结构，共享中心的财务人员不断向战略财务和业务财务转移。应付审核方面的人员会减少，但涉及税务管理制度方面的团队会增加，可以为子公司做税务管理，所以组织结构会发生调整。

再次，实现价值链协同，价值链上下游结算协同将更为快捷高效，和供应商对账结算以及内部三单匹配流程效率会大幅度提高。

最后，扩大了信息的沉淀，大大增强共享中心的数据服务能力。远程开票集中管理税务，税务共享空间不断扩大，税收遵从成本将进一步降低。

专票电子化会给财务大数据带来非常好的基础，我们可以充分利用这些数据和上下游充分协同，充分发挥数据的价值。因为数据质量很高，精细程度也很高，打造集团乃至产业级票据信息池或企业级票据底账库，便于根据每一个交易的明细，比如从商品到SKU级的交易明细数据、销方和供方信息，通过整条交易链的所有电子发票可以方便、清晰地展示出该商品的流转轨迹，便于供销双方追本溯源，降低虚开与欺诈风险，建立更加紧密、信任的合作关系。

专票电子化带来的数据信息的智能化应用，增强了共享中心的数据服务能力。专票电子化让企业可以充分利用电子发票带来的大量、实时的结构化信息，从企业税负情况、交易数据分析到对供应商风险识别、员工合规性审计等方面都会带来比较大的能力提升。企业要充分利用数据挖掘和大数据技术，发挥专票电子化之后，高质量数据带来的巨大价值。

## 四、"互联网＋电子发票"的发展趋势与变革

从发展趋势来看，区块链发票将进入高速发展期。区块链电子发票是

利用区块链分布式账本、智能合约、共识机制和加密算法等技术，保障电子发票开具、存储、传输、防伪及信息安全，具有全流程完整追溯、信息不可篡改等特性，以私有链或联盟链的方式，构建税务部门、开票方、收票方"三位一体"的电子发票新生态。开票方实现链上发票申领、开具、查验和入账等功能；收票方实现链上储存、流转和报销等功能；税务局全流程监管，实现无纸化智能税务管理。

区块链电子普通发票，是"互联网＋税务"深度融合的产物，是实现"科技创新＋"的税务管理现代化的全新尝试。区块链技术具有全流程完整追溯、信息不可篡改等特性，与发票逻辑及需求高度吻合，能够有效规避假发票、完善发票监管流程。区块链电子普通发票将每一个发票干系人连接起来，方便追溯发票的来源、真伪和报销等信息，有效解决发票流转过程中一票多报、虚报虚抵、真假难验等难题，切实降低纳税人经营成本和税收风险。

区块链特点与财税理念的关系如表 2-3 所示。

表 2-3　区块链特点与财税理念的关系

| 特点 | 区块链技术 | 财税理念 |
| --- | --- | --- |
| 去中心化 | 各个节点地位相同 | 财务部门、税务部门信息对称 |
| 公开透明性 | 单一节点无法篡改数据 | 财税数据不可篡改，真实有效 |
| 可追溯性 | 数据按事件顺序冗余保存 | 会计记账的不可逆，增值税抵扣链条完整 |
| 智能合约机制 | 自动执行条款 | 收入确认、纳税义务发生及时确认，税法规定带来的限制条件 |

区块链发票遵循共享共治理念，税企共治、信息共享。从业务源头管控税务遵从，实现会计处理、纳税申报和税务风险数据一体化管理。区块链发票还具有无硬件、无领票及无票量限制的特点。目前在广州、深圳、云南和北京等地均有试点应用。区块链发票的数据采集、处理和输出过程如图 2-9 所示。

大型企业投资大批软硬件设备，自建一套电子发票管理平台，就是为了保证发票开具的信息安全。区块链发票则可以天然解决防伪、防篡改、

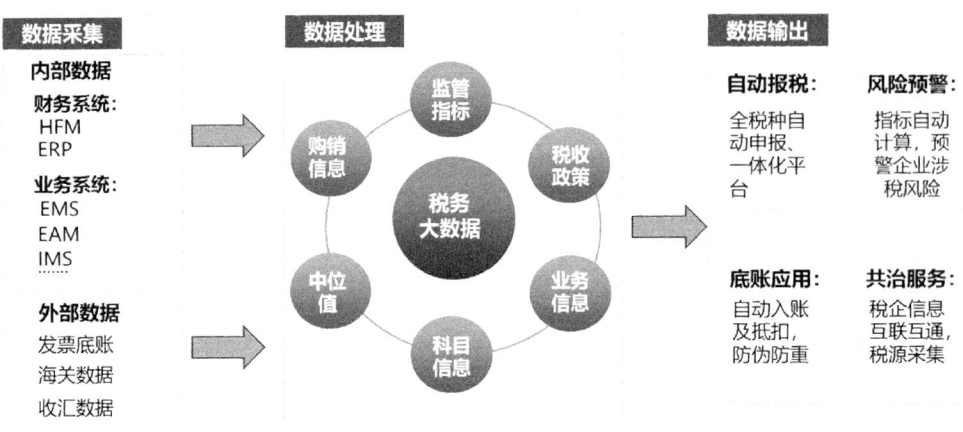

图 2-9　区块链发票的数据采集、处理和输出

数据加密的问题。区块链专票电子化推行起来之后，企业不用硬件就可以通过区块链来保证安全性的问题，同时带来更大的效率提升和成本降低。

国家税务局现在已经有企业的财务数据、纳税申报数据，未来一定会要求企业通过税企直联的方式，把纳税申报接口开放出来，建立税务共享的平台和机制，不断提高数据分析能力。

元年科技将充分发挥在税务全生命周期数字化管理的独特优势，不管从企业内部的监管、风险管控的角度，还是从国家税务机关监管的角度都会有一个非常细化的提升。区块链应用、交易数据、结果数据和过程数据的充分共享，呈现税务共享共治的发展趋势。

元年科技的业财税一体化框架在应收应付管理、资产管理和全费用管理方面都有完整解决方案，从费用控制、资金管理到共享运营、会计核算等方面支持企业的业财税一体化需求，通过税务共享等凭条满足税务机关对专票电子化以后带来的系统性要求。元年科技的业财税一体化应对框架如图 2-10 所示。

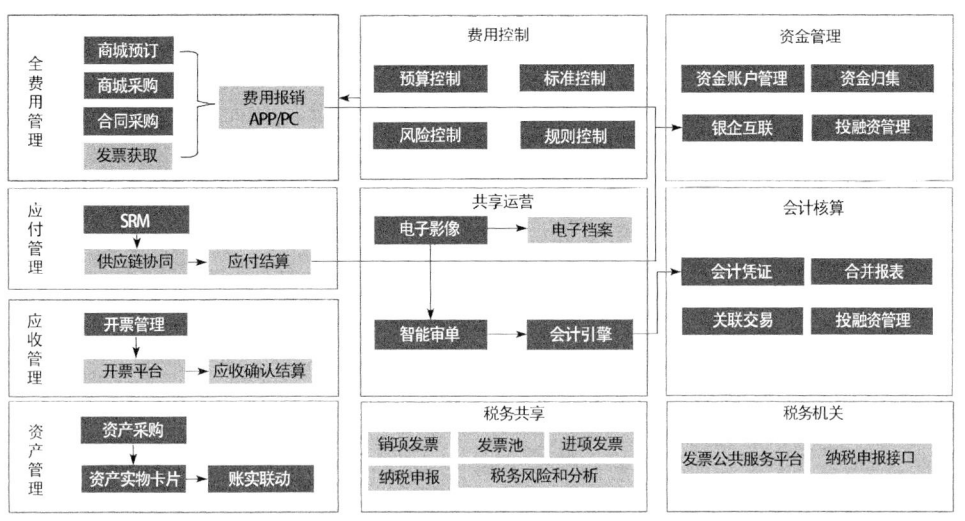

图 2-10　元年科技的业财税一体化应对框架示意图

## 五、企业财税人员如何迎接电子发票时代

企业财税从业人员应该怎么迎接电子发票的时代呢？帮助财税从业人员更好地应对技术的挑战也是连续多年举办影响会计人员的十大信息技术评选及发布活动的一大初衷。

我们认为，财税从业人员一定要主动拥抱数字化税务管理的大趋势，加快学习的进度，尽快了解专票电子化的相关信息和政策；结合自身情况做好业务流程、信息系统规划和评估；建立科学的评测方案，做好前期规划准备；梳理重构整个业务流程，选择适合自身的电子发票系统建设方案，提高数据分析和安全管理能力。

有条件的企业要尽快实施数字化税务的中台体系，更好支撑企业从提升业务运营效率、风险管控到数据价值挖掘的递进式发展。通过数字化税务的中台体系给企业创造更大价值。无论是中小企业的云端服务，还是大型企业的私有化服务方面，软件厂商也可以发挥电子发票管理的专业优势，通过业务咨询理顺税务管理流程，开发专用系统打通发票平台和业财税一体化平台，给企业带来更多的整合价值。

# 会计大数据技术：让经营更透明可控

罗小江，用友集团助理总裁、平台与数据智能事业部总经理

## 一、会计大数据概述

### （一）什么是大数据

大数据（Big Data）从 2012 年就开始普及，到现在已经持续火爆了多年。国际数据公司（International Data Corporation，IDC）对大数据的定义："大数据"是指为了更经济、更有效地从高频率、大容量、不同结构和不同类型的数据中获取价值而设计的新一代架构和技术，用它来描述和定义信息爆炸时代产生的海量数据，并命名与之相关的技术发展与创新。

维克托·迈尔·舍恩伯格的《大数据时代》中提出了大数据的 4V 特征：

规模性（Volume），数据爆发性增长，具有海量的数据规模，数据的大小决定所考虑的数据的价值和潜在的信息。

高速性（Velocity），数据的获取和处理速度越来越快，谁能更快获取和处理数据，谁就更有优势。

多样性（Variety），数据来源多样，数据类型多样。

价值性（Value），价值密度较低，需要对大数据进行处理加工，不断"提纯"，才能实现数据价值的不断增值。

虽然大数据已经不是一个新概念，但是很多人认为大数据的重点在于数据的体量大，认为拥有的数据越多越好，其实这是一个误区！

笔者认为，大数据不在于拥有多大的数据量，而是在于通过数据处理

和使用获得"洞见"的能力，这种能力就是对大量的、多样化的数据的采集、处理、加工、分析和使用，从而提升数据价值的新模式和新技术。

## （二）什么是会计大数据

传统上与会计工作相关的数据主要是企业的经营统计核算的数据，例如：财务总账数据、财务凭证数据、应收应付数据、固定资产数据、资金往来数据和财务预算数据等。另外，还有三大财务报表数据：资产负债表、损益表、现金流量表。

随着大数据技术的发展，数字化时代的来临，"数据是企业的重要资产"的观点已成为社会的普遍共识。企业会计人员需要关注的数据已经不再单纯是企业的财务数据，越来越多的企业开始关注业务数据，如研发数据、生产数据、业务交易数据、客户行为数据等，甚至是市场数据、竞争对手数据、竞品数据等外部数据。这些数据来源广泛、形式多样且体量巨大，有结构化数据、非结构化数据、半结构化数据，有定期生成的数据，也有实时采集的数据……

通过利用大数据技术将企业财务数据、业务数据以及外部相关数据进行采集、清洗、融合、处理、存储，将其转化为可供理解的会计语言，为会计信息的使用者提供及时、可靠、真实的数据来源，帮助企业实现业务创新，指导企业智能化决策。我们将利用大数据技术进行数据采集、处理、转化并生成洞察力，帮助企业会计人员进行转型升级过程中使用的原始数据和新生成的所有数据统称为"会计大数据"。

## （三）会计大数据的起源及发展

人类最早的"计数、记数"的会计行为可以追溯到几千年前的远古时期，人们使用"结绳记事"的方式来记录事实和现象，"结绳记事"是会计信息模型的原始雏形。但真正意义的会计大数据是从以电子计算机技术为主体的信息技术在会计工作中的应用开始的，我们通常称这个阶段为会计电算化阶段。

随着技术的不断进步和发展，企业财务工作经历了会计电算化、企业信息化阶段，如今已经进入万物互联的数字化时代。财务管理技术演变路线如图 2-11 所示。

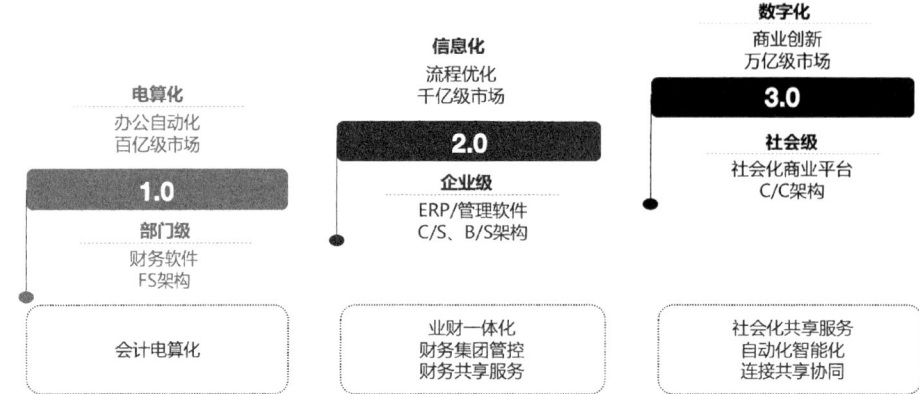

**图 2-11 财务管理技术演变路线**

### 1. 会计电算化阶段

会计电算化阶段,企业通过使用自动化的财务软件,替代原有的手工方式,不同岗位的人进行记账、算账和报账工作,大大提升了会计工作的效率,企业的经营数据被有效地保存到系统中,可以随时被不同的用户共享。电子计算机技术的运算能力,让核算、登记、结账、过账和对账等会计工作变得高效化、自动化,并实现了初步的财务数据的统计分析,我们称这个阶段为企业信息化的 1.0 时期。

### 2. 企业信息化阶段

企业信息化阶段,也称为企业信息化的 2.0 时期。该阶段典型的特征是 ERP 系统的使用实现了以财务管理为核心,集物流、资金流和信息流的一体化管理,实现了企业内部的"人财物、产供销"的集成和统一管理。ERP 系统的使用让大量业务的会计凭证能够自动生成,提供了更加全面、准确、实时的财务数据,提升了财务人员的工作效率,为会计稽核工作提供了更高效的方式,使得财务报表能够全面及时地反映企业的财务状况、经营情况和现金流量,为企业各级管理人员了解各项经营指标和辅助管理者决策提供了有效的支撑。

### 3. 数字化阶段

数字化阶段以大数据、云计算、人工智能和移动互联网等为代表的新数字化技术正彻底地改变着会计行业。企业借助数字技术强大的可连接、可汇聚、可推演的能力进行产品、业务和商业模式创新，以更低的成本、更高的效率，为客户提供更好的服务和体验。当这些数字化技术应用到会计工作中，财务数据的统计分析不仅能够分析过去，还能够预测未来；企业财务管理也将变得更加高效、更加精细化，实现从财务会计到管理会计的转型。这个时期的大数据应用可以称为真正成熟的"会计大数据"。

## （四）大数据对会计工作带来的影响

大数据的迅猛发展，对我们的工作和生活、对各行各业的工作模式产生了巨大的影响，对会计工作同样如此。随着企业会计信息的获取渠道越来越多，数据处理效率越来越快，数据使用方式越来越自动化、智能化，会计大数据将对会计核算工作带来六个方面的巨大转变。

1. 从周期记账到实时核算

传统会计记账、算账和结账按照一定的时间周期进行会计工作的汇总核算，比如一个月或一个季度核算一次，这主要是因为会计信息受到技术上的制约无法及时获取，需要会计人员采用手工方式对业务交易数据进行合并汇总后录入凭证。

这种周期性记账的方式，使得企业无法查询到当前的实际经营情况，而只能查询到上一个月的数据。另外，这种经过合并汇总的会计凭证数据，由于技术上不能追溯到业务系统里去，财务人员无法掌握业务交易的明细数据，汇总的数据有的会失真。

通过实时数据采集和大数据集成技术打通财务、业务之间的壁垒，相关数据很容易收集，企业每天的运营情况都能够直观地反映出来，会计工作可以实时进行，不需要定期核算，大大提高了会计工作效率。

2. 从单一财务核算到全面经营分析

传统的会计核算是围绕企业的收入、费用和成本的计算，财物的收发、增减和使用，债权和债务发生的结转，财务处理的计算和处理等，以处理和反映企业财务状况为主。在大数据的背景下，企业获取相关信息的渠道越来越多，获得的信息也越来越丰富，企业不仅仅可以对内部的财务状况进行监督和核算，还可以融合企业外部的数据，对企业整体的组织架构、经营状况进行全面分析，指导企业进行组织机构和战略的调整，并制定更加科学合理的经营策略。

3. 从内部管理到产业链协同

传统企业财务数据管理的核心是内部数据的集成和共享,为企业经营管理提供服务。随着大数据的发展,企业可获取的会计信息的渠道越来越多、越来越丰富,数据的边界也越来越模糊。企业可以把产业链端到端的能力开放出来,把产业链上下游的数据,即行业级和社会级的数据采集过来,并与企业内部数据进行整合,帮助我们从全产业和全行业的视角去看企业所有的经营行为,以获得更有价值的洞察力,促进企业与整个产业链上下游之间的协同,增强企业竞争力。

4. 从事后分析到事前预测

传统财务数据分析报告、财务报表都是基于已发生的事实数据的事后分析。有人笑称:企业的会计人员都是"考古专家",能够分析"历史",但不能预测未来。传统的财务数据分析报告更注重事物发生的因果,更多的是从会计、货币角度看整个会计信息的结果,并查询结果发生原因。而会计大数据分析是实时采集多个渠道的数据,从多个维度进行分析,更关注事物之间的关联关系,通过知识图谱、关联分析,预测事物发生的规律,赋能管理决策。

5. 从强调结果到注重效果

传统的会计核算认为,会计核算信息的精准性十分重要,其注重财务报告的结果。传统的财务核算中,都要求每一项数据真实、可靠,只要有一项数据出现问题就会影响整个核算结果。大数据时代,会计信息多样化且体量巨大,会计核算信息的分析不仅关注数据的标准及精度,同时也注重实际的效果。会计大数据驱动的业务创新和提升管理决策水平成为企业关注的重点。

6. 从大量人工操作到智能自动化

传统会计工作是需要很多人工的事务性工作,各种记账、月度及年度对账的操作特别耗费人力,容易出错,效率低下,而且个体会计人的素质差异导致结果的差异,规范性也得不到保证。随着智能自动化和人工智能技术的发展,让机器人替换基础重复性人工已经成为可能,同时,具有机器学习能力的机器人还能自动进行学习、改进,能够替代执行更多会计事务,大大提高了会计工作的效率、规范性及准确性。

## 二、会计大数据的技术架构

会计大数据的技术架构以数据湖为技术底座构建会计大数据平台。基于数据湖的海量数据处理能力,实现会计大数据全量采集数据,支持多渠道、多样化的数据采集。基于数据标准化、元数据和主数据等数据治理技术实现企业数据标准的统一,为应用集成和业财一体化融合奠定基础。基于数据湖实现多样化数据存储,解决由于存储介质成本高昂,存储技术不完善导致很多数据没有办法保存等问题。构建分布式的数据仓库,支持海量数据的处理分析,基于实时规则引擎实现实时数据处理。会计大数据的技术架构如图 2-12 所示。

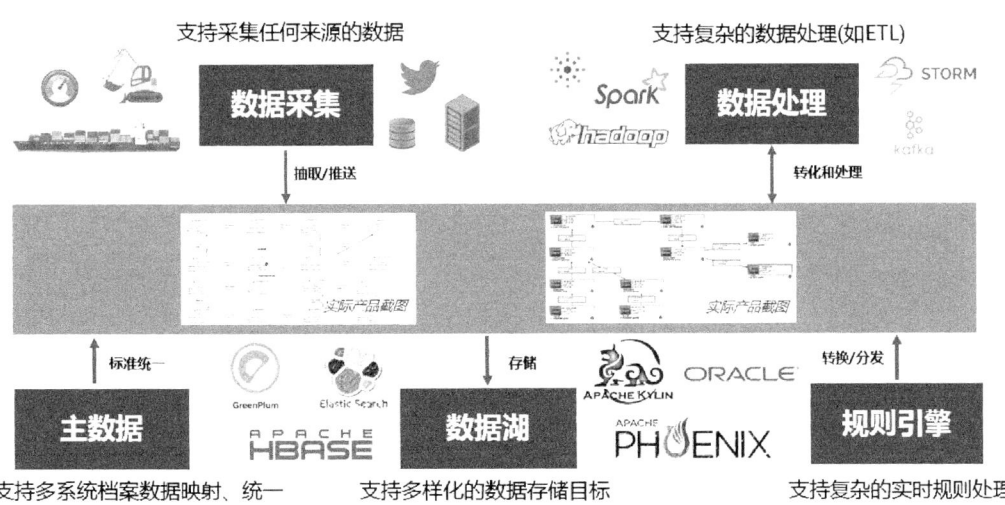

**图 2-12 会计大数据的技术架构**

从应用的角度,会计大数据平台需要支持会计信息的采、存、管、用全面的大数据能力。采即数据采集,支持从多种渠道采集会计信息;存即数据存储,基于数据湖实现多样数据存储;管即数据管理和治理,提升数据质量,实现数据资源的资产化;用即数据应用,支持多维数据分析、深度数据挖掘,提升会计信息的洞察力。会计大数据应用闭环如图 2-13 所示。

图2-13 会计大数据应用闭环

## （一）大数据采集

大数据的背景下，单纯的财务分析已经不能满足企业决策的需要，企业需要从多个渠道获取与会计信息相关的各种数据以支撑企业数据分析的需要。

会计大数据的采集渠道主要包括以下内容：

基于ETL（Extract-Transform-Load，数据抽取-转换-加载）实现企业内部数据采集。这是一种传统高效的数据采集方式，支持关系型数据库的增量和全量数据采集，通过ETL技术可实现对企业资源计划（Enterprise Resource Planning，ERP）、客户关系管理（Customer Relationship Management，CRM）、供应链管理系统（Supply Chain Management，SCM）等企业内部信息系统中的各种交易数据、凭证数据、产品数据、客户数据进行抽取、清洗、转换和加载。

基于爬虫技术实现互联网数据的采集。该方法可以将非结构化数据从网页中抽取出来，将其存储为统一的本地数据文件，并以结构化的方式存储，它支持图片、音频、视频等文件或附件的采集，附件与正文可以自动关联。

基于物联网（Internet of Things，IoT）技术的智能化终端设备的数据采集。数字时代万物互联，人与人之间、人与设备之间、设备与设备之间，随时随地都在产生着大量的、有价值的数据，5G技术的发展加速了IoT边缘端对数据采集能力的提高。

## （二）大数据存储

大数据时代，数据呈爆炸式增长，会计信息不仅量大且来源多样、形式多样，使得原有的关系型数据库的存储模式无法满足数据时代的需求，还导致存储管理更加复杂。基于混搭架构的云数据湖，是解决会计大数据存储、计算问题的关键。

混搭云数据湖架构是指使用传统关系型数据库和 Hadoop 架构进行企业数据湖构建，以支持多种数据存储方案。例如，关系数据库用 MySQL、分布式文件系统用 HDFS、分布式数据仓库用 Hive、NoSQL 数据库用 HBase。Hadoop 作为一个开源的框架，专为离线和大规模数据分析而设计，HDFS 作为其核心的存储引擎，已被广泛用于数据存储。HBase 是一个分布式的、面向列的开源数据库，可以认为是 HDFS 的封装，本质是数据存储的 NoSQL 数据库。

基于混搭架构的数据湖可以存储以二进制为基础的任何信息，包含结构化和非结构化的数据。例如，企业的 ERP、CRM 等信息系统中的关系型数据，从手机、摄像机来的照片、音视频文件，从汽车上和风力发电机等各种边缘设备采集来的数据文件等。云数据湖还具备弹性的伸缩能力，能够根据存储数据的体量自动扩展存储资源，同时云数据湖还具备自动化的数据备份和数据迁移的能力，保障企业数据的数据安全。

## （三）大数据治理

会计大数据具有数据体量大、数据多样化以及数据价值密度低的特点，如果不加以治理，大数据可能不会给企业带来价值还可能成为企业的"包袱"。

会计大数据治理是通过制定和应用一系列的策略、计划、流程和技术来规范会计大数据采集、处理、加工、交换、分析和使用的过程。其目标是提升数据质量，将数据资源转化为企业的数据资产，为企业管理、业务创新提供驱动引擎，并确保数据的安全合规使用，实现数据资产价值的提升。

首先，大数据治理的基础是元数据管理。其通过有效的元数据管理，构建企业的数据资产目录，将数据规范管理和数据处理进行有机融合，构建企业会计大数据资产地图；通过元数据的变化关系，梳理数据链路和数据之间的管理和结构关系，建立业务数据的数据"血缘关系"；通过数据"血缘关系"，开发数据质量管理功能，实现数据和数据之间的勾稽关系质量检查。元数据管理支持利用标准化的数据接口以及形式丰富的图表展示工具，快速定制各类数据资产应用，配合数据资产的全面评估，实现数据资产的"三全"管理：全生命周期管理、全流程管理和全景式管理。

其次，建立会计大数据的标准规范体系，包括会计大数据所涉及的业务术语的标准化定义、数据模型标准、指标体系标准、主数据和参照数据标准等。通过会计大数据的业务术语的标准化，让企业各单位和部门对相关术语建立一个共同认知，避免"同名不同义、同义不同名"的情况，为业务之间的沟通和协调奠定基础；通过构建会计大数据模型标准，向上承接会计信息的各种应用开发、数据分析，向下对接数据标准，为会计信息的集成、共享、开发和分析提供支撑；通过建立会计大数据指标体系标准，明确指标的定义、数据来源、取数规则、公式和算法，是会计大数据的分析、挖掘的基础；通过制定企业核心主数据和参照数据标准，统一各部门、各系统的"数据语言"，提升企业的业务处理效率和系统集成效率。

再次，是会计大数据的质量监控和管理。我们都知道传统会计信息中存在失真、不完整、不准确和内外不一致，甚至财务报表弄虚作假等问题，是危害国家、企业和债权人利益的大问题，会计信息的质量好坏不仅影响企业的经营管理的决策，甚至还影响企业声誉。另外，大数据时代对会计信息的及时性也提出了较高的要求，及时的会计信息才能适应瞬息万变的社会经济的发展，才能辅助企业管理者做出正确的预测和科学的决策。针对企业会计信息的改善和管理，建立会计大数据的数据质量管理体系，主要包括确立会计信息质量改进目标、评估企业管理流程、制订流程改善计划、制定监督审核机制、实施改进和评估改善效果等多个环节。技术方面主要包括数据质量分析、数据质量评估、数据清洗、数据质量监控和数据治理预警等，以确保会计信息的完整性、一致性、准确性和及时性。

最后，是会计大数据的安全问题。随着数字经济的到来，数据成为企业的重要资产，数据的安全问题也成为社会所关注的一个重要课题。对企业来讲，会计大数据的安全尤为重要，会计信息的泄露或使用不当，将给企业带来极大的经济和声誉风险。因此，企业需要建立完善的、体系化的会计大数据安全策略，全方位进行安全管控，通过多种手段确保数据资产在"采、存、管、用"等各个环节中的安全，做到"事前可管、事中可控、事后可查"。会计大数据平台应具备的数据安全管理能力应包括数据授权、数据脱敏、数据访问控制、数据服务的发布/申请/审核、数据服务的接入/接出以及数据安全审计等方面的安全管理能力，以确保数据安全可控和合规使用。

### （四）大数据应用

会计大数据的价值在于如何让大数据使用起来，为企业的业务和管理提供服务，而不是积累的数据量有多"大"。大数据技术能够将隐藏于海量数据中的信息和知识挖掘出来，为企业的经营管理和业务活动提供依据，从而提高企业业务的运行效率，大大提高整个企业的集约化程度。

在业务处理方面，大数据技术推动了会计工作向自动化、智能化方向发展，大数据真正意义上可以帮助财务人员，让我们的业务更加智能化。例如，在会计信息智能化应用中，用友公司提供的几款小友机器人为用户提供了一个全新的智能化应用体验。其中的 VPA 智能助理机器人，内置了 207 个智能唤醒应用，支持用 AI 语音实现人机交互；另外一款 RPA 智能流程机器人提供了发票验伪、发票认证、三单匹配、财务月结、财务对账和月结检查等自动化流程处理功能，将会计人员从机械性、重复性劳动中解脱出来，能够随时享受智能服务，会计人员的工作效率也得到大幅度提升。

在数据分析方面，大数据技术让数据智能变得普适化、平民化，能够让更多财务人员、业务人员参与大数据的应用。大数据帮助业务人员实现基于大数据的自助式 BI 分析，通过构建算法模型能够快速基于企业自身业务视角做一些预测、模型，实现业务快速创新、快速试错，从真正意义上帮助所有会计人员、业务人员从会计视角去分析所有企业经营行为。

在信息披露方面，大数据技术的应用为企业的信息披露，提供数据可靠性和完整性的保证。会计信息全面、准确反映企业发展的情况，才能让企业关联方、投资人和行政管理部门作出正确判断和决策。同时，大数据技术提供多样化的信息披露方式，信息披露可以不再局限于表格和文字方式，可以在会计大数据处理时自动生成各种多维度图表，为满足不同会计信息使用者的需求，提供不同风格、格式、角度的会计信息，从多个方面反映企业的经营状况，使得提供的信息更加直观和形象。

## 三、会计大数据的应用场景

大数据技术的发展方兴未艾，企业会计大数据应用正在改变着会计这个行业，传统会计必将走向管理会计，传统的审计也将更加智能化，会计人员的数据分析不再单纯是"三张报表"，"第四张报表"的时代已经到来。同时，企业的财务人员核心职能除了会计核算等固有职能，更多的是走向业务和管理，参与企业经营，预测和控制经营风险，并参与企业的管理决策。

### （一）实时核算场景

传统的会计核算工作都是基于一定会计期间的周期性核算，具有一定的滞后性，大数据技术推动下，"事项法"会计（events accounting）的真正落地让实时会计核算成为可能。

"事项法"会计这不是一个新的名词，而是会计行业内两项重要的会计理论基础之一，另一项则是现行的"价值法"会计。价值法的观点是会计信息用户的需求已知，并能够被充分特别地说明；而事项法则认为会计信息提供者可能对决策者如何使用信息一无所知，会计的目的是为不同的可能决策模型提供可能相关的经济事项信息。笔者将"价值法"会计理解为是基于"小数据"的会计理论体系，而"事项法"会计是基于"大数据"的会计理论体系。"小数据"时代，讲求数据的精准，注重数据之间的因果关系，而"大数据"时代，通常更注重是什么而不纠结于为什么，通过相关性来给出问题的解决方案。

事实上，早在1966年，美国的会计学教授乔治·索特（George H. Sorter）就提出了事项法会计理论。其核心理念：全面的会计信息采集、多维度的数据分析和展现、实时的数据的处理、精细化的会计核算。这个理论存在这么多年，为什么一直没有用起来？核心因素就是由于技术上不成熟，不能支撑多渠道、实时的数据采集和处理，很多IoT协议都不通，即使有数据也采集不到、处理不了和存储不下。

　　软硬件技术的发展，突破了大数据在采集、处理和存储方面的技术瓶颈，事项法会计将不会再停留在理论层面。有了大数据的能力才真正意义上帮助企业把事项法会计进行落地，基于事项法的会计核算将真正使企业的传统会计走向管理会计，这将是整个会计行业的一场变革。

　　图 2-14 展示了基于事项法的会计核算场景，首先是各种数据源连接，例如：企业内部的各种业务系统 ERP、CRM 等，云端中的数据源采购云、营销云等，甚至 2C 端的各种互联网平台如携程、美团、途牛等，基于数据湖技术把销售事件、采购事件、生产事件、资金事件等来自不同渠道的会计信息采集和接入到会计大数据平台中来，形成会计大数据的"事项库"。

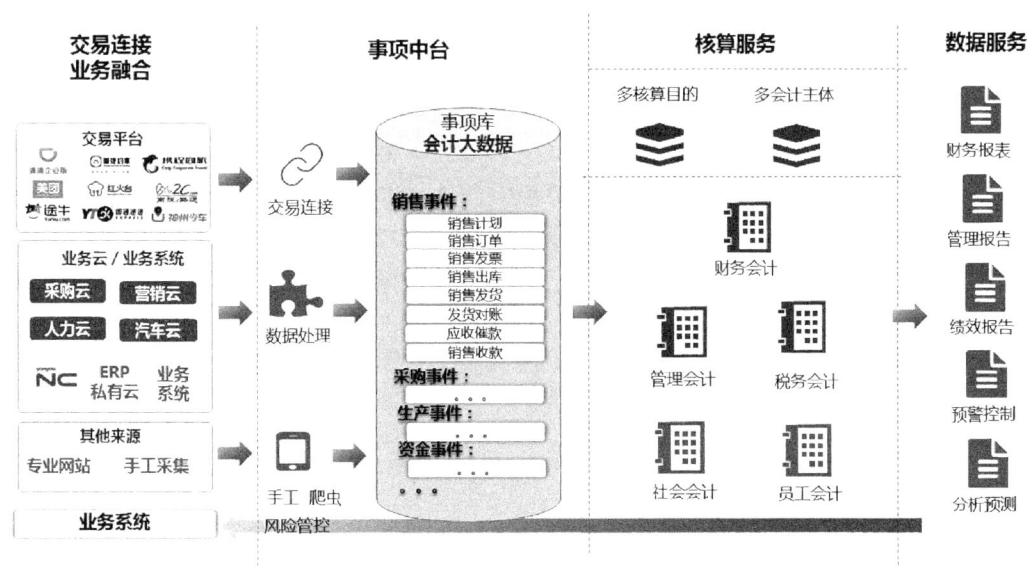

**图 2-14　事项法会计核算**

　　构建基于大数据的全局视角的事项库，来源是交易数据、业务操作数据以及社会化数据，通过大数据处理，将不同的事项转化标准事项，甚至基于 REA（Resources-Events-Agents，资源-事项-主体）的模型，统一对事项进行标注，统一规则、统一维度、统一口径，支持行业模型可拓展，支持多方面智能采集，支持全局视角，支持经济事项明细数据的查阅。

通过"事项库"为企业提供不同的核算服务，比如基于多核算目的、多会计主体的会计核算，支持财务会计、管理会计、税务会计甚至未来社会会计和员工会计，所有人可以参与进来。以前会计更多是财会人员的事情，现在人人都可以参与进来，包括支撑对外的数据服务。企业整体战略落地就是从所有的经营活动开始展开，分解为很多事项，基于大数据技术，实现会计事项数据的实时采集、实时核算、实时分析。基于"事项库"的会计大数据的合理利用，将推动企业财务工作，从会计核算到会计管理再到会计决策，真正做到会计行业的整个数字化变革。

### （二）智能审计场景

随着大数据和人工智能的发展，影响的不仅是传统财务会计，也给财务审计行业带来了巨大的变化。

我们知道审计的实质是外部的第三方对会计信息复核校验过程，主要是对会计凭证、会计账簿和会计报表等财务会计资料及其所反映的财政、财务收支活动的真实、合法、效益进行审查和评价。审计的目的是揭露和反映企业资产、负债和盈亏的真实情况，查处企业财务收支中各种违法违规问题，防止企业财务造假，维护国家所有者权益，防止国有资产流失，为政府加强宏观调控服务。

在大数据时代，会计大数据不单单是企业的会计凭证、会计账簿和会计报表，更多是基于企业经营活动的各种交易数据、业务操作数据，甚至是外部信息系统采集来的各种数字、文字、视频和声音等类型的大数据，以及一些公开的社会化大数据。通过融合对以上数据进行处理和融合，形成会计"事项库"，建立数据分析模型，进行"事项"关联性分析，实现审计工作的智能化。

基于会计大数据的"事项库"，通过融合企业内外部的各种会计信息，可以直观反映事项真实存在，确保有关业务在特定会计期间确实发生，并与账户记录相符合。即使有虚列资产、负债余额和收入、费用发生额的事项，在大数据分析下将无所遁形。

基于会计大数据的"事项库"，能够完整反映企业的经营情况，所有的会计事项都能在会计报表中展示，并能够穿透到事项的明细，遗漏、隐瞒经济业务和会计事项将自动化审计出来。

基于会计大数据的"事项库"，能够从整体到明细进行企业的存货计价、固定资产折旧、成本计算、销售确认、投资等会计事项的查询，通过设置既定的阈值，运用定量和定性的大数据算法，以确保符合《企业会计准则》和国家其他有关会计法规的规定。

会计大数据处理的核心是从庞杂的资料中挖掘有价值的东西，基于会计大数据的审计，能够大大缩短审计时间、提高审计效率、保障审计结果。随着大数据、区块链、人工智能等新技术的发展，财务数据造假就可以被技术手段消灭了。有专家预言："审计在大数据和人工智能时代将不断地弱化直至消失。"

### （三）风险预测场景

厦门的一家大型的多元化集团型企业，具有投资、贸易、农业等多个业务板块。由于企业规模大、业态多，对于客商的管理相互割裂，集团内数据共享程度差，存在较大的供应链风险。其中一家做太阳能的客商资金链已经很紧张，该客商找到厦门这家企业进行投资贷款，之后再去同企业贸易板块采购物品，同时处于要账期，这个公司后面因资金链断裂而倒闭，造成整个集团千万级坏账。

这个案例中，造成集团财务"坏账"的核心原因是外部数据获取不到，且内部渠道没有打通。首先，数据标准化没有做好，没有把集团里面各个业务板块之间数据标准化打通，无法查询到客商的关联关系；同时，没有结合外部社会化客商数据从全球视角、社会视角对企业的客商进行更加全面的分析，而给企业带来了巨大的资金风险和经济损失。

风险识别和预测是企业财务管理的灵魂，这一点对于传统财务管理和基于大数据的财务管理都是相同的。而会计大数据在企业经营风险的预防和控制的应用中，能够完善和弥补传统方式中的缺点和不足。

大数据时代，数据的获取变得更加简单，国家层面也在把更多社会化数据开放出来，比如企业的工商信息、失信人执行信息、上市企业的经营财报信息、关联交易信息、企业法人信息、股权结构信息等。社会化数据的融合应用如图 2-15 所示。

首先，通过对大量的会计信息资源进行采集和处理，构建企业基于会计事项的大数据仓库和数据指标体系，帮助企业建立更广的数据视角。

我们还可以利用大数据技术从互联网的各大社交平台、电商平台获取企业所需的竞争对手数据、竞品数据等。同时,5G 技术的快速发展,加速了 IoT 边缘数据的采集和应用。

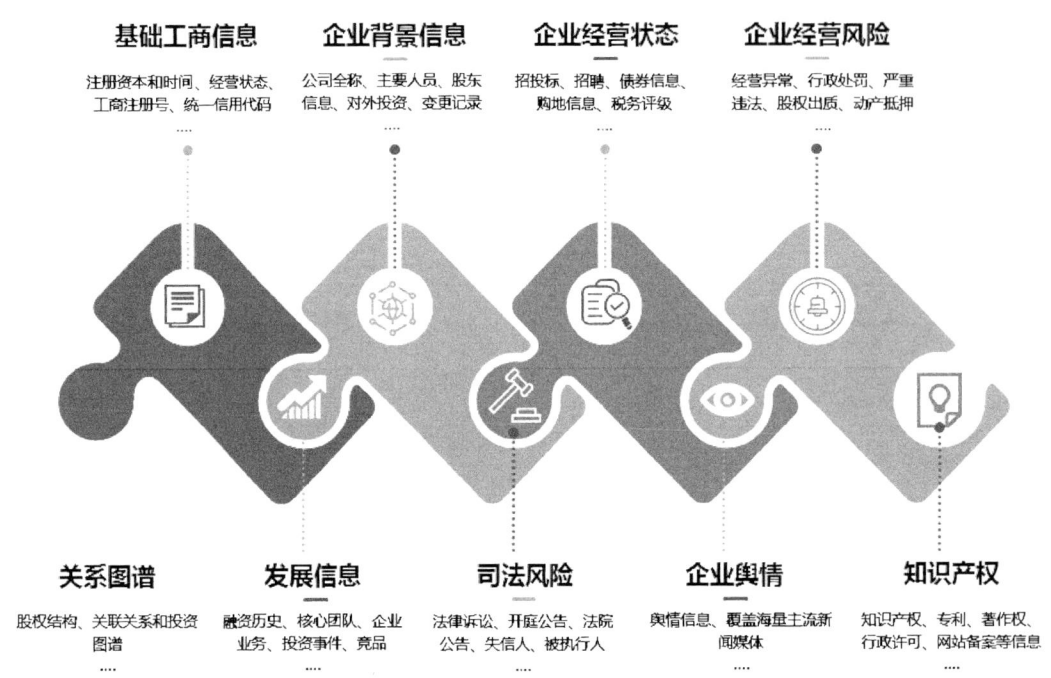

**图 2-15    社会化数据的融合应用**

其次,对企业内外部的数据进行融合和处理,统一数据标准,建立会计大数据的分类体系,按照数据分类进行治理和优化,确认其有效性。要想让会计大数据在企业财务风险预警和控制中真正发挥作用,需要实施一些必要的数据治理,对会计大数据中的无效数据、干扰数据和重复数据进行处理,提升数据质量,提高风险预警的准确性。

再次,通过融合内外部数据,建立风险管控模型,对企业的经营风险进行监测和预警,并打通企业内的数据共享通道,给企业中各单位、各部门的业务和管理提供支撑。例如,通过大数据技术构建企业级的客商数据仓库和标签体系,基于标签体系和知识图谱技术构建客商的 360 度画像,让企业的经营者能够随时了解企业中有多少客商信息,这些客商之间有什么样的关系以及他们的经营情况如何,是否存在司法风险、财务风险等。甚至可以通过会计大数据，查询客商的法人或核心高管当前是否有一些负面消息，查舆情或者知识产权的情况等，这将为企业的经营管理和决策提供重要的支撑。

## （四）精准决策场景

传统的财务数据分析都是围绕资产负债表、损益表和现金流量表这三大报表开展的，资产负债表反映企业报表日财务状况，损益表反映企业会计期间的盈利情况，现金流量表反映企业会计期间的经营、投资、筹资现金流情况。三张报表以三维立体式的展现一家公司的财务总体状况，一直以来，三大报表都是反映一家公司财务状况的精髓和总结。

随着大数据的发展，企业的财务数据分析需要延伸到业务的明细数据以支撑企业的精细化管理和更科学的决策。传统的"三张报表"是典型的事后数据分析的模式，已经很难满足企业在业务和管理决策上的需要。因此，企业在管理决策上更需要一张能够延伸到业务端的报表，而基于"事项库"用来揭示财务数据与业务数据之间的关系的"第四张报表"应运而生，来帮助实现事前预测分析，进而实现数据变现。基于"事项库"的会计大数据分析，可以真正做到数据的实时、可视和穿透。

实时，是基于实时数据处理的技术，可以很方便快速地把数据抽取出来，并进行实时数据分析；可视，是利用大数据的可视化技术，让枯燥的数据变得"生动"，让会计信息能够被看得见、看得懂；穿透，是会计大数据不只是财务报表的展现，也能够穿透到明细，穿透到所有末级事项，追查到最本质的、最初始明细的情况。

与传统财务数据分析相比，大数据下企业财务数据分析的目标和工作重心都发生了巨大的变化，让企业的管理决策更加科学和智能，主要表现在：

（1）从关注会计信息到关注业务数据。大数据时代下，"第四张报表"分析的重点不仅关注财务数据，更关注业务数据。会计大数据分析穿透到业务交易的明细数据，不仅要让管理者能够看得到数据，还要能够看得懂，看了以后有触动、有反应，能够真正指导管理决策。

（2）从关注企业内部第一方数据到与外部第三方数据的融合。我们上文中已经提到会计大数据不仅关注企业内部数据，更关注整个产业链上相关的外部数据,包括市场环境数据、竞争对手数据和用户行为数据等。企业需要通过大数据采集技术、第三方数据库共享等方式,引入外部第三方数据,并将其和企业内部数据融合,进行深度的数据分析、对标和挖掘,探寻数据背后的价值。

(3)从定期的财务报告到实时的智能分析。会计大数据分析不再是周期性的报告结果,而是基于会计大数据的实时分析、智能预测。会计大数据分析最终目标之一是预测性分析,从会计大数据中挖掘出特点,通过科学地建立模型,之后便可以通过模型带入新的数据,从而预测未来趋势。另外,在展现形式上不再拘泥于传统的报表形式,而更多的是基于多维可视化技术,以让业务人员、管理人员能够轻松、直观看得懂的形式进行展示。

(4)从专业人员分析到业务自助式分析。传统的财务报表更多的是由企业专业的会计人员统计出来的,相关的指标、算法、公式和取数规则只有极少部分人员掌握。大数据下,会计大数据治理对相关数据、指标、模型的标准化让分析变得简单,业务人员"拖拖拽拽"即可进行业务数据的探索分析,只要懂业务便可做分析,甚至人人都是数据分析师。

综上,会计大数据有四个主要的应用场景:基于事项法的实时核算,基于大数据的会计审计、风险预测和管理决策。事实上,会计大数据应用远不止此。整体来看,业务价值链的各个环节都有会计数据分析的必要性。随着技术的不断发展和大数据应用的进一步深化,会有越来越多的应用场景,会计大数据应用的价值会得到最大程度发挥。

# 四、会计大数据的发展趋势

## (一)数据资产化

数字化时代,数据是企业的重要资产已成为社会共识。2020年4月,中共中央、国务院发布的《关于构建更加完善的要素市场化配置体制机制的意见》中正式将数据作为一种新的生产要素类型。这点被首次写入正式中央文件中,数据与土地、劳动力、资本、技术等其他生产要素并驾齐驱。这无疑说明，数据的重要性正在逐步提高。有研究者认为，数据列入公司的资产负债表是不远的将来就会实现的事情，用数据创新发展已经成为新的发展趋势，大数据正在成为经济、社会发展新的驱动力。

目前还没有哪家公司将数据资产真正纳入财务的资产负债表，主要原因不是企业不重视数据资产，而是整个社会还没有探索到一套科学的数据资产管理体系，例如，数据资产的识别、数据资产的定价、数据资产的交易以及数据资产的安全等。这些领域都需要社会各界的研究机构、高校、企业以及领域的专家的共同探索和不断实践。而作为企业中的财务人员需要建立起前瞻性思维和数据化思维，需要将更多的关注力从实物资产转移到数字资产上。

## （二）数据业务化

有专家提出："一切业务数据化，一切数据业务化"。笔者非常认同这个观点。业务数据化重点是数据的采集和沉淀。在信息化时代，我们建设了 ERP、CRM 等业务系统，将线下的业务搬到线上来做，实现了企业内部数据的沉淀。到了大数据时代，企业获取数据的渠道越来越多、速度越来越快、处理技术也越来越先进，真正地实现了企业的业务数据化。数据业务化指的是对数据的智能化应用，强调数据驱动，通过应用数据为企业创造价值。

会计大数据将改变传统财务管理的模式，实现从流程驱动到数据驱动的转变。传统财务管理模式都是流程驱动的，不论是记账、结账等核算业务，还是预算管理、成本管理，都是业务流程驱动的，强调分工协作、精细化设计和上下游流程节点的协同。未来，数据驱动一切，财务管理也一样，通过会计大数据的输入、机器学习算法的建模实现财务管理工作的自动化和智能化。笔者个人理解，数据驱动并不是取代流程驱动，而是在流程的基础之上运用数字化的手段，让流程更加自动化，并在流程中嵌入数据的决策模型，让管理决策更加科学化，从而提升业务的效率，推动企业业务和管理创新。

在数据驱动的环境中，数据准备、数据可视化以及洞察力的获取将自动化完成，成本核算、预算等传统会计工作都可以通过大数据实时的数据分析自动化完成，而且会计大数据的分析和预测是基于事实的，可靠性更高。随着会计大数据的深度应用,传统工业时代的管理工具,如平衡计分卡、全面预算管理等将被基于大数据、人工智能和机器学习的增强型数据分析所取代。这是一个趋势,我们应当时刻做好准备!

### (三)共享中台化

企业数字化转型进一步推动和加速财务向共享服务转型。财务共享服务的技术革新贯穿其发展历程,顺应企业数字化转型、精细化管理、自动智能、一体化应用和专业化分工的业务发展需求。

我们看到,当前很多企业正在搞的财务共享中心建设,是集团型企业将战略落地执行的重要手段。企业通过财务共享服务中心建设,为共享财务和业财融合提供战略指导,为各级单位或部门提供高效、规范的专业化会计服务。财务共享服务渗透各业务层面,通过采集业务数据,在为经营提供专业支持、提高企业工作效率和决策水平、帮助集团化企业降低财务管理成本、支持企业快速全球扩张、降低经营风险、加强财务管控、实现财务战略转型等方面具有突出作用。

笔者认为,财务共享中心本质上是一个中台的架构,而这个中台并不是阿里所讲的数据中台、技术中台,而是将企业财务管理的整体工作中台化。在这个会计大数据的中台架构中,会计大数据的共享和运营位于中台,对外提供各种服务能力;前台提供各种智能服务为业务赋能,实现业财一体化融合;而后台则是各种基于大数据技术的规则管理、异常管理和财务运营的构建和支撑。在这个"中台"的体系中,业务、财务的界限将愈加模糊,财务数据的90%将从业务端直接产生,传统的会计核算由业务人员的自助行为完成,而传统的财务管理也将从管控向着赋能方向转化。因此,无论是企业的骨灰级财务专家,还是刚入门的会计小白,或是准备投身该领域的学生们,都需要思考大数据时代下会计人员的转型问题。

### (四)技术融合化

以大数据、人工智能、区块链、云计算、5G等新技术为代表的融合化应用,是推动企业数字化变革和财务管理转型升级的主要驱动力。

在会计大数据的管理和应用中,通过大数据、人工智能、云计算技术的融合,增强大数据分析算法和算力,让发票验伪、发票认证、三单匹配、财务月结、财务对账、月结检查等会计工作更加自动化、智能化;在财务数据分析、财务报告中，通过植入人工智能算法和机器学习模型，改变传统财务数据分析模式，让基于会计大数据的洞察力更加实时化、可预测。

会计大数据与区块链技术的融合，将催生出分布式记账，这将改变现行的复式记账，颠覆传统的会计核算、会计审计模式。与传统复式记账相比，基于区块链的分布式记账具有共享、透明、防篡改等特点，多式且可持续、安全且可持久、透明且可审计、基于共识且可交易，形成的交易记录可以被各方永久查看。目前区块链技术还有待进一步成熟，以前受人诟病的访问速度及算力问题，将随 5G 的普及而得到解决。而 5G 技术的应用，不仅仅是提升了网络的传输速度，同时大大推动了万物互联，提升了"物联网""人联网"的感知能力，让会计大数据的采集更丰富、更快速、更及时！

会计大数据在推动企业财务管理转型升级的过程中，离不开与其他先进技术的融合，包括人工智能、区块链、云计算和 5G 等技术。这些技术与大数据共同作用在数据的"采、存、管、用"的各个环节，推动着会计行业的发展和创新。

## （五）会计国际化

随着经济全球化的发展，国家改革开放政策的不断深化，"一带一路"建设的不断推进，很多企业都进行了全球性的经营布局。会计作为国际通用的商业语言，在经济全球化过程中的作用越来越重要，企业以及相关各方对财务管理的要求也越来越高。在经济全球化的进程中，存在业务地域性强、多会计准则、多会计期间、多汇率、多币种、多语言、多时区、多数据格式、政策差异大、信息化水平薄弱和网络基础设施差的问题，这些问题导致会计信息集中难度加大。

大数据技术的发展，让会计国际化成为可能。大数据时代，技术的发展不仅对会计信息的采集、输入、加工、处理、存储、分析和使用产生重要影响，也对财务会计核算的内容和要求产生极大的影响，使得会计信息超越国界，在全球范围内传递和共享变成现实。同时，由于技术基础架构的完善，财务信息系统并发量也能满足大型企业全员使用的需求。会计大技术的应用，能更好地实现全球范围内会计信息大集中；会计信息的大集中，能更好地提升会计信息质量、强化会计监督职能、提升企业运营效率、实现数据共享和强化集团公司风险防范能力。在全球经济的布局和发展中,会计大数据将扮演越来越重要的角色。企业通过会计信息标准化、集中化管理,加速企业的国际化进程。

## 五、总结

大数据时代,数字化转型正在被重新定义,并促进着企业管理的进化。会计大数据的应用促使企业管理与服务不断创新。企业也需要结合自身的管理需求,利用强大的信息技术全面整合企业内外部的会计信息资源,采取业务流程优化、制度及模式创新、新技术的应用等措施,将会计大数据嵌入到企业的各项业务活动之中,重塑财务管理新价值,实现从管控到赋能,迈向财务管理新时代。

会计大数据正在推动着企业财务管理的数字化转型和升级,从传统会计核算到基于"事项库"的实时核算;从传统固定的财务报表到可穿透到业务端的"第四张报表";从事后的财务分析报告到基于大数据算法和机器学习模型的预测性分析;从财务管理和财务数据分析的专业化到"人人可会计""人人可分析"的普适化、自助化。

大数据正在重塑整个会计行业,对财务人员的综合能力也提出了更高的要求。企业的财务人员应从"账房先生"的角色中走出来,建立大数据思维模式,实现自身能力的转型升级。财务人员不仅需要具备精湛的财务专业能力,还需拥有较高的企业管理能力、数据收集整合能力、数据鉴别挖掘能力、数据分析能力、将大数据与会计信息最大限度融合的创新能力等。

同时,企业财务管理工作正在从流程驱动的管控模式向数据驱动的赋能模式转化,财务人员不能固守"流程思维""管控思维",要更加积极地走向业务前端,加强与业务部门的沟通与协作,让会计大数据赋能企业经营管理的各项业务活动,推动业务和管理创新,为企业创造更大价值。

# 四

# 电子档案：企业信息化建设的"最后一公里"

*饶艳超，上海财经大学会计信息化研究中心主任、博士生导师*

2020 年 6 月 20 日发布的"2020 年影响中国会计从业人员的十大信息技术"评选结果显示：电子档案在继 2018 和 2019 年连续两年入选之后，第三次入选前十大信息技术榜单。同一天最新修订发布的《中华人民共和国档案法》中特别对档案信息化建设提出明确规定，要求各级人民政府应当将档案信息化纳入信息化发展规划，保障电子档案、传统载体档案数字化成果等档案数字资源的安全保存和有效利用；要求档案馆和机关、团体、企业事业单位以及其他组织应当加强档案信息化建设，并采取措施保障档案信息安全。档案信息化建设以企业业务信息化为基础，电子档案应用是企业信息化建设的"最后一公里"。

会计档案是国家档案的组成部分，随着企业信息化水平提升，会计档案电子化管理逐渐成为企业会计信息化建设的重要内容，是企业会计信息化建设的"最后一公里"，数字化转型和智能财务的发展更是推进了这一进程。

电子档案技术对会计人员有直接的影响，会计人员应该能够清楚地认知电子档案的定义、在会计领域应用的具体内容、价值所在以及应用实现路径。

本节将从电子档案定义、电子档案在会计中的应用发展、相关法规要求、应用价值实现、电子档案应用相关系统及其构建和基于电子档案应用生命周期模型的实现路径等几个方面来全面介绍这一在实务工作中正在对会计人员产生重要影响的信息技术。

# 一、技术定义

## （一）档案

档案是指过去和现在的机关、团体、企业事业单位和其他组织以及个人从事经济、政治、文化、社会、生态文明、军事、外事、科技等方面活动直接形成的对国家和社会具有保存价值的各种文字、图表、声像等不同形式的历史记录①。档案对任何企业而言都至关重要，即使是小微企业，也有重要的文件需要归档并安全保管。

## （二）电子档案

电子档案（electronic record；archival electronic record）是具有凭证、查考和保存价值并归档保存的电子文件。而电子文件（electronic document；electronic record）是国家机构、社会组织或个人在履行其法定职责或处理事务过程中，通过计算机等电子设备形成、办理、传输和存储的数字格式的各种信息记录②。

从专业技术定义可以知道电子档案技术不是一项技术，而是一组技术，是一组支持数字格式信息记录的形成、办理、传输和存储的技术，数字格式信息记录的内容、结构和背景都有特定的技术规范。

从内容来说，电子档案所指的信息记录具有保存价值的信息记录，但是具体哪些信息记录分别具有什么样的价值，是要和背景结合在一起来确定的。此外，哪些信息记录以什么样的格式在什么样的电子设备上形成、传输和存储，同样也要和背景结合在一起确定。背景是电子档案形成、传输、使用的框架性要求，因为行政背景不一样、来源背景不一样、业务流程背景不一样、技术背景不一样，这些对电子档案内容和结构的要求都会有影响。

电子档案应用对档案收集、整理、保护、利用及管理提出了更高的新要求，档案信息化建设是电子档案应用的基础。

---

① 参见《中华人民共和国档案法》（2020年修订版）。
② 参见《电子档案管理基本术语》（DA/T 58—2014）。

## 二、电子档案在会计领域的应用发展

会计是社会经济的重要活动领域,对社会经济活动的决策、管理和监督有着重要意义,通常是各类组织首先开展信息化建设的领域,是率先进行信息化、数字化转型和智能应用的领域,也是较早探索会计档案电子化的领域。

会计档案是指单位在进行会计核算等过程中接收或形成的,记录和反映单位经济业务事项的,具有保存价值的文字、图表等各种形式的会计资料,包括通过计算机等电子设备形成、传输和存储的电子会计档案。主要包括:①会计凭证:原始凭证(业务单据、票据附件、银行回单)和记账凭证。②会计账簿:总账、明细账、日记账、固定资产卡片和其他辅助性账簿。③财务会计报告:月度、季度、半年度、年度财务会计报告。④其他会计资料:银行存款余额调节表、银行对账单、纳税申报表、会计档案移交清册、会计档案保管清册、会计档案销毁清册、会计档案鉴定意见书及其他具有保存价值的会计资料。[①]

2012 年开始,财政部、国家档案局陆续组织部分信息化程度较高的企业和地区开展会计档案电子化管理试点工作。2012 年一季度,国家档案局会同财政部开始企业会计电子档案管理试点,在中国电信广东分公司、中国联通湖北分公司、中国人民财产保险股份有限公司开展会计档案管理试点工作,试行内部会计凭证的无纸化归档。2013 到 2014 年,财政部、国家档案局、国家税务总局、国家发展改革委专门针对电子发票的入账和保管问题多次开展研讨。2013 年,国家档案局会同国家发展改革委、财政部、国家税务总局联合在中国电信广东分公司、中国联通湖北分公司、中国人民财产保险股份有限公司试行电子发票的接收和归档。2014 年 6 月 27 日,中国人民财产保险股份有限公司电子会计档案系统与北京市国税局电子发票平台成功实现对接,国内首张可报销电子发票正式开出,意味着企业电子会计档案管理试点由内部凭证转向外部凭证,企业电子会计

---

① 参见《会计档案管理办法》(2015 年修订版)。

档案的应用发展又迈出了重要的一步。2015 年 12 月 11 日,财政部、国家档案局 79 号令颁布新的《会计档案管理办法》,肯定了电子会计档案的法律效力,自此以后,越来越多的企业开始了电子档案的建设。

## 三、电子档案在会计领域应用的相关法规

新《会计档案管理办法》共 31 条,与原《会计档案管理办法》相比,最大亮点是肯定了电子会计档案的法律效力,增加并明确了电子会计档案的管理要求,在会计档案的范围、保管、移交、销毁等方面对电子会计档案均进行了相应规定,主要包括四个要求:①将电子会计档案纳入了会计档案的范围,规定会计档案包括通过计算机等电子设备形成、传输和存储的电子会计档案。②规定满足一定条件时,单位内部生成和外部接收的电子会计资料可仅以电子形式归档保存。③要求电子会计档案移交时将电子会计档案及其元数据一并移交,且文件格式应当符合国家档案管理的有关规定;特殊格式的电子会计档案应当与其读取平台一并移交。④要求电子会计档案的销毁由单位档案管理机构、会计管理机构和信息系统管理机构共同派员监销。

2016 年 8 月,中华人民共和国国家质量监督检验检疫总局联合中国国家标准化管理委员会共同发布《电子文件归档与电子档案管理规范》(GB/T 18894—2016),该标准规定了在公务活动中产生的、具有保存价值的电子文件的收集、整理、归档与电子档案的编目、管理与处置的一般方法,适用于机关、团体、企事业单位和其他组织在处理公务过程中产生的电子文件归档与电子档案管理,并要求在 2017 年 3 月 1 号开始实施。

2017 年 9 月,为加强对企业数字档案馆(室)建设的指导,国家档案局办公室发布《企业数字档案馆(室)建设指南》,从数字档案馆的定义和特征、建设目标和原则、基础设施建设、电子档案管理系统建设、数字档案资源建设、制度规范建设、安全保密体系建设、经费与人才保障和建设步骤等方面给出了具体的指导。

2020 年 3 月 23 日,财政部、国家档案局颁布的《关于规范电子会计凭

证报销入账归档的通知》(财会〔2020〕6 号),进一步对企业外部凭证电子化入账归档提供了指引。该通知重点围绕电子会计凭证报销入账归档的合法性、规范性,从五个方面提出具体要求。及时规范电子会计凭证的报销入账归档是会计工作和档案工作适应电子商务、电子政务发展的需要,对于规范单位基础会计工作,推行电子文件电子化单套制归档,实现会计凭证报销入账归档全流程电子化等均具有重要意义。通知要求各单位加快推进电子发票报销入账归档工作,加强单位信息化建设,及时升级会计核算系统,实施并完善电子档案管理,确保单位对电子会计凭证的利用、保管等符合有关法律和行政法规的规定;对于仅能取得电子会计凭证但暂时又不具备电子化报销入账归档条件的单位,不得仅使用电子会计凭证的纸质打印件报销入账归档,应当妥善保存电子会计凭证,并建立电子会计凭证与相关联会计档案的检索关系。

## 四、电子会计档案应用价值实现

早期电子会计档案管理试点给企业带来非常可观的效益,不仅使企业大幅度减少纸质凭证和会计档案的打印、传递和保管的费用,优化业务流程,而且可有效遏制虚假发票,防止利用虚假发票占有公司财产和税收流失;同时又便于政府监管,提升监管效率,从而规范电子商务市场秩序,促进经济发展。

### (一) 应用价值示例

中国联通通过会计档案电子化实践,2014 年 1 月至 3 月期间,累计由纸质到电子档案转化 1 109 万页,由各业务信息化系统(会计、合同、采购等)直接接入 7 634 882 件,形成的电子档案文件占用磁盘空间累计近 1.6 TB,仅不打印凭证页就节约纸张数量约为 7 734 882 张(以 A4 纸计算),节省纸质档案占用密集架排架长度 1 848 米。在不扩大库房面积的前提下,对现有库房存储空间的使用由 2 年延长至 6 年,经测算,集团公司总计节约 3 500 万元。管理效率也得到了大幅度提升,档案工作流程平均工作耗时降低至原有的 60%,专职档案管理员投入在档案接收和保管上的日工作量占比从 70% 下降至 40%，大幅度解放了既有生产力，增强了集团总部和下辖分公司之间的会计信息透明度，提高了沟通效率（杨茜雅，2015）。

大连万达集团率先引入电子会计档案，通过纸质档案影像电子化，可以实时在线查看异地存储的纸质档案，影像附件查看可以按需下载；通过加密传输、数字水印、电子签章等技术手段，保证了档案数据的原始性和真实性，防止了会计方案的丢失和外泄；通过财务、业务和档案管理系统的一体化，实现原始会计档案直接归档，保障了会计数据的真实性、准确性和来源可溯性，同时提升了会计工作和档案管理工作的效率，节约了大量人工成本和物料成本。

### （二）电子会计档案应用特征

自从电子会计档案的法律效力被确认之后，越来越多的企业会计凭证、会计账簿、财务会计报告等会计档案文件的来源都已经电子化，电子会计档案系统的档案收集、整理、归档、存储、保管、鉴定、处置等存档活动在信息化成熟度较高的企业中都可以自动执行。电子会计档案应用的价值主要通过无纸化、自动化、可追溯性、高效性、安全性和持久性等特征体现。

电子会计档案可以：①以电子附件和虚拟打印文件的形式保存，全面实现无纸化。②实现自动归档、线上审批和借阅等功能。③追踪针对档案执行的所有操作活动，并进行数据权限的级别控制。④借助在线档案检索功能，可以及时快速地获取所需要的档案文件。⑤通过文件统一存储管理、权限和版本控制、流程化的业务审批制度、严格的档案变更和销毁等处置管理制度、电子印章和水印等防篡改技术的使用，确保档案的安全性。⑥通过设计合理的长期保管策略和备份机制，确保档案保存的持久性。

### （三）电子会计档案应用价值实现条件

电子档案应用价值的实现取决于电子档案的原始性和真实性、完整性和系统性、可读性和可理解性，而这些特性都以电子档案的安全性为基础。电子档案在会计领域应用的价值实现条件也不例外，同样必须关注其真实、完整、可用和安全。

档案的生命与价值的基石在于原始性，原始性是真实性的保障。档案如果失实，不仅毫无价值，而且对它任何形式的利用都将是有害的。保存档案,首要的举措就是要维护好其原始性。电子档案的原始性以档案文件中所含信息的真实准确,即档案信息内容的原始性为唯一标准(王明艳,2001)。

档案如果不完整,一方面可能会与相关的法律法规和规章制度的要求相违背,在合规性方面会存在问题;另一方面也会影响档案的使用价值。档案的系统性有助于检查和增强档案的完整性。

档案如果选择使用者不能读懂的语言表述,或者表述的语言和展示形式晦涩难懂,也就是说可读性和可理解性不强,同样会影响档案的使用价值。

档案如果不安全,会直接影响到档案的真实性、完整性和可用性。

### (四) 如何确保电子会计档案的真实、完整、可用、安全

由于电子文件的特殊性,其在真实性保证和长期保存方面存在较大的难度。对于电子会计资料仅以电子形式归档保存的方式下归档和档案保管方面存在的困难,新《会计档案管理办法》第 8 条提出了如下要求:

(1) 形成的电子会计资料来源真实有效,由计算机等电子设备形成和传输。

(2) 使用的会计核算系统能够准确、完整、有效接收和读取电子会计资料,能够输出符合国家标准归档格式的会计凭证、会计账簿、财务会计报表等会计资料,设定了经办、审核、审批等必要的审签程序。

(3) 使用的电子档案管理系统能够有效接收、管理、利用电子会计档案,符合电子档案的长期保管要求,并建立了电子会计档案与相关联的其他纸质会计档案的检索关系。

(4) 采取有效措施,防止电子会计档案被篡改。

(5) 建立电子会计档案备份制度,能够有效防范自然灾害、意外事故和人为破坏的影响。

(6) 形成的电子会计资料不属于具有永久保存价值或者其他重要保存价值的会计档案。

同时,第 9 条提出:满足第 8 条规定条件,单位从外部接收的电子会计资料附有符合《中华人民共和国电子签名法》规定的电子签名的,可仅以电子形式归档保存,形成电子会计档案。

## 五、电子档案应用相关系统

电子档案的原始性和真实性、完整性和系统性、可读性和可理解性都依赖于电子文件产生、传输、保存所基于的系统，即我们常说的电子文件管理系统或电子档案管理系统。电子文件的加密、签署、消息认证、访问控制等技术手段都依赖于该系统，电子档案完整性和系统性取决于电子文件产生、传输、保存时的质量状况；电子档案的可读性和可理解性则很大程度上取决于电子文件产生的背景、电子文件设计思路、数据格式、逻辑关系、相关的软硬件系统。

构建科学合理的电子档案管理系统能有效提升电子档案应用价值。

### （一）常见电子档案相关系统

常见的电子档案应用的相关系统有业务系统、电子文件管理系统、电子档案管理系统、数字档案馆和开放档案信息系统。

业务系统是形成或管理机构活动数据的计算机系统；电子文件管理系统用于形成、处理和维护电子文件的计算机信息系统，电子文件管理系统是业务系统的一个子系统。

电子档案管理系统是对电子文件、电子档案进行捕获、维护、利用和处置的计算机信息系统。电子档案管理系统通常用于电子档案形成单位，更注重对电子档案的管理，系统通过维护元数据及电子档案之间的联系，支持电子档案作为证据的价值。

一般而言，电子档案管理系统主要执行档案采集、档案归档、档案存储、档案处置和档案利用等功能。档案来源于业务系统，不同工作领域档案采自的业务系统不同，采集的档案内容也不同。以电子会计档案管理系统为例，档案来源主要来源于企业的 ERP 系统、财务共享中心、财务云平台等，采集的档案内容包括会计凭证、会计账簿、财务会计报表、固定资产卡片等（见图 2-16）。

数字档案馆是运用现代信息技术对电子档案及其他数字资源进行采集、存储、管理，并通过各种网络平台提供利用的档案信息集成管理体系。

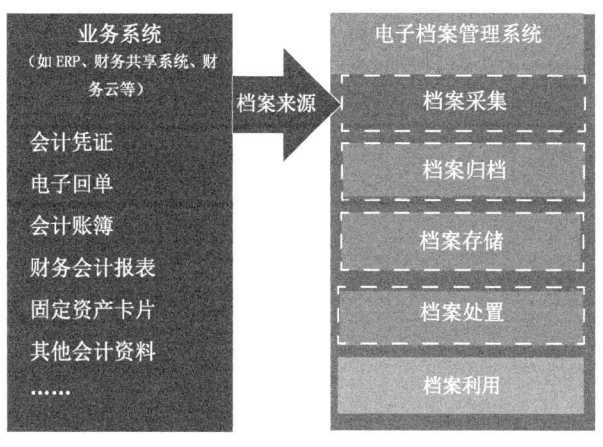

**图 2-16 电子会计档案管理系统通用框架示例**

开放档案信息系统是一个由人和计算机系统组成的有机体，承担保存信息并将其提供给指定用户的责任。开放档案信息系统旨在为信息系统建立一个参考模型，以维护信息系统中数字信息的长期保存和可存取。开放并不表示对开放档案信息系统的访问不受限制，仅表明与其相关的建议和标准是以开放形式产生的。

## （二）电子档案管理系统示例

中国人民财产保险股份有限公司经过近一年的工作，对其档案管理系统进行了升级、改进，制定了相关规章制度，优化了业化流程，以符合电子会计资料归档和会计档案管理在真实性和长期性保障方面的要求，实现内、外部电子会计凭证、账本、报表等电子化归档。

中石油 2008 年启动了数字档案管理系统 1.0 的建设工作。2013 年在集团公司层面建立了集中统一的档案信息化系统，初步实现了档案收集、档案管理和档案利用等基础功能的在线应用，应用效果良好。2017 年12 月，中石油全面启动系统 2.0（见图 2-17）的建设工作，2019 年 12 月完成单轨切换和系统上线以来，正式在总部及下属 139 家企事业单位投入应用。目前系统 2.0 保存全集团管理类、油气勘探开发类、建设项目类、会计类等各类档案 2.24 亿件，累计存储数据量已超 213 TB，日均归档量达65 GB（王强等，2020）。中石油在业务电子文件应用集成方面，已经实现与档案系统的对接，有效地保证了电子档案的原始性、真实性、完整性和系统性。借助展示应用平台功能，档案的可读性和可理解性也得到大幅提升。

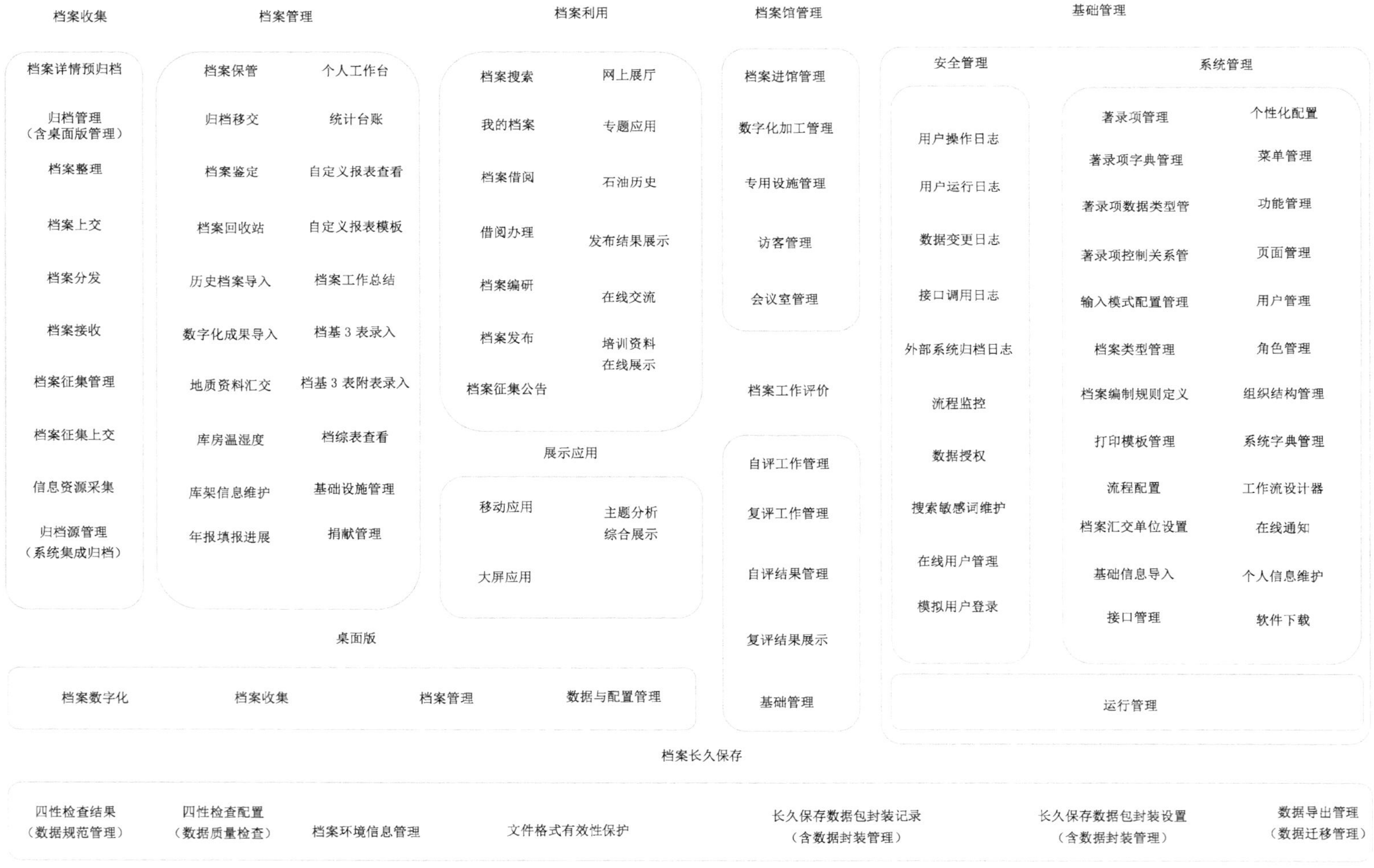

**系统管理**
个性化配置　菜单管理　功能管理　页面管理　用户管理　角色管理　组织结构管理　系统字典管理　工作流设计器　在线维护　个人信息维护　软件下载

**基础管理**
著录项管理　著录项字典管理　著录项数据类型管　著录项控制关系　输入模式配置管理　档案类型管理　档案编制规则定义　打印模板管理　流程配置　档案汇交单位设置　基础信息导入　接口管理

**运行管理**

**安全管理**
用户操作日志　用户运行日志　数据变更日志　接口调用日志　外部系统归档日志　流程监控　数据授权　搜索敏感词维护　在线用户管理　模拟用户登录

**档案馆管理**
档案进馆管理　数字化加工管理　专用设施管理　访客管理　会议室管理　档案工作评价

自评工作管理　复评工作管理　自评结果管理　复评结果展示

**基础管理**

**档案利用**
档案搜索　我的档案　档案借阅　借阅办理　档案编研　档案发布　档案征集公告

**网上展厅**
专题应用　石油历史　发布结果展示　在线交流　培训资料在线展示

**展示应用**
移动应用　大屏应用

主题分析　综合展示

**数据与配置管理**

**档案管理**

**个人工作台**
统计台账　自定义报表查看　自定义报表模板　档案工作总结　档基3表录入　档基3表附表录入　档案综合查看

**档案保管**
归档移交　档案鉴定　档案回收站　历史档案导入　数字化成果导入　地质资料汇交　库房温湿度　库房信息维护　年报填报进度

**档案收集**
档案详情预归档（归档管理含桌面版管理）　档案整理　档案上交　档案分发　档案接收　档案征管理　档案征集上交　信息资源采集　归档集成归档（系统集成归档）

**桌面版**

**档案数字化**

四性检查配置（数据检查检查）

四性检查结果（数据规范检管理）

档案收集　档案管理　档案环境信息管理　档案基础信息配置

数据与配置管理　文件格式有效性保护

基础管理　长久保存数据包封装记录（含数据封装管理）

运行管理　长久保存数据包封装设置（含数据封装管理）

数据导出管理（数据迁移管理）

档案长久保存

图 2-17　中石油数字档案管理系统 2.0

企业要想从电子会计档案应用中实现预期价值,应构建科学合理的电子会计档案系统,该系统应:①实现财务系统与档案管理系统的一体化融合。②实现业务系统与档案系统融合。③建立适应当前和未来发展趋势的电子会计档案归档和保管机制。④构建完善的电子会计档案安全保障体系。

## 六、基于电子档案应用生命周期模型的实现路径

档案是由物质载体和反映人们实践活动的信息内容构成的统一体,档案由实物形态的载体和承载于其中的信息内容构成(邓绍兴、陈智为,1996),两者缺少任何一个都不能称为档案。电子档案也是由物质载体与信息内容构成的统一体(张贵华,2002)。电子档案的载体有半导体器件、磁性材料和光学材料等,电子档案的信息内容不仅包括反映实践活动的信息,还包括决定其是否具有凭证价值的背景信息[1],也就是说,电子档案信息内容的价值是由信息内容反映的实践活动及其背景信息共同决定的。背景信息包括行政背景、来源背景、业务流程背景及技术背景等,是电子档案形成、传输、使用和维护的框架。

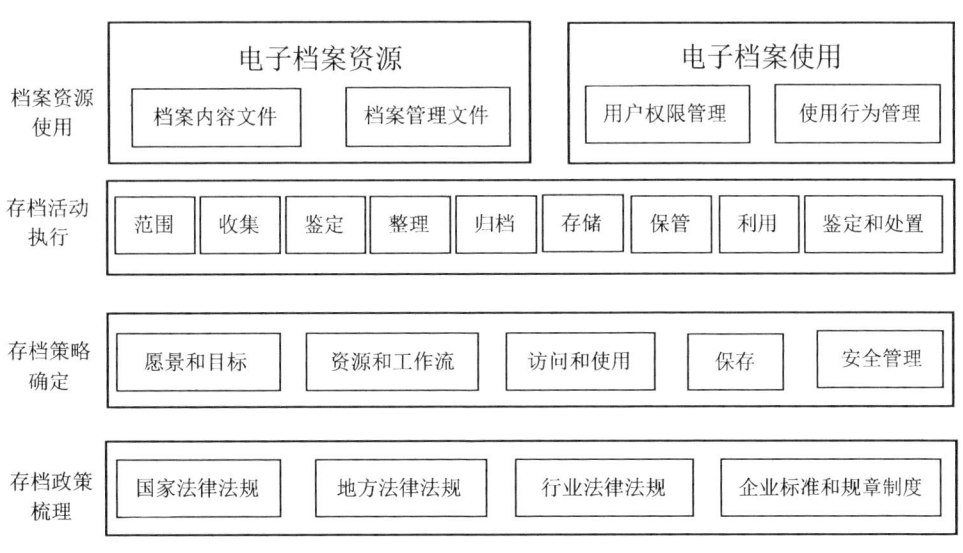

图 2-18　电子档案应用的生命周期模型

<hr>

①　参见《电子档案管理基本术语》(DA/T 58—2014)。

电子档案应用生命周期模型（见图 2-18）包括存档政策梳理、存档策略确定、存档活动执行和档案资源使用四个阶段。电子档案在会计领域的应用可以基于该生命周期模型稳步推进。

## （一）存档政策梳理

电子档案应用的生命周期以特定组织存档需要遵循的政策文件为起点，存档策略的确定、存档活动的执行和具体档案资源的使用都要遵循相关政策文件的要求。

### 1. 国家/地方/行业法律法规

除了《中华人民共和国档案法》，还有其他国家和地方法律法规、行业法律法规、企业规章制度也分别对不同组织以及个人从事不同类型活动的历史记录的存档做出了相应的规定，这是确定存档策略、执行存档活动任务和档案资源使用时必须要考虑的基础前提。例如，《中华人民共和国档案法》《中华人民共和国会计法》《上海市档案条例》《北京市实施〈中华人民共和国档案法〉办法》《广东省档案条例》《深圳经济特区档案与文件收集利用条例》《机关档案管理规定》《国土资源业务档案管理办法》《会计档案管理办法》《环境保护档案管理办法》，等等。组织在开展档案管理工作前都需要提前梳理，及时跟进这类政策文件的制定、修订和修改情况。再如《电子文件管理系统通用功能要求》《电子档案管理系统基本功能规定》就是在采用电子文件管理系统或电子档案管理系统执行存档活动时需要遵循的政策文件，这个过程中还有其他一些国际和国家标准可以参考。

### 2. 企业标准和规章制度

企业可结合自身实际情况和内部需求，参照相关国际标准和国家标准，依据国内档案管理及专业领域对文件管理的要求，制定企业标准和规章制度文件。例如，中石油在档案管理系统建设的过程中就参照了国际标准组织发布的《信息与文献　电子办公环境中记录的原则和功能要求》、美国国防部发布的《电子文件管理软件应用设计评价标准》、国际档案理事会发布的《档案保存机构著录的国际标准》、欧盟发布的《电子文件管理模型需求》等国际标准，以及《科学技术档案案卷构成的一般要求》《电子文件管理系统通用功能要求》《信息安全技术信息系统安全等级保护基本要求》《信息安全技术信息系统安全等级保护实施指南》等国家标准,出台了一系列企业内部标准作为档案管理的依据,具体包括:《档案管理手册(2014版)》《归档电子文件格式规范》《归档电子文件元数据规范》《档案数字化规范》《档案信息化建设 第1部分:档案分类》《档案信息化建设 第2部分:档案标识》《档案信息化建设规范 第3部分:档案著录》《档案信息化建设规范 第4部分:档案业务管理》《档案信息化建设规范 第5部分:系统权限管理》,这些标准文件有效地支持推进了中石油的档案信息化建设工作。

## （二）存档策略确定

组织应梳理并依据不同活动领域必须遵循的相关法律法规和自身规章制度中具体的存档要求,确定组织的存档策略。组织需要确定的存档策略的具体内容包括:愿景和目标、资源和工作流、访问和使用、保存、安全管理。

### 1. 愿景和目标

电子档案应用的愿景和目标要与社会经济信息化和企业信息化的愿景和目标尽可能保持一致。例如,浙江省新华书店电子会计档案系统建设的目标就不仅仅是解决自身会计档案管理需求,还有更高层次的愿景是通过自身试点形成行业标准和标杆模板,推动整个行业电子会计档案迈入电子化、数字化和智能化管理。而南粤交通的会计档案电子化建设还有着推动财务共享中心进一步迈向智能化的愿景。大连万达集团的愿景和目标是通过电子会计档案建设,建立自身电子会计档案管理规章制度以及标准规范,同时加快向无纸化、智能化以及数字化转型。中国联通会计档案电子化实施目标分两个阶段:第一阶段目标是依托已应用的大ERP系统,在其各系统内分散存储电子会计档案信息,通过系统间的勾稽关系实现电子会计档案的追溯查询,通过电子会计档案和纸质会计档案的匹配,做到会计档案信息的完备、完整;第二阶段目标是集团建设统一的电子档案管理系统,将分散在各系统内的电子会计档案信息上传到电子档案系统,实现电子档案信息的一点查询(杨茜雅,2015)。

### 2. 资源和工作流

资源和工作流策略应充分考虑共享业务系统信息化建设以及可能新

增的各类可用资源,各类资源的可利用程度直接影响存档活动具体工作任务的实现。《企业电子文件归档和电子档案管理指南》(档办发〔2015〕4号)中条款2.1明确规定企业应将电子文件归档和电子档案管理工作纳入企业信息化建设和档案工作规划、计划,纳入有关部门和人员岗位职责,配备必要的人员、资金和设施设备。例如,中石油的档案管理系统通过与财务管理系统的深度集成,充分共享利用财务管理系统的信息化建设资源,从业务层面实现电子会计资料形成、办理和归档的全过程管理,实现记账凭证、会计账簿、会计报表及部分其他会计资料的电子归档。同样,临矿集团打造的电子会计档案系统也是通过与临矿集团5+N平台、大数据平台实现融合互通,充分共享利用其他信息化系统平台的资源,更有效、更高效地推动了电子会计档案建设。

3. 访问和使用

组织还应结合愿景和目标,决定是否向用户开放档案,以及如何向用户开放档案的访问和使用,如何设置合理的权限规范监督用户对档案内容的访问和使用。为了保证档案文件的安全,需要根据档案信息内容及其对业务活动影响的重要性,对档案安全级别进行划分和标记,并根据不同的级别设置访问和使用权限,控制档案的访问和使用。

例如,为保障系统建设与应用,中石油制定了系列档案信息化标准,其中《档案信息化建设规范 第5部分:系统权限管理》(QSY 10606.5—2017)对系统管理权限的基本原则、系统用户分类和权限配置、权限适用范围等进行了规范。为不同密级档案设置不同的审批权限,所属企业内部都有不同的审批流程,如集团总部规定:利用本部门档案需要本部门综合处长审批;利用非本部门档案需要形成部门或归档部门综合处长审批;利用企业普通商密档案需要形成单位综合处长审批;利用核心商密档案、机要档案需要集团办公室主任审批。

4. 保存

结合确定的用户访问和使用策略,决定如何保存档案的数据文件和元数据文件。电子档案的信息内容以字符、图形、图像、音频和视频等形式表示,有自己特定的组织和存储方式即结构。其中,逻辑结构用于描述电子档案内容各信息单元之间的关系,物理结构用于描述电子档案在存储设备或载体中的存储位置和文件格式。例如，中石油档案管理系统都已部署在中石油企业云上。中石油会计档案管理目前没有全部实现单轨，符合《电子会计档案管理办法》条件的会计档案实行单轨。基本原则是"以什么形式形成，以什么形式归档"。比如，内部各业务系统产生的电子出入库单、报销单，外部接收的电子发票等原始凭证，在财务系统制证后形成电子会计凭证，均以电子形式存档；形成时仍是纸质的比如合同、专票等，采取纸质和电子同时存档方式。会计账簿在财务系统形成，全部以电子形式存档（高强等，2020）。中石油电子档案采取离线备份、异地备份和统一文件格式（转化为 PDF 格式归档）等几种方式，保证电子档案能够长期保存。

元数据是描述数据的数据，电子档案中的元数据文件存储数据属性信息，是一种电子式目录，用来支持如指示档案存储位置、历史数据、资源查找和文件记录等功能，达成协助档案文件数据检索的目的。中石油在线录入、离线导入数字化成果及历史迁移数据，元数据在档案收集阶段采用数据库存储，在档案长久保存阶段生成 XML 文件与电子文件一同保存；系统集成归档数据，元数据使用 XML 形式传输和保存，同时解析至数据库中方便检索利用。业务流程处理的数据主要作为归档电子文件元数据进行保存（高强等，2020）。

5．安全管理

安全体系建设是组织档案工作的主要内容和努力方向之一，档案应用的安全管理是存档策略中必须要明确的内容。

《会计档案管理办法》（2015）中的第 1 条"加强会计档案管理，有效保护和利用会计档案"就强调了对会计档案的安全保护。还有一些条款如"要求组织采取有效措施，防止电子会计档案被篡改"对电子会计档案的安全做出了明确规定。针对一些部门和单位档案安全意识不强，主体责任不落实，监管责任不到位，档案安全事故时有发生的情况，国家档案局印发《〈关于进一步加强档案安全工作的意见〉的通知》（档发〔2016〕6号），要求深入推进档案安全体系建设，进一步加强档案安全工作。

中国联通从电子档案使用、IT 系统安全、信息网络保障三方面建立电子档案安全保障体系，为电子档案的安全使用起到保障作用；中石油在电子文件签发过程中,采用了数字证书等信息安全技术保障电子文件系统的安全性;中国石化为确保电子档案的跨企业真实性验证,首次尝试使用区块链技术对电子档案进行存证及验证,实现了归档范围合理、归档过程规范、归档存储格式合规、元数据齐全、"四性"检测[①]有效,同时创新基于"区块链"技术的电子文件真实性保障应用,实现了财务、公文、招投标3个业务线共7个系统的电子文件的集中、统一和安全归档管理。

### (三)存档活动执行

存档活动按照确定的存档策略执行,具体包括:评价和选择归档文件来源,确定归档范围,进行档案收集、鉴定、整理、归档、保管、存储、保管、利用和处置。《会计档案管理办法》(2015)中的第6条明确规定了应该存档的会计资料范围包括会计凭证、会计账簿、财务会计报告和其他会计资料等;第8条则明确指出同时满足给定条件的单位内部形成的属于归档范围的电子会计资料可仅以电子形式保存,形成电子会计档案。

企事业单位一般会构建档案管理系统来支持存档活动的所有作业,是对档案收集、归档、存储和保管的有效方法。电子档案管理系统一般具备纸质档案文件影像化、自动装册、电子文档自动归档、自动建立电子档案与纸质档案索引和档案多维度检索等功能。例如,临矿集团的电子会计档案管理系统提供的支持功能包括:①可进行电子档案存档全流程管理(采集、立卷、归档、接收、入库、保管、变更、销毁、移交和转储),借助电子档案管理系统可实现会计凭证、账簿、报表及原始资料的自动归档。②利用电子凭证功能,配合扫码枪等设备,使凭证自动匹配报账单,实现纸质会计资料顺序归档,节省企业人力物力,规范档案管理。③临矿集团电子会计档案系统的档案检索功能可以让使用者进行全文检索、组合检索功能,对档案内容及著录信息进行多维度检索,提高使用者的检索速度与效率,实现信息线上共享。④电子档案还实现了实物借阅与电子借阅联动管理,在借阅期限内可查阅相关权限的电子档案,若有实物档案借阅可进行实物出库邮寄,实现异地借阅。⑤临矿集团电子会计档案系统的档案保管功能,利用3D虚拟库房,打造智能可视的数字档案馆,实现企业对档

---

① "四性"检测是指档案的真实性、完整性、可用性和安全性检测。

案资料的上架、查找和盘点等功能操作,有效跟踪控制档案实物管理全过程,实现档案管理的智能可视、准确定位。⑥系统提供统计分析看板,可出具各个维度的档案统计图表,助力企业档案管理(浪潮云 ERP,2020)。

### (四) 档案资源使用

档案资源使用需要关注两个方面的管理:档案资源管理和档案使用管理。在存档活动的基础上形成的档案资源,主要包括档案内容文件和档案管理文件两大类。档案内容文件因为是对历史活动的真实记录,除了企业在一些需要参考历史数据的决策过程中会需要使用外,会计、审计、纪检督察等部门也会因为不同的工作任务需要使用。档案管理文件则是在档案的整理、归档、保存、使用等存档活动过程中形成的文件。档案管理单位应根据档案资源的具体内容确定可授权用户及其权限,在对用户使用行为进行必要管理的前提下,将档案提供给授权用户使用。

数字化环境下,企业电子档案管理系统和数字档案馆中存储的电子档案信息内容越来越多,既有结构化的信息内容,也包括非结构化的信息内容,从这些海量档案数据中挖掘出有价值的数据信息以帮助企业经营决策,是档案使用者希望达到的目标。

中石油在档案资源使用方面也有较好的应用经验,具体表现为:①应用人工智能技术,结合业务专题特点,分析档案信息内容,实现档案的自动聚类,建设相应专题的知识库。②根据不同业务场景,建立精准档案专项服务专题库,如中石油集团公司统建信息系统专项验收专题库,按类别展示各信息系统项目,每个项目可根据建设阶段收集相关文档资料,为项目的审计、竣工验收等工作的远程在线开展提供支撑。③开发档案系统BI分析工具,提供高效的计算能力和强大的数据分析能力,可进行同期数据对比分析、不同类目细分数据分析、用户行为数据分析、数据来源分析、基础和综合表单分析以及聚类分析等多维度的数据分析服务。④通过数据分析看板,直观发现、分析、总结档案数据的运动规律。⑤通过系统形成的数据报告输出策略,定期输出系统运行数据分析报告,在大屏上进行实时展示,供管理者随时掌握数据运行状态,作为决策参考。⑥应用人工智能技术以提升档案使用者体验并提高工作效率,如基于人工智能算法进行搜索结果排序与推荐,将用户行为数据融入机器学习算法,实现基于用户习惯的搜索结果推荐(王强等,2020)。

所有这类基于大数据和人工智能技术对电子会计档案资源进行深度数据分析和数据挖掘,都能为电子会计档案使用者提供更多更有价值的决策支持信息,帮助用户做出更高效、更有效的会计决策。

## 七、学习建议

虽然当前已有一些企业的电子会计档案管理和应用处于领先地位,但即使是这些企业,也仍未实现完全单轨制的电子会计档案应用,更有不少企业尚未开始在会计工作中全面系统应用电子档案,电子档案在会计领域的应用仍然任重而道远。电子会计档案建设企业应该重点关注会计信息化应用和电子会计档案推广普及中涉及会计基础工作的重点、难点问题;及时跟进最新的会计档案电子化管理理念、技术和应用;及时了解与会计档案相关的法律法规;能够理解分析特定电子会计档案产品功能、核心价值,以合理选择并建设科学、合适的电子会计档案管理信息系统。

希望本节分析的电子档案应用价值实现条件、提出的电子档案应用生命周期模型和企业应用示例,可以为计划在会计领域应用电子档案的企业提供参考借鉴,帮助其走完会计信息化建设的"最后一公里"。

# 五

# 流程自动化机器人（RPA）：数字化时代智能财务科技新应用

郑永强，三井住友海上火灾保险（中国）有限公司董事、副总经理
　　兼首席财务官、首席投资官

## 一、什么是流程自动化机器人（RPA）

### （一）流程自动化机器人（RPA）的概念

流程自动化机器人来自 Robotic Process Automation 的翻译，简称为 RPA（以下简称 RPA）。简单来说，是指通过使用软件来处理基于规则的、可重复的人工操作。

RPA 是智能化软件，被配置为模拟用户与计算机交互以自动执行重复的、标准化的和基于规则的任务。它被认为是一个模仿者，模仿一个人活动的轨迹，通常能够被定制和能够被正确配置。令人耳目一新的是这个应用程序的易用性以及与不同类型的技术互动的能力。在几年前，我们还不得不编写一个应用程序或构建一个后台，以便能够交互和传输信息。而现在，RPA 可以覆盖现有软件以实现流线型和端到端自动化。

只要预先设计好使用规则，RPA 就可以模拟人工，进行复制、粘贴、点击和输入等行为，协助人类完成大量"规则较为固定、重复性较高、附加值较低"的工作。日常工作，如发票识别与录入、银行对账、报销审核与管理、会议室预定、资料归档和人事招聘等，通过机器人的应用，从"小时"级

被压缩到"秒"级,且精准率可达99.9%。技术的应用使日常工作从烦琐的重复性的流程中解放出来,从而使得员工能聚焦于更高价值的分析、决策等工作。

## (二) RPA的优点

(1) 将人力资源从重复的劳动中解放出来。

(2) 投入更有价值的工作,操作精准,出错率低,安全可靠。

(3) 7×24小时全年无休,开发成本低。

(4) 不受地域限制。

(5) 部署灵活,扩展性强,不受开发资源限制。

(6) 操作轨迹可追溯,合规遵从。

## (三) RPA的应用

RPA机器人的出现,曾一度引发"机器人是否将取代人类"的热议,但其实RPA机器人只能是人的帮手,虽然以前由人工执行的许多业务流程如今都可通过RPA技术实现自动化。但"RPA机器人将取代人类"始终只是噱头而已。无论从RPA的产生初衷,还是从其之后的部署来看,RPA从来不是为了取代谁而出现。不可否认,RPA的进入肯定会增强企业组织的运营能力,但其也仅仅是在扮演"人的帮手"这一角色。新兴的这些数字化技术并非完全独立于人类,也无法重现人类更高层次的能力(比如思维、创意、决策)。RPA的应用,实际上是在降低人类犯错误的风险,可以让员工提高效率和生产力,并将员工从那些重复、烦琐、附加值低的工作中释放出来,使其能够专注于更高级别的活动,创造更多的商业价值并促进与客户更深入的互动,让人类去有选择地做更多价值创造。在部署RPA时,通常会重新定义员工角色,并重新进行人才分配,重心将会转移到前台办公室中面向客户的任务,而烦琐的后台任务则不再需要人去操心。

RPA技术未来的一大发展方向,即"人机共存,谋求共生"。伴随劳动力结构的改变和新工作的大量出现,人类将继续与机器人并肩工作,实现生产力的增长。

1. 适合RPA的任务类型

适合RPA的任务需要具备如下的特征:①重复发生的。②可被明确定义的。③标准化的业务。④结构化的数据。⑤基于一定规则的流程。

2. RPA 在财会及审计领域的应用

1）会计领域的 RPA 应用

（1）受到公共会计师事务所的关注，广泛被应用在税务、咨询、担保服务等领域。

（2）一些可以自动化的会计活动，如目前 RPA 已经成熟应用在开具发票、应收账款核销等工作事项。

2）审计领域的 RPA 应用

（1）RPA 可以完成一些审计任务，比如往来对账工作，对内部控制进行测试，详细的实质性测试，以及其他的不需要人类的认知判断的工作事项。

（2）RPA 可以提高审计效率，尤其是一些自动化的手动、重复和基于规则的任务。

因此，审计师的角色可以强调更多的"高阶"思维技能，审计师可以从单调重复的工作中节省很多时间，把更多的时间放到调查和审查，去专注于需要他们专业判断的任务。

**（四）PRA 应用的局限性**

RPA 存在很多优点，且在财会审计领域有广泛的应用。但是任何一项技术都不会是十全十美的，RPA 也并非是万能的，它也有一定的局限性，比如以下的一些情况：①无法处理非结构化数据。②不能做出需要更高水平认知判断的复杂决策。③无法对异常执行进一步分析。④无法自动适应内容的更改。⑤无法通过时间学习。


# 二、RPA 如何赋能企业管理，帮助企业实现管理变革


当你深入研究一个企业从最开始是如何运作，如何慢慢发展起来的，你会发现，唯一的答案一定是技术推动。但我们还发现，目前大部分企业的技术与技术之间或者系统与系统之间，还是需要通过人这个桥梁来填补中间的很多缝隙，无法做到整个流程的自动化。现在，通过 RPA 技术可

以复制人的操作，不需要系统化的组织，就可以去填补这些系统与系统之间的缝隙，并且现在就已经存在这样一个技术产品或者一个服务可供个人或者公司使用。

需要强调的是，它并不是一个名字叫"流程自动化"的物理机器人，不需要占用任何空间，它是一个完成人类赋予的数据工作流任务的软件。所以，如何通过应用RPA来解决人类的无价值的重复劳动，是一个关键。

人工智能目前是一个非常热门的话题，整个领域大家讨论了很多，除了RPA，还包括计算机深度自我学习认知、自然语言处理（NLP）、计算机视觉图像识别分类（OCR进阶版）等。

而RPA几乎可以被认为是迈向正确道路的第一步，人工智能的挑战在于这是一个如此广泛的话题。对一个企业来说，当行业竞争激烈时，需要构建一些与其他组织、行业或者部门完全不同的东西，它一定是丰富多样的，为了能够为企业所用，它必须也是可定义的。当我们在讨论RPA应用时，想要明确的是，这是一件非常具体的事情，就像一些新鲜事物接触了，抓住了，就去做，不要过度担心未来。

目前有很多观点和意见显示，人工智能是一个热门话题，并且将会在未来产生很大的影响。而我们相信不能求快，需要一步一步来达到目标是很重要的。

当下的第一步，是数据。这个旅程看起来有很长的路要走，而最伟大的事，十之八九，是可操作的。而现在的这段旅程，RPA的出现将会让你在这条路上走得很快。

在大部分公司的财务部，以平时的财务日常工作为例，至少有1/5的工作是非常重复、烦琐，并且机械化的，这些工作除了效率低下以外，操作者也非常厌烦不停重复。现在通过RPA的部署，可以把财务人员从这些重复烦琐的机械化的工作中解放出来，投入到比如分析、决策等更多有价值的工作中去，同时提升个人及部门在公司的影响力。

## （一）如何确定公司适用RPA的流程

当越来越多的技术发展转向中国，我们需要考虑什么是中国企业真正适合的RPA流程，我们认为这一点非常重要。它并不能完美适用每一个流程，一定是每一个过程的叠加，一些关键点的使用，比如我们正在做的事情，去考虑哪些是可以准确、真实、确定有规则的，那这些也许就是关键点。每一种形式的业务流程意味着什么，流程的最优化就是目标。当我们试图去自动化标准流程时，我们就看到了一个流程的定义，大部分业务流程的定义，基本上就是一系列的活动和任务放在合适的系统中，最终完成组织想要完成的目标任务。同时我们看到任何企业都是围绕着重复的、大量的一系列标准化的流程而建立和运行起来的。

那么，什么是业务流程的有效定义，什么类型的业务流程适合 RPA？是上文提到的重复的、可定义的、标准化的、结构化的、基于规则的业务流程。

业务流程的定义是一组相关的活动和任务，当按顺序完成时，达到组织或业务目标。RPA 理想的业务流程特征：重复的、基于规则的、有限的系统集成和可记录的。

重复的是指同样的任务，每天、每周、每月、每季度重复，并且是大量的。

基于规则的是指不需要或依据有限的判断，在整个过程中可以清楚地写下来让任何人跟随，可以是低值的或高值的。

有限的系统集成是指可使用 RPA 进一步集成，当前集成示例：多个应用程序和系统之间未对接、并购遗留系统，SaaS 将与内部解决方案集成，依靠人力进行对接。

我们认为可以从简单操作且已达到高度标准化的业务流程开始。但是我们会发现，大部分企业都会面临一个挑战，怎么着手让员工从理论转变为实际行动。从很多具体实施看下来，我们可以尝试从任务出发，基于规则，用 RPA 取代。比如我们的很多系统没有对接，系统与系统之间需要一个工具去连接，许多高度文档化或者完全文档化的流程，我们从哪里去获取这种操作运行的文档，这就是操作记录的重要性。当操作被记录下来，就可以持续地去改进它们。如何告诉软件去准确地完成它，文档是非常关键的一方面，同时你也能发现从哪里可以开始着手使用 RPA。只有部分文档的流程会让自动化工作变得困难，并且记录也是控制风险的很重要的一个方法。很多员工每天都要面对每天或每月或每季等大量的、重复的数据处理的工作，只要能确定他的业务流程是基于规则的、标准化的，那么就可以开始自动化的进程了。

时代发展以来，我想我们一定是系统的受益者，但发展到现在，越来越多的系统，我们发现，我们同时也是受害者。因为我们的系统与系统没有集成。而系统的集成所投入的成本和时间所带来的价值是否值得管理者做这样一个决定，我们往往看到最后实施的企业的管理层或者员工在整个改造过程中都非常痛苦，取得的结果也不尽如人意。

而 RPA 可以填补系统与系统中间的缝隙，且对现有系统没有侵犯，它是一个授权的工具，按照我们设定的规则运行，它的出错率远远低于人工操作，而操作速度却远远高于人工操作，也就是准确率更高、速度更快，达到效率化、自动化的目标，是不是很有吸引力？

### （二）RPA 的运行环境

我们了解了关于 RPA 的关键术语和概念，现在我们要从高层次的角度来看 RPA 的市场运行环境。我们知道 RPA 是一个好工具，那么真正在做这件事情的公司，他们的产品、服务其实都在帮助把这些工具放在合适的位置，也就是数据规则配置。

RPA 运用开始以来，已经有一部分的参与者，也形成了一定的市场规模。我们看到其实技术已经存在了很长一段时间，比我们所了解的更长。所以这个市场是一个真实存在的市场，不仅仅是一个概念，这是一个真实、有形的市场，已经有一部分公司在做此类培训。也许几年前我们还在讨论一些事情是否可以做到，而几年后发现已经真实发生了，我们在世界不断推进的过程中迭代演进，我们正在和人工智能对话。

我们看到的蓝图是一个切入点，而真正的关键的方法是非常重要的。实际上，我们是要采用一种基于流程的规则的结构，并将技术应用于它们。

很多的岗位可以尝试人工智能，但不需要一步到位。可以切入某一个部门，先开始应用这些新技术，将一些高度手工化的系统与系统之间衔接的工作交给 RPA 运行。而这些数字化的动作也将被一一记录，不同于原先的不可记录的人工操作。当一个流程运用起来之后，你将会希望可以用它来做更多的事情。

人工智能，这是一个非常流行的词，每个人都想利用人工智能来改变他们的业务。但是开启人工智能的旅程前，你必须要把所有的信息和过程变成可记录的电子档案放入适当的位置，最终才能走到金字塔顶端。而 RPA 几乎是启动整个过程的第一步，就像帮助公司实现人工智能做好前期准备一样。

我们会发现，最先可以使用 RPA 的流程是大部分的业务操作流程，有些流程只需要在某个阶段应用 RPA 进行介入，也许过程中还是需要人工的介入，因为人工需要做分析的工作。而当人得出的选项是可以规则化的时候，可以赋予机器自我学习的功能，从而给人类提供答案。人工智能目前看来还是相对概念化的，从历史的发展来看，会有一些障碍，但我们一定会不断地去尝试，不断去探索，最后的方向不是人类被替代，而是人类在人工智能的支持下，有了更多的选择。

从 RPA 的历史发展来看，核心技术已存在 15 年。从 2002 年起，就有很多顶尖选手，典型的创业轨迹。信息的连贯性有限。直到 2008 年 Pat Geary 被 Blue Prism 任命，负责公司的品牌重塑和重新定位，提出了"机器人过程自动化"的说法。2014 年，RPA 的使用率大幅提高。

目前 RPA 的供应商主要有：Automation Anywhere、Antworks、Blue Prism、EdgeVerve、Kofax、Kryon、NICE、Pega、Redwood 和 UiPath、Workfusion 等。

可以想象在未来的时间里，这些公司的推进会使得 RPA 像所有现有的技术一样迅速发展，如同互联网、计算机、平板电脑、智能手机的发展一样。原先需要 15 年到 20 年的时间，技术的发展将会越来越快，也许将来只要 10 年甚至 5 年。市场的发展每天在我们眼中发生着，而 RPA 是未来市场的趋势。

真正的组织需求也正在推动 RPA 的快速采用。从公司的员工角度，不必做事务性的工作，可以发挥个人的技能、经验和专业，去发展自身更有价值的能力；员工有了成长和发展的机会，公司也保留了现有员工并发挥其最大效用，在未来业务增长的情况下，同样的人员依然可以承担。对于公司及员工个人而言，这是一个机会，互利互赢的机会，所以很多公司对于 RPA 非常感兴趣，并且非常积极主动来实施，在实施自动化的过程中，也会培养出自己的优秀人才，同时提高公司的竞争力。

你接下来一定想问，我们真正要做哪些事情，RPA 从哪里来？我们需要什么工具？或者我们要结合哪些技术？实施的时间需要多久？首先，我们一定是希望拥有一个未来都会帮助到公司的机器人伙伴，所以在真正实施之前，前期整个的数字化规划过程就非常的重要。

### （三）认识 RPA 如何实现业务流程变革

为了驱动业务发展，从最开始很多公司实施 ERP（企业资源规划），到集中共享服务模型，或者采用外包服务，我们都经历了精益六西格玛①过程，现在仍然在应用，这也是非常有价值的。这是一个渐进的过程，但仍然依赖人类。后来进入了多系统和系统间的有限集成的环境，越来越多的人开始意识到，数字机遇正在改变操作模式，管理层开始关注人员配置。全球劳动力市场的紧缩，澳大利亚、加拿大、英国的劳动力市场多年来都非常紧张，也预示着服务提供的模式在演变。

管理层不得不开始寻找替代方案来替代纯人工操作，项目的启动是为了解决企业面临的问题。而随着流程自动化的推进，最开始很多员工几乎是被强制着实施自动化的。最后 RPA 帮助企业真正提高了运营效率，同时也为企业的每一个员工打开了新的机会。职业发展很重要的一点是，不应畏惧改变和挑战，不断成长和做更有价值的工作，从事更高层次的工作，关注未来向前发展的方向。对于公司来说，RPA 超越了集中的共享服务模型，从运营模式到人员配置的方方面面均提高了公司的核心竞争力。

RPA 的特点及相关优点如表 2-4 所示。

#### 表 2-4 RPA 的特点及相关优点

| 特点 | 相关优点 |
| --- | --- |
| 100% 准确度或质量 | 完全服从工作安排<br>无返工成本<br>提高客户/供应商满意度 |
| 可见度 | 查看或监视过程和进度 |
| 可全天候工作 24×7 | 提高客户/供应商满意度<br>更快的算账/收入 |

① 精益六西格玛（Lean Six Sigma，LSS）是精益生产与六西格玛管理的结合，其本质是消除浪费。精益六西格玛管理的目的是通过整合精益生产与六西格玛管理，吸收两种生产模式的优点，弥补单个生产模式的不足，达到更佳的管理效果。精益六西格玛不是精益生产和六西格玛的简单相加，而是两者的互相补充、有机结合。

（续表）

| 特点 | 相关优点 |
|---|---|
| 消除劳动问题 | 没有假期,病假等 |
| 降低风险 | 更少的人类依赖;更容易处理数量的变化 |
| 消除重复劳动 | 员工价值提升<br>专注于更高价值活动的能力 |
| 更快 | 机器人的移动速度比人类快得多 |
| 快速实施 | 快速的投资回报率(Return on Investment, ROI),比传统的 IT 软件实现成本更低 |
| 低投资 | 低投资 |
| 可访问数据 | 在一个位置捕获数据 |
| 可扩展/灵活 | 可快速添加额外的规模或容量 |
| 安全 | 数据对人隐藏,对进程的访问和数据控制 |

## （四）认识 RPA 的业务价值赋能

RPA 是一种成熟的、非侵入性的技术,目前被用于在任何部门或功能中实现基于规则的任务的自动化。

RPA 能够帮助企业提高效率、降低风险,几乎可以被认为是一名真正的数字化员工。它被带入企业去执行自动化任务,这是一个成熟落地的项目,而不再只是令人觉得兴奋和有趣的概念而已。这是能够为企业 IT 部门真正可以实施的技术。我们需要接受新事物。它的到来可能会挑战现有的规则,可能开始改变现有的模式,但也能实际解决问题,带来一些看得到的好处。

那这样一个数字化员工的商业价值或者说技术优势是什么呢？从技术角度来看,它不需要写编码,所以从某种程度上来说,它是非侵入性的,我们都知道,当一个系统上搭建另一个系统的时候,很容易出现问题;其次,它复制人的行为步骤,但是速度却比人的操作更快,所有的都是被记录下来的,包括每一步的完成时间;再次,它不需要集成或应用程序编程接口,可以横跨现有的各个系统;最后,它可以基于云托管或内部托管,由企业技术人员进行控制,非常的安全。

RPA 的价值主张总结下来有六点,如表 2-5 所示。

表 2-5　RPA 的价值主张

| 非侵入性 | 不需要集成 | RPA 的实现速度很快,并且可以在几周内基于每个流程推出相应的 RPA |
| --- | --- | --- |
| 自动化 | 模仿人类行为 | 采用基于规则的流程,并像人类一样执行它们 |
| 执行一致 | 消除人为错误 | 进程 100% 兼容运行,没有错误;减少返工,降低合规成本 |
| 高效 | 速度加快 | 机器人每天 24 小时工作,执行任务迅速,带来现金流和客户满意度好处 |
| 成本效益 | 较高的利润 | 机器人程序非常便宜,不需要假期/福利,也不需要返工成本 |
| 授权 | 提高生产力 | 员工能够开展更高价值的活动,提高工作满意度和生产率 |

## (五)做好准备——确定与开始使用 RPA 相关的关键注意事项

那么如何开始您的 RPA 旅程,我们总结了以下几点主要步骤:

(1)制定策略。首先要有一个项目计划,可以是以 RPA 为中心的,也可以是整体流程中的一部分为目标。

(2)花点时间考虑一下对人们的影响。与那些将要受到影响的员工进行交谈,告诉他们项目将要实施,并且将不可避免地使用它。

(3)建立业务案例。可以尝试从较易操作、见效较快的业务流程开始,类似于测试用例。

(4)探索 RPA 工具。分析需求,寻找不同工具进行比较,最终取得合适企业的工具。

(5)实施概念证明。考虑 RPA 如何在不断变更的审计流程和财务会计流程中通过,以何种形式存在,以及额外的影响。

(6)评估风险。识别信息化安全风险一直是一个热点话题,我想强调的是记录实际过程的重要性,每一个文件和流程会有很多需要去规避的风险,重要的是如何在最开始就考虑到,并且告诉 RPA 去避免。

(7)考虑对财务和会计的影响,探讨对审计的影响。

(8)最后还要考虑长期战略。RPA 上线后运行很好、效率也很高,但也总会遇到问题和挑战,整个过程发生了很大的变化,所以员工需要重新思考,去寻求新的做事方式,去解决新发生的问题,考虑如何更好地运作,如何影响内部人员，如何与他们互动，如何持续发展前进。

### （六）从角色出发，设想一些行动计划

作为企业领导者，应该考虑：

（1）制定您的 RPA 战略。

（2）准备实施 RPA 和文化转变。

作为财务或会计专业人员和业务流程所有者，应该考虑：

（1）构建 RPA 业务案例。

（2）RPA 工具和应用程序。

（3）实施 RPA。

（4）自动化的治理、风险和控制。

（5）RPA 对财务的影响。

（6）RPA 的审计和其他服务。

（7）RPA 的发展趋势与未来。

## 三、从 RPA 到"RPA ＋"的应用案例——"智能财务工厂"，从财务处理"自动化流程机器人"到"超级自动化"

### （一）引进机器人

要搭建智能化的财务工厂，第一步是要引进机器人，但是这些机器人是不可见的。就像是打游戏过程当中的"外挂"，练级的工作靠机器人完成，把大量人力劳动全部释放出来。引进机器人的优点如下：

第一点，机器人操作精准，出错的概率比较低。人往往会出错，但机器人基本不会出错。一旦机器人出错，会即时反馈出错信息，所以风险防范体制要到位。

第二点，只要不断电，7×24 小时可以工作。运行成本和开发成本相对较低。

第三点，在机器人的环境下，没有地域的概念，可以远程操控。现在最难的是教远在千里以外的同事怎么做事，机器人就没这个困难。

第四点，部署灵活，扩展性强。我是在 2016 年开始接手整个公司的

IT业务,我们一年投入几千万元。当时笔者所在的公司是一家金融企业,一年销售规模大概十几亿元。然后,我突然发现十几亿元的公司人员规模400多人,却有100多个系统。我们当时有计划换系统,但是换一个系统的代价是几百上千万元,需要的时间一个周期是3年,3年以后可能你换的系统已经被淘汰了。所以我们要做的事情,就是把这些系统连接起来。比如合同的管理系统和财务系统如何对接,原先的方法要进行开发,现在只需要机器人从合同数据里面拿数据放入财务系统。

第五点,操作轨迹可追寻,合规遵从。公司以前有个出纳,做报表很简单,不平的地方胡乱操作一气,反正调平就行。后来我去看报表,发现当中有很多讲不清楚的故事,但是这个出纳已经离职了。怎么办?机器人每一步都是有迹可循,每一步都有文字记录。

### (二)有效应用机器人

我们有一个应收应付核销的机器人,这块业务在企业中的占比不小。当时我们把这个作为一个突破点,做了一个机器人,这也是最简单的、最容易讲清楚的。做机器人的第一步是先要把场景找出来,第二步要找到数据和流程。这是一个端到端的工作,从客户发起到银行到会计到出纳到客户整个循环,这个当中已经完成了一个循环。这个过程中可能并不是只有一个机器人,而是一组。另外一个是内外部的信息,比如客户、客户经理、银行、出纳会计是一个大流程。这当中有个误区,不是人怎么做机器人就怎么做,机器人有自己的操作模式,可能会和人不太一样。

先来看手工核销流程,一天要花4小时,手工下载回单。特别是到月底,销售人员会关心客户的汇款情况,隔三岔五会来问会计人员收款情况,导致当天会计人员几乎在这个人身上花了3个小时,毫无价值。后来我们在销售部放了一台公用电脑,让他们自己查。其实查询不用4个小时,时间都浪费在沟通上。日常核销工作就是计量今天流进流出的水单是多少,并将其导入我们的业务系统,一天多次,数据量也大。因为我们有十几家银行,全国有多个分支机构,而且还分布在各地,每个地方都有自己的出纳和应收业务。接下来4个小时,出纳的工作是匹配应收账款。通常银行只给两个数据:名称和金额。一般来说,张三的500元在系统里面是很难匹配的,因为张三的500元可能北京分公司收了300元,上海分公司收了 200 元。这个过程中财务和营业部门要反复沟通,匹配信息。这个沟通成本相当高。还有一种情况,张三的 500 元在系统里面根本找不到,这种情况只有打电话去问,问销售怎么办?我们现在做法最简单,先由机器人根据付款人和付款金额在应收系统内匹配,自动匹配完成40%的一对一,自动匹配找不到的 60% 就挂在网上,让该客户对应的销售人员自己做"连连看"。其实这种流程就是替代了会计去猜的过程,以及后续和销售人员电话邮件确认的过程。这样应收会计工作量大幅降低。我们全国只有 0.5 个会计,他就负责解决那些系统无法解决的问题。手工核销还要用 2 个小时生成凭证,另外,还有 2 个小时用来开发票。所以我们让销售进入系统申请发票。这整个过程很复杂。现在很多机器人失败的原因是还是按照原来的流程在做。机器人的应用一定是创新,原先核销流程 8 小时,现在只要 1 小时。现在我们的核销人员只要核对一下保单核销发票开票的结果,只要大致地看一下。我们会有一张核对表,机器人会做一张核对表,人看一下就可以,每天会有一张,然后我们再跟银行的收入对比,没问题的话这个工作就结束了。同时,账龄表也可以做好了。所以,我们 RPA 的流程基本都是在凌晨完成的。每天凌晨把前一天的水单导入系统。上班前,机器人完成银行流水与应收账款一对一匹配,并进行核销。10 点钟营业就可以进入门户系统进行复杂的多对多业务流水匹配;11 点 RPA 根据匹配结果操作核销;12 点 RPA 对已核销数据进行开票申请;下午核销流程继续循环进行。所以人可以省下很多,沟通成本降低了。因此,财务人员需要培养画流程图的技能。

当我们运用 RPA 解决了相对简单的业务流程后,我们发现同时还可以结合其他数字工具,形成"RPA＋"的概念。

## (三)进一步推进"RPA＋"

在 RPA 项目的进阶开发过程中,我们集成 OCR（Optical Character Recognition,光学字符识别）,以及 NLP（Natural Language Processing,自然语言识别）等多种数字工具,建成智能化的"财务工厂",就是将企业的财务处理从流程化的机器人发展到超级智能化机器人,这是未来会发生巨大改变的地方。

我们在 2018 年导入了一个理念,就是如何应用智能化的流程对机器人进行改造。我们对差旅报销进行了改造。财务、销售和 IT 部门联合，做了发票报销系统。销售抱怨他们没有秘书，填报销单很难。报销中财务需要管理的内容主要有五个方面：①发票是不是真的。②金额在不在预算范围内。③报销事项是否真实。④报销事项是否必须。⑤授权是否合规。而其中发票出问题其实最终还是业务部门去管理；发票是否真实，财务也很难判断；金额在不在预算范围内，预算系统能够判断；财务也没有权利去决定报销是否必须；最后授权也是由系统审批的。所以财务在其中扮演的角色没有那么重要。所以我们重新梳理流程，对智能化的流程进行机器人的改造。发票都有代码、货物信息、销货信息、价款和税款，然后还有开票的科目字段，因为在差旅费当中有不同的科目，市内交通、外部交通、住宿费、飞机票。关于费用真实性的信息，比如专车行程单、支付凭证等。内部管理字段包括出行事由地点、出差申请、行政出差标准。发票自动识别信息的工具比如名片全能王、达观科技、何合信息等。现在就要求通过机器人把发票信息验证一步到位，过来的发票一定不能是假的。

在费用真实性上，我们用微信对话设计和内部 HR 系统接口对接。

费用会计核算信息验证，我们用微信对话引导代码选择。2019 年，我们用了微信公众号，背后用了五六种机器人，好处是我们根本不需要出纳，我们的业务几乎没有受到任何影响。这期间我们做出了巨大的改变。疫情期间我们所有的办公都是远程化、移动化的。这其实是很麻烦的事，首先是多张发票拍照上传的功能，OCR 机器人进行识别和打通税务局接口进行验证；其次是 OCR 发票识别根据不同发票触发不同科目对话流程。千万不能把报销和采购混为一谈，报销可以做到移动化，采购很难。现在滴滴的发票可以自动和水单进行校验。再次是 HR 的接口调出来，可以匹配日期，又用到机器人。最后是常用报销代码推荐，这就是一个全流程。虽然做的时候花时间，但是做完后报销都是实时的。

在这个过程中，需要关注的是普通的流程图经过 IT 之手，变成机器能识别的流程图，要花更多的时间，所以财务管理人员也要学习一些基础的 IT 知识。整个过程是全字段信息的整理、全流程对话的设计、全接口对话的确认、用户体感的优化以及联机调整测试。

## （四）推动实现超级自动化

2019 年 9 月，我们把分公司的财务部门去掉了。我们首先整理分公司有多少事，还是找场景整理数据，然后设计流程。一个分公司的事务，往往就是出纳相关的银行事务、发票开具、支付审核、文档整理，会计统筹相关的收款核销、业务应对、数据复核、系统优化，财务管理相关的合规控制、监管对应、税务筹划和预算管理。整理后发现，分公司60% 的时间花在重复的工作上。虽然每个月平均收款核销 800 多笔看起来不多，但是单据都是断断续续汇总过来的，就占据了一天大部分的时间。我们发现 18% 的业务量可以按需统筹放到总公司，22% 的工作已经可以自动化。

当分析完这些后，我们分三步走。

第一步，进行流程梳理。我们花了一周时间进行流程梳理，包括 41 个操作点、28 张流程图、11 个自动化需求、27 个中心化统筹和 3 个职能转移。因为分公司一共就 3 个人。

第二步，进行自动化的开发、中心化的统筹以及办公室改造。我们配备了打印机、切割机和盖章机等设备，价格都不高：打印机 4 000 多元一台，切割机 5 000 元一台，盖章机 4 000 元一台。我们现在都是全自动的，打完发票自动切割。所有东西你只要到那边去收集一下。现在唯一没有做到的就是发票单据自动收单。该类工具的主要问题是识别率不高，大概只有 70%。所以我们现在让前台帮忙收单，收完扫描一下，机器人自动收集。

第三步，复制概念，优化更新，更智能化。我们现在就是在往更智能化的道路上走。所以，在整个项目当中，根据财务的战略定位和目标运营模式的规划及方向，考虑如何通过智能化、数字化、信息化实现目标，并制定未来整体财务相关的系统蓝图。在落实机器人的项目的过程当中，我们不求一次完美，应收账款的对账机器人当中依旧还保留着一部分人工工作，等到第二次开发的时候，再对剩下的人工工作进行自动化，解决剩下的问题。这样几轮过后，差不多 90% 的人已经解放了，包括我们现在的系统开发也不要求一步到位。我们的无人的自动化管理，实施前和实施后进行了对比，可以看到现在用不到人了。

## （五）流程机器人实施经验

机器人不只是一个技术项目，而是一个企业发展项目。首先流程机器人分为三个阶段：第一阶段叫试点，第二阶段叫推广，第三阶段叫自主创新。

第一阶段是试点。做到业务流程试点，选取基础场景，也就是公司能应用到的场景，最好是比较简单的场景，而且必须是端到端，能够解决企业问题的场景。然后导入"流程＋IT"技术，财务和IT一起编制流程。之后是内外结合的项目制，最好请外部的咨询团队。虽然外部咨询团队的成功率可能只有50%，但是有一句话，学习任何东西都是需要有成本，需要交学费的，不交学费要学会，你花的时间会很长。等于是用金钱换时间。所以一开始建议大家内外学习，等于是学习了一个方法论。

第二阶段是推广。要求把公司所有的流程都拿出来改，找到端到端的场景，接下来导入ABCD等新技术，然后建立项目学习培训机制，公司内部是建立学习项目小组，整个公司都应该变成无人化。这时候要全员推广无人办公室的理念，然后建立自动化流程标杆。

第三阶段是自主创新。整体战略规划和发展路线图，端到端流程整理和布局，帮助前端的业务发展。当做成这样的时候，企业已经很出色了。在这个过程当要做端到端的流程的布局和整理，比如打开所有手机背后都有个线路板，我们就等于帮公司把线路图画好。这阶段自主为主，外智为辅。下面再建立项目团队和制度，建立360度的智能化管理平台。

在这个过程当中，有几个重点：第一是流程机器人场景挖掘，首先是业务流程梳理，然后明确现有的运行状态以及运行结果。第二是制订标准化流程方案，因为人往往是有一种惯性，原先怎么做，未来可能会不一样。去找到业务痛点、难点，然后制订更为统一、更为集中、更为标准、更为有效率的业务方案。第三才是加上机器人。通过标准化的业务流程制订相应的系统解决方案，通过RPA结合其他设备工具达成目标。

总之，机器人不只是一个技术项目，不能局限于简单的碎片实践，而应该是基于场景的再造。接下来，如何让RPA机器人真正产生价值，需要从能看得见的人力节省入手，通过组织架构重组真正发挥价值。现在出纳的工作，90%都被替代了，比如财务自动核销、业务核对、全国自动开票、财务智能报销、财务报表制作、风控流程点检、账龄核对、资金归集。这些仅仅是财务领域，还不包含业务，我们都可以把它变成机器人。

当企业使用越来越多的机器人，RPA企业级的平台非常重要，也就是数字化员工的治理平台。未来当企业一半以上的员工是机器人的时候，必须有这样一个平台进行管理。智能化和自动化的成长之路，不再局限于简单的规则，基于周边的扩展和人工智能的加入，RPA将越来越像一个真实的员工，甚至成为每个人的助理。未来的特性一定是智能化的，非结构化数据的读取替代生物识别技术，一定是深度学习和智能决策的。然后是交互化，人机交互的协作以及智能化聊天机器人，一定是下一代的办公运用。

## 四、后记

从发展趋势而言，越来越多的企业将会拥抱RPA，认可其在降本增效和生产力提升方面的能力与价值。站在企业决策层面来看，RPA带来的价值已经不仅仅是单一部门的降本增效，而是帮助企业获得更高的利润、长远价值回报的手段，RPA势必成为企业长期追随的潮流。

从这次疫情也能看出，RPA行业经受住了"逆市"的考验，并且将在未来办公中扮演着重要角色。近日，全球著名信息调查机构Gartner发布了一份名为《RPA市场竞争格局》的调查报告，主要对RPA行业的市场份额、战略规划、市场格局、发展趋势、扩展方案、厂商走势及生态建设等多个维度进行了深入解析。Gartner预计，到2022年，80%部署RPA的组织将引入人工智能（AI）技术，包括机器学习（ML）、自然语言处理（NLP）、光学字符识别（OCR）等，以实现非结构化数据业务流程自动化；到2023年年底，90%的大型和超大型组织将部署某种形式的RPA，高于2019年的55%。Gartner发布的《2020年十大战略技术趋势》报告把超级自动化放在了首位，而RPA是其重要组成部分也是企业开启"AI之门"的最好钥匙。

之前RPA没有引起太大关注，主要是因为其局限性。但是有了AI的支持，其便可以拥有无限可能。在过去两年中，很多AI技术在实现商业落地时面临诸多挑战，而RPA与AI技术的结合打破了数据孤岛，加快了企业应用 AI 的进程使更多的业务场景实现智能化。

正如现代管理学之父彼得·德鲁克（Peter Drucker）所言："数字时代的财务转型与颠覆已势在必行，我们相信，最好的预测未来的方法就是去创造未来。"

# 六

# 新一代 ERP：驱动财务业务能力重构

赵燕锡，金蝶软件（中国）有限公司高级副总裁

刘丹彤，金蝶软件（中国）有限公司产品管理部副总监

## 一、新一代 ERP 的提出及特征

2019 年 4 月，ERP 概念的提出者 Gartner 指出，ERP（企业资源计划）今非昔比。随着后现代 ERP 逐渐发展成为支持改变企业业务能力提供方法的必要基础，ERP 正在步入第四阶段，Gartner 将 ERP 的这个阶段定义为 EBC，也称作新一代 ERP。

那什么是后现代 ERP？什么又是 EBC？EBC 为什么被称作新一代 ERP？这些是我们首先需要明确回答的问题。

### （一）ERP 的发展演变

我们知道，Gartner 在 1990 年扩展了 MRP II 的定义，将财务和人力资源管理等后勤功能纳入进来，企业资源计划（ERP）概念应运而生。实际上，ERP 的范围边界一直在与时俱进，围绕企业内部的经营改善诉求，从 20 世纪 90 年代到 2019 年，近 30 年的时间中，Gartner 将 ERP 的发展划分为三个阶段。

阶段 1：最佳阶段。它是由领域集中的单点解决方案所组成的。

阶段 2：一体化时代。关注各领域方案之间的整合，并且扩大到明显不是企业资源计划的领域。

阶段 3：后现代阶段。2010 年之后，ERP 的作用范围上升到战略层面，ERP 由相关的或交付战略所需的任何业务能力，以及支持这些过程所

需的应用组成。

## （二）ERP 正进入 EBC 时代

最近几年，ERP 所作用的企业环境正在发生进一步的变化。从诸多企业的信息化实践中，我们可以看到企业希望将 ERP 扩展到企业及其直接供应链范围之外。企业当前运营的领域已超越他们所知的企业"墙"，已进入了外部一个更广阔的生态系统，其中既包括新领域也包括未知领域。现在，合作伙伴、竞争对手和利益相关者会不时变换自身角色，从而加强客户和供应商的传统生态系统。

此外，越来越多的企业在主动地应用新的技术，以加快其数字化变革进程，这些技术创造有但不限于以下的几类应用：使用人工智能和机器学习技术以实现内部发展，并减少对人工操作的需求；访问数据湖，以增强和丰富基于数据的决策体验；轻松连接其他应用，尽管对不同过程提出了越来越具体的要求；通用（与设备无关）、语境敏感型、使用会话式的用户交互界面提供更加直观和自然的用户体验。

因此，Gartner 将 ERP 在当下的阶段定义为 EBC（Enterprise Business Capabilities，企业业务能力）。那什么是 EBC 呢？EBC 是指企业将资源、能力、信息、流程和环境结合起来为客户提供一贯价值的方式，用于描述企业做什么以及企业在应对战略挑战和机遇时需要采取哪些不同措施。EBC 与 ERP 在之前 30 年的定义相比，总体上有三个转变，即从企业内部到产业链生态转变、从流程驱动到关注商业价值转变，以及从一体化架构到松耦合架构转变。

如果从作用范围、实现方式、对企业信息化和管理的影响等角度，EBC 和传统 ERP 具体对比如表 2-6 所示。

表 2-6　传统 ERP 和 EBC 的对比说明

| 比较项 | 传统 ERP | EBC |
| --- | --- | --- |
| 核心理念 | 侧重资源和计划 | 关注企业业务能力 |
| 价值实现 | 关注过程 | 关注过程结果和价值 |
| IT 思想 | 信息化 | 数字化 |
| 业务驱动方式 | 流程驱动 | 数据驱动 |

（续表）

| 比较项 | 传统 ERP | EBC |
|--------|----------|-----|
| 作用范围 | 侧重内部经营管理 | 关注整个产业链生态 |
| 业务评价 | 侧重功能 | 关注卓越的用户体验 |
| IT 架构 | 一体化 | 松耦合、集成性 |
| IT 战略 | 集约固化 | 敏捷响应 |

### （三）EBC 的特征

可以看到，EBC 无论从理念还是技术实现上，都可以称得上是在传统 ERP 基础上的一次飞跃。如同 ERP 一样，EBC 系统并不是一个可以标准化的系统，一般我们评价一个企业管理系统是否是符合 EBC 理念的新一代 ERP 系统，往往是从 AI 驱动、以数据为中心、消费化、人力增强、赋能和面向客户这六个特征来判断的。这些特征实际上是技术、应用场景、实现机制和实现价值的融合，具体说明如下。

1. AI 驱动

（1）它将从根本上改变我们与客户、供应商、事物、彼此和应用程序交互的方式。

（2）它将有助于集成我们日益多样化的应用程序组合。

（3）它将通过预测分析能力帮助支持复杂的决策制定。

（4）它将在很少或没有人工干预的情况下执行复杂的流程，从根本上改变我们的工作环境的外观和感觉。

2. 以数据为中心

（1）ERP 不再只有一个数据源。数据越来越多地来自多个应用、来源、服务和事物。

（2）创建、管理和理解数据，不论是对 ERP 的成功，还是对业务的成功，都将至关重要。

（3）虽然过程依旧重要，但侧重点从过程转移到了数据及其生成的信息上，重视如何利用数据提高企业收益。

3. 消费化

（1）ERP 所包含的许多流程都已高度商品化，对支持此类功能的需求不会消失。

（2）ERP将成为消耗品，它将是可靠的，它将"开箱即用"，不会为基本的功能花费大价钱。

（3）向可消费性的转变要求供应商彻底重新考虑他们的产品组合和价值需求。

4．人力增强

（1）AI技术的引入。随着AI等自动化技术加上机器人的引入，ERP解决方案会逐渐将人员从过程中解放出来。随着物联网和更多机器人的引入，我们以后会看到这一变化将扩展到整个供应链。例如，使用聊天机器人的客服；收账部门进行现金收账，其中机器学习作为过程的一部分正在取代人员操作。

（2）AI技术不可取代人类。大部分未来学家认为这些技术并没有取代人类。事实上，人们越来越认识到，AI和自动化技术在增强功能方面最有效。它将帮助参与决策过程的人更快、更好地决策，或帮助他们取得更好的成果，并将为企业内部人员创造更多的机会和新的角色。

5．赋能

（1）释放劳动力：系统和数据将跟随员工的脚步，将他们从办公桌前解放，他们将在需要完成工作的地方工作，并在需要时做出反应。

（2）ERP交互方式：将包括手势、语音控制和触摸。这些应用界面所产生的操作不仅仅是替代数据输入功能。例如：使用"弹出"来吸引注意的关键数据点的数据可视化。工作地点在仓库或办公室的动画效果会通过视觉吸引、有意义的图片来突显关注区域。

（3）集成：将主要通过支持AI的集成工具来完成，以在应对变化时能够提供更加灵活、更加敏捷的响应。系统会学习工作模式、偏好和风格，甚至帮助用户学习有助于人提高效率和效果的捷径。

（4）预测分析：将有助于做出数据驱动的决策。这些会根据需要弹出，无需长时间等待或直到月底才通过批量处理数据，从而提供无缝的用户体验。ERP将会自我优化，并且会变得简单易用。

（5）面向客户：前台和后台管理、业务和IT的时代已经结束，一切都是面向客户的。大部分企业都将其ERP的重点放在实现内部价值上，而非客户或成员身上，这一点必须改变。EBC 重点必须放在你与客户的不同之处，以及你如何能更好地支持他们的需求。EBC 旨在竞争之前通过迅速响应、调整和预测客户的需求来实现商业价值。

## 二、新一代 ERP 对财务业务能力的影响

### （一）传统 ERP 对财务业务能力的塑造

ERP 对于工业时代的企业管理起到了非常重要的驱动作用。它从资源整合角度，第一次将企业价值链的全过程活动和资源要素（人、财、物）消耗匹配起来，并结合三流合一、三流分离的实践思想，不仅极大提升了企业内部各组织的工作协同效率和企业整体的管理效率，而且也第一次为财务提供了与业务融合的可能，使得财务人员得以基于业务流程展开对费用、资金、物耗和成本等方面的控制活动，形成体系化的以成本、责任中心会计、预算以及资金为核心的管理会计能力。

在后现代 ERP 阶段，ERP 的理念更加注重企业战略的执行和业务财务流程一体化的融合，这对于大型多元化企业集团的财务管理能力提出了新的挑战。公司治理、内部控制能力成为全球企业财务管理能力的新内容。2005 年前后，我国企业财务管理实务界开始提出三算合一的实践思想，即将全面预算、资金结算和会计核算业务基于业务过程形成相互勾稽、相互制约的管控体系，在此基础上也驱动了以集团财务管控体系和财务共享中心为代表的财务管理工作的变革。

关于企业财务管理发展趋势和能力重点，大家前几年提得最多的一个理念是业财融合，实际上就是传统 ERP 对企业财务业务能力的根本影响和要求。

### （二）EBC 对财务业务能力的影响

首先，EBC 对于传统 ERP 来说，是需要时间来逐步演进的。也就是说，业财融合仍然是企业财务业务能力的必要基础。在此前提之下，我们才得以讨论 EBC 对财务业务能力的影响。

其次，我们认为这个影响又是颠覆性的，核心在于 EBC 将以不同的方

式来塑造财务业务的数据整合能力、业务响应能力、决策支持能力、经营预测能力和价值创造能力，同时也继承了传统 ERP 下财务管理的核心能力。当然，对于财务业务的上述能力，传统 ERP 也能做到部分支持，但两者采取的方式是完全不同的，所取得的效果也有很大差异。表 2-7 在塑造财务业务的新能力方面，比较了两者采取的方式。

表 2-7　传统 ERP 和 EBC 塑造财务业务新能力的方式比较

| 财务业务新能力 | 传统 ERP | EBC |
| --- | --- | --- |
| 数据整合 | 二维数据架构，主要是结构化数据。通过 COA（Chart of Accounts，会计科目表）、主数据、制度、流程来统一数据基础，以基于"科目＋辅助核算项目"的财务报告体系来整合。大业务，小总账 | 大数据架构，包括非结构化数据。通过数据中台来对企业业务过程数据按统一标准做数据标签化、清洗和治理，构建企业的数据湖，从而实现数据资产化、资产服务化。敏捷业务，大总账 |
| 业务响应 | 先固化流程，再服务业务的思路。当企业一线部门提出新的业务模式时，财务会按照流程驱动的思维，先从审视业务流程的规范性入手，固化流程后逐步完善能够反映业务活动的数据广度和深度，并提供一线部门需要的历史数据。响应过程烦琐，服务时效差，数据价值低（反映过去，无预期，无关联），不利于新业务创新 | 数据驱动思维，在新的业务模式萌芽阶段，通过财务中台架构主动连接业务，基于事件驱动会计引擎和会计事项库去匹配反映业务的变化，从用户价值实现角度为一线部门提供实时的评价数据和场景式交互体验。有洞察、有预期、有预警。服务时效强，数据价值高 |
| 决策支持 | 采用财务指标体系和固化的分析模型如 ROI、同比、环比等，基于数据仓技术提供管理驾驶舱应用（指标预警、数据钻取和切片等），更多是验证决策人员的判断，而不是引导他们去关注业务变化背后的原因 | 运用机器学习算法，基于数据湖来提供与用户需求变化、业务活动变化相关的敏锐洞察，不依赖于固有的分析模型，为决策人员提供关键而简化的洞察力 |
| 经营预测 | 通过"组织机制（责任中心）＋管理工具（预算和计划）"来达成企业的经营预测，比较适合稳态业务场景。但在外部环境变化剧烈，或者发展创新类业务时，预测准确率会明显降低且导致预算失效 | 基于大数据技术，对导致业务活动变化的巨量因子进行敏感性分析，构建数据孪生环境对复杂的因子组合变化进行模拟预测，帮助经营管理者能够在多变的环境中快速做出确定性更大的预测判断 |
| 价值创造 | 一是通过建立责任中心机制和内部结算体系，激励组织和个体的积极性和创新活力，促进公司营收和利润实现超额增长；二是通过企业资金的投资理财应用，获得超出企业经营盈利水平的回报；三是通过资本运作、税收筹划和风险管理，帮助企业以更少的成本完成既定业务下的经营布局 | 一是通过生态报表帮助企业看清为客户和用户实现的价值能力，财务对业务的引导和推动效果变得直接；二是基于企业的组织和个体能力，在企业进军新业务或者进行商业模式变革时，快速做出经营模拟，帮助企业能够抢占市场先机，快速行动，获取蓝海收益；三是用更快、更准确的方式提升传统 ERP 下财务的价值创造能力 |

## 三、新一代 ERP 驱动财务业务能力重构的实践

从当下来看，EBC 在中国企业的实施还处于刚刚起步的阶段，但已呈现出快速增长的势头。金蝶基于 EBC 理念打造的新一代 ERP 产品金蝶云·苍穹在这两年已经先后帮助海信、浙江交投、中车唐车、天津钢铁和温氏集团等企业开始建设新一代 ERP。下面，我们从商业、管理和平台的变革角度，谈谈 EBC 如何驱动财务业务能力的重构。

### （一）商业变革：共生商业的三种模式

从 EBC 的视角，在数字化转型的时代背景下，企业的商业模式趋于三种变革方向。对商业变革的认知和实践深度，将决定 EBC 对企业财务业务能力重构的力度。

我们把当前的商业变革趋势总结为共生商业，具体有三种模式，即客户共生、伙伴共生和产业集群。

1. 客户共生模式

客户共生模式将重塑企业与客户的关系。企业将结合线上线下的客户体验通道，从营销、线索、商机、销售、服务、推广和再次销售的全链路，来建设和获取客户体验的反馈，从而帮助企业更加完整深入地认识用户需求，有效地改进产品和服务的质量，提升企业的业务能力。在 EBC 的实践中，金蝶现阶段的做法有四个方面，包括构建核心企业全渠道营销云；建立连接消费者的电商平台、线上线下协同的新零售营销平台；建立连接多级分销商、KA 的 B2B2C 全渠道营销平台；通过业务中台进行订单处理、会员数据和库存管理等业务的统一赋能。

2. 伙伴共生模式

伙伴共生模式将重塑企业与上游供应商的协同关系。根据供应商的能力实现用户需求的敏捷精准传递，与供应商形成紧密的生态共赢局面。金蝶目前的实践是通过线上线下构建企业连接供应商、电商伙伴和服务伙伴的能力；用数据驱动企业对供应商、服务商之间的寻源、招投标和协同等全流程业务能力；并提供轻量级供需平台，支持企业之间跨链撮合交易。

### 3. 产业集群模式

产业集群模式将重塑企业的边界，使企业的业务范围聚焦在对客户需求的快速响应以及与上下游伙伴之间的连接协同方面。企业的边界将根据市场和客户需求的变化来快速做出调整，企业实现价值的能力也随之实现飞跃式提升。金蝶正在和国内一些有影响力的企业如联通等携手打造新一代产业共生平台，为平台上的企业提供资源共享、研产销协同能力，共同构建"生产服务 + 商业模式 + 金融服务"的数字化生态。

## （二）管理变革：组织、流程和绩效的管理重构

商业模式变革与 EBC 的结合，对企业管理和财务业务能力的影响，在实践中体现为以组织、流程和绩效为核心的管理重构。

### 1. 组织重构

组织重构方面，越来越多的企业已经按照战略财务、业务财务和共享财务的体系重构自己的财务部门，一些企业甚至开始着手把共享中心进一步变革为财务中台组织，以更有效率的方式实现财务为快速多变的业务和经营管理提供服务。

### 2. 流程重构

流程重构方面，财务业务将以超自动化的新能力，进一步贯通和简化从业务到财务端到端流程，并且基于更多的业务场景为经营管理人员提供智能化的财务数据洞察服务。金蝶·云苍穹已经将 2018 年发布的金蝶小 K 机器人升级到了金蝶小 K 2.0，从原来应用于碎片化场景的内嵌规则机器人（如自动记账）、RPA 机器人（如网银机器人），演进到基于大数据和机器学习技术的算法机器人，并使用多种机器人技术的组合方案，彻底贯通了不同场景下的端到端流程，让金蝶小 K 2.0 成为 Gartner 所定义的超自动化实践的典型代表。在智能审单环节，金蝶云·苍穹提供了规则和算法结合的自动检查机制，并将算法检查的比例提升到了近 30%。例如，企业财务人员在审核一笔业务支出时，金蝶云·苍穹将自动在单据右边弹出提示边栏，给出基于 OCR 识别、规则库和数据算法等技术结合后的检查结果和审批建议。

### 3. 绩效重构

绩效重构方面，基于财务中台架构的新一代财务数据集市将帮助企业实现由组织绩效到人人绩效的管理变革。不同于之前由业务单据基于既

定规则自动汇总为总账凭证的技术，EBC 驱动下的财务中台架构采用"业务事件驱动＋会计引擎"的实现机制，实现业务活动中每一个时点、每一个组织和个体和每一个与用户价值实现相关的维度如计量方式、客户、商品、用户、活动、耗费和产出等信息全部按照会计事项逐一实时自动登记到财务数据集市中，再通过数据中台技术进行数据资产化处理，并基于企业自身积累的评价模型，形成每一个个体在不同应用场景下的价值贡献数据，并以直观简化的交互方式推送给员工个体，实现通过人人绩效赋能业务发展。这一过程的示意如图 2-19 所示。

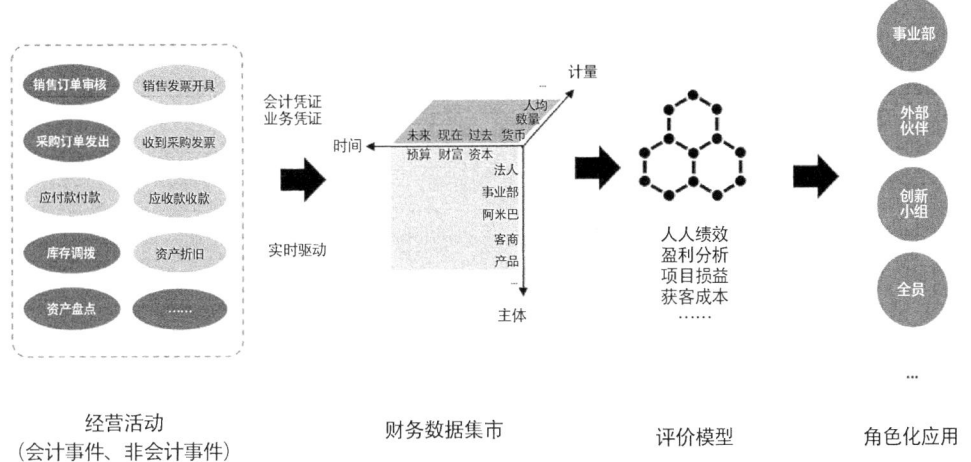

图 2-19　基于财务中台的绩效管理重构

## （三）技术变革：从烟囱式单体架构到数字共生平台

超自动化和财务中台架构对于财务业务能力提升的影响无疑是颠覆性的，而且这一影响更多是技术和管理融合以后的结果，这也是 EBC 所强调的。从金蝶云·苍穹的实践来看，我们的体会是 EBC 对于系统实现技术的影响更为深远。

传统 ERP 强调业务活动的稳定性、连续性和一体化，在系统设计架构中对业务场景没有划分，因此会将所有场景的表示层、业务逻辑层和数据访问层放在一个工程中，最终经过编译、打包，部署在一台服务器上。过去，企业在应用 ERP 时往往采取烟囱式单体架构，虽然在技术实现上比较简单，但系统启动慢，系统错误隔离性差、可用性差，系统应用可伸缩性差。Gartner 数据显示,约有 26% 的 ERP 项目满意度持续走低,传统的 ERP 系统正在老化。

按照 EBC 的理念,企业需要构建数字共生平台来实现企业战略的长足发展和对快速多变业务的全面响应,这个平台的重心是构建五大业务能力:面向员工、面向客户、面向伙伴、IoT 物联网平台和数据智能,这也是重构财务业务能力的关键。

那如何构建 EBC 呢?金蝶云·苍穹的设计思想和方法如图 2-20 所示。

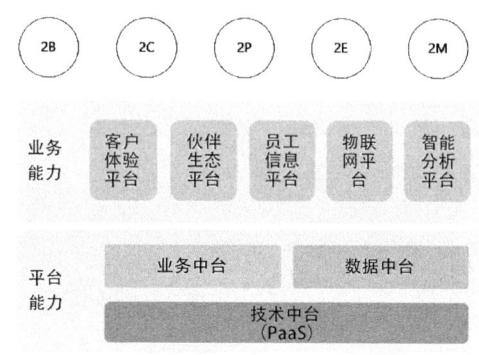

**图 2-20　EBC 的设计思想与方法**

首先,设计思想是围绕"能力"而设计,我们需要构建五类应用平台,即客户体验、伙伴生态、员工信息、物联网和智能分析平台,财务面向相应业务的能力嵌入其中。

其次,设计方法的核心是以能力是否复用为标准,对平台能力和应用能力进行分层,按照"可复用能力下沉,场景化、个性化能力前移"的思路,构建业务、数据和技术三大中台。关于应用能力在上面结合商业和管理的变革趋势做了说明,下面对三大中台谈谈我们的实践。

(1) 技术中台是整个中台架构的底层架构,并为业务中台和数据中台提供跨云的云基础、大数据、物联网、安全和运维等专业的云计算服务,并通过封装为企业用户屏蔽掉复杂的技术细节，提供简单一致、易于使用的技术基础设施的能力接口。苍穹的技术中台具有全栈的云原生技术的能力，并针对企业级服务场景进行了优化和创新，使得企业既能用开箱即用的方式消费云原生等技术带来的创新性应用体验，又能保证企业级业务的安全稳定和发展。

（2）数据中台在技术层面特指包含数据技术、数据体系和数据服务的数据全流程平台，是企业的数据能力中心。苍穹的数据中台为企业提供数据的复用能力，包括统一的数据治理与建模，企业数据的智能化分析与可视化以及企业业务的洞察、预测和风控能力。

（3）业务中台需要将企业后台各种职能支持资源进行抽象解耦整合，转化为前台场景化应用可复用、易共享的核心能力，包括企业通用的基础能力层、领域能力层和业务共享中心三个层次的内容，同时也包括面向不同行业场景中的行业通用服务能力（如主数据服务）和面向职能管理的领域通用服务能力（如会计引擎）。苍穹的业务中台已将通用的业务、技术等基础能力解耦，通过组件化、低耦合的方式呈现出来，企业在构建前台应用时可不费力地与中台连接，直接组合调取金蝶云·苍穹中台的能力，即可实现多场景应用的构建。

## 四、总结：财务业务能力重构的思考和展望

不仅仅是金蝶，普华永道也正在从财务业务能力重构的角度，思考财务的数字化转型趋势。这家著名的全球化事务所在今年初发布的《全球 CFO 调研报告 2020》中指出，下一代财务需要具有三大趋势：一是通过数字支持的流程和数据，为业务提供实时结算和信息；二是司库服务提供的模式将发生剧烈变化；三是由于竞争的加剧，企业需要新的财务技能。可见，站在业务的角度，各国的 CFO 们得出了和 EBC 大体一致的判断。财务的发展，将在业务和技术的融合下加速前行。

关于财务业务能力的发展逻辑，我们也给出了一个公式，即：

$$财务业务能力（Capability）= 财务思维模式（Mindsets）$$
$$× 数字化技术（Technology）$$
$$× 企业实践（Practices）$$

我们认为，未来的财务业务能力重构，既不是单纯的管理变革，也不是单纯的新技术应用，目前也没有一个标准的体系，它更像是思维模式、数字化技术和企业实践的深度融合，以及由此产生的乘数效应，任何一个因素的影响都将被加倍放大。

EBC驱动财务业务能力重构的时代已经到来，这个时代只有经典，没有权威！

# 七

# 区块链技术：让未来发展多一种选择

吴忠生，上海国家会计学院副教授、智能财务研究中心执行主任、区
　　块链与会计创新研究中心主任
黄长胤，上海国家会计学院讲师、博士

一项技术从诞生到成熟应用要经历哪些阶段，要经历多长时间？这个问题在接触区块链（Blockchain）之后，笔者经常陷入思考。国际著名咨询机构高德纳（Gartner）公司曾在 1995 年推出技术成熟度曲线（Hype Cycle），这个曲线能够提供各项技术所处发展阶段的可视化视图。技术成熟度曲线通过对各项技术进行专业分析预测和推论，将技术从诞生期到成熟期分为 5 个阶段，分别是技术启动期（Technology Trigger）、期望膨胀期（Peak of Inflated Expectations）、泡沫破裂期（Trough of Disillusionment）、稳步爬升期（Slope of Enlightenment）以及成熟期（Plateau of Productivity）。现在每年高德纳公司都会发布技术成熟度曲线，这已成为人们关注技术发展动态的风向标。区块链第一次出现在技术成熟度曲线是在 2016 年，并且第一次出现就已经被列入期望膨胀期，随后的 2017 年和 2018 年也处于期望膨胀期，位置稍微有些偏移。2019 年的技术成熟度曲线中并没有列出区块链，很多人认为说高德纳已经放弃追踪区块链，即使该技术处于泡沫破裂期都不再屑于将其列在曲线之上。但事实是，高德纳公司在 2019 年专门推出了区块链业务技术成熟度曲线（Hype Cycle for Blockchain Business，2019），如图 2-21 所示。如果作为一个整体概念来看，区块链是处于泡沫破裂期阶段，但从图中可以看到曲线分布着非常多的点，这些点有些是区块链的专业技术，比如智能合约（Smart Contracts）、区块链数据交互（Blockchain Data Exchanges）、分布式账本（Distributed Ledgers）等。更多

的则是区块链在各个领域的应用,比如基于区块链的广告业(Blockchain for Advertising)、基于区块链的供应链(Blockchain in Supply Chain)和基于区块链的保险业(Blockchain in Insurance)等。技术的不断完善,同时更多的领域尝试着去应用区块链技术,这在一定程度上促成了区块链经济(Blockchain Economy)现象的形成。

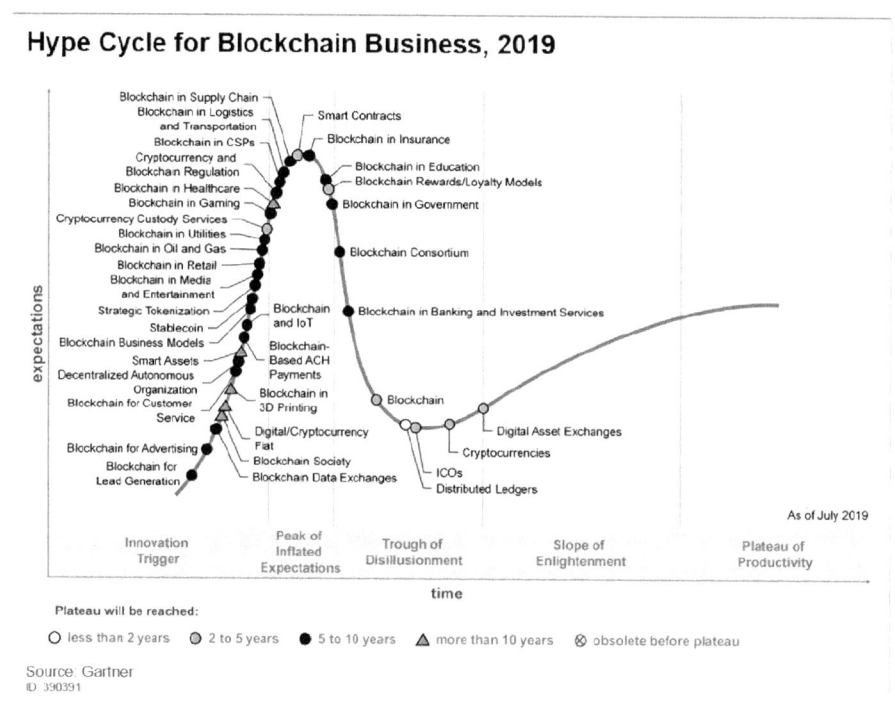

**图 2-21　2019 年区块链业务技术成熟度曲线**

　　然而,技术成熟度曲线是否真正反映了区块链的发展现状和潜力,以及区块链是否会按照曲线的预测那样发展,都是需要时间来验证的。有些人迫切期待区块链能够走出泡沫破裂期,真正实现区块链的价值。有些人则是希望了解并掌握区块链,以占领商业的先机。近年来,我关注区块链发展,给学员讲授区块链相关的课程,有了许多不一样的感受。区块链尽管很前沿,人们都想要去了解,但也很抽象,要做一些观念的转变。与其他技术不同的是,普通用户端并不能真切感受到区块链,很多人对区块链的价值始终无法理解;并且伴随着区块链发展的过程,夹杂着各种正面和反面的声音,这更加令社会大众尤其是非技术人员"无所适从"。

对于像区块链这种还在快速迭代发展的技术，我们认为恰当的认知方式可能不应当是一味灌输，而应当是以一种发展的视角分享背后的逻辑。因此，以下不会从"公知"的视角进行"布道"，而是结合区块链的发展脉络和逻辑展开叙述。对于想要了解区块链的读者，笔者也希望读者能够多一些耐心愿意去分析琢磨。囿于篇幅所限，主要阐述认识区块链的四个关键核心问题（见图 2-22）：①区块链是什么？②加密数字货币是不是一无是处？③什么是真正的区块链应用？④区块链与会计、审计的关联。

**图 2-22　区块链四问**

## 一、区块链是什么

区块链是什么？其中存在不少误区。有人将区块链等同比特币，也有人认为区块链是万能的，万物皆可区块链化。以下从区块链的演变发展、概念和原理分别进行阐述。

### （一）区块链的演变发展

区块链缘起比特币，然而早已发生众多改变。如果从 2008 年比特币概念的诞生算起，区块链的历史也才只有 10 多年，然而期间各种观点、各种概念、各方人物轮番登场，令人应接不暇。就像"一千个人眼中有一千个哈姆雷特"一样，不同的人认为区块链发展过程中重大的历史事件和人物也是不同的。但笔者认为以下两位人物和一个时间节点应该是对区块链的发展起到了根本性的改变作用。

第一位是一个化名为"中本聪"的用户。2008 年 10 月，中本聪发布了一篇名为《比特币：一种点对点的电子现金系统》（Bitcoin：A Peer-to-Peer Electronic Cash System）的 PDF 文档，文档仅有 9 页，后来中本聪自己就把这篇文章的思想通过编程的方式实现了，也就有了后面比特币的故事。我们并不知道中本聪的真实身份，不知道其性别，其国籍，甚至不知是个人所为还是组织所为，因为中本聪从未在现实中出现过。我们知道的关于中本聪的简单信息是其在一个叫作 P2P Foundation① 的社交网站的注册信息，以及在网上跟其他人的交流信息。尽管我们并不了解中本聪的真实身份，但能够比较确定的是中本聪是一个密码朋克② (Cypherpunk)。比特币的设计目标就是打造一个去中心化的不受任何国家、任何第三方控制的电子现金系统，实现全网自治。在加密数字货币发展历史中，比特币不是第一个尝试构建去中心化的电子现金系统，但是它的历史意义在于它真正克服在去中心化环境下的"双花 (Double Spending)"问题，并且利用"挖矿"机制提供了系统的激励机制，是目前运行时间最长、用户数量最多的一个电子现金系统。根据加密数字货币网站 coinmarketcap 的数据，2020 年 8 月 6 日北京时间 8 点 20 分，比特币的单价为 11 781.74 美元，整个比特币的市值为 217 057 590 891 美元。很有意思的是，现在大家都在说比特币是区块链的第一个应用，但中本聪并没有使用过区块链 (Blockchain) 这一用词，也并未对相关概念进行界定。中本聪只是想做好比特币。

第二位是一个名为维塔利克·布特林的年轻人。2013 年 12 月，布特林发布了一篇名为《以太坊：终极智能合约和去中心化应用平台》(Ethereum: A Next-Generation Smart Contract and Decentralized Application Platform) 的白皮书。布特林是 1994 年出生的俄罗斯裔少年，他曾经就读于加拿大的滑铁卢大学，后来因为学业使得他不能专注区块链而选择了辍学。值得一提的是，现在大家经常说的"智能合约 (Smart Contract)"，就是出自他写的这篇白皮书。尽管智能合约并不是布特林首次提出，但正是由于他在以太坊白皮书使用了"智能合约"的表述，现在有些人提及区块链的一大特性时，也会说"智能合约"。不过后来布特林一度后悔使用"智能合约"这个词了，因为"智能合约"给了区块链承受不了的"智能"负

① P2P Foundation 是一个聚集了关注点对点 (Peer to Peer) 技术和思想爱好者的社交网站，这个网站注册时要求全名、姓名和生日信息是必填信息。

② Cypherpunk，密码朋克社区由一些自由主义者组成，社区成员包括数学家、科学家、密码学家、计算机精英、黑客精英等。他们的目标是以密码学为基础，利用计算机等新技术为工具，来保护个人隐私乃至个人财富。

担。布特林的以太坊的历史意义在于，它实现了一个质的突破。在比特币出现之后，由于比特币的代码是公开的，很多人可以稍做简单修改，就又可以构建新的"货币"，并没有发生实质性改变。可以做个简单对比，比特币是人们手机上面的一款应用，而以太坊则是我们手机的系统。那么以后我们都可以在以太坊系统上面开发使用各种各样的去中心化应用。这个颇具革命性的想法，给了人们很多遐想的空间，有人预测未来极有可能打造去中心化的社区。布特林也因此受到了广泛推崇，圈内封号"V神"。从此，社会各界开始更加关注比特币、以太坊和区块链。

而一个重要的时间节点则是 2014 年。金融业是比较早关注并研究区块链的行业，因为当时区块链的一大口号就是去中心化，而金融机构（例如银行）是人们最常接触的中心化机构之一。于是，为了不至于被颠覆，金融机构开始研究基于区块链的应用。也是在这个阶段，有机构也提出是否不用这么绝对的去中心化的区块链模式，才出现了根据去中心化的程度，区块链可以划分为公有链、联盟链和私有链。2014 年这个时间节点的历史意义在于，它突破了已有的类似比特币和以太坊的模式，拓宽了区块链的定义和应用范围。

综上所述，可以延伸出一些有意思的关键信息：①中本聪只专注于比特币，他并没有提出区块链概念。有机构发现尽管唱衰比特币的声音很多，但比特币仍然顽强存在着，才去总结其背后的原理，总结出区块链的概念。比特币背后的区块链技术只适用于比特币。②区块链本身并不那么智能，"智能合约"只是提供了计算机可以执行的计算机协议。③由于不同利益相关者的需求，人为给区块链搭建了不同的赛道，但不同类型的区块链技术并不成熟。一些本该还处于实验室阶段的技术被过早宣传和报道，在一定程度上造成了后续的区块链投资过热。

## （二）区块链的概念和原理

以下我们看两个对区块链相对比较权威的概念描述：

（1）根据维基百科对区块链概念的描述，区块链是通过密码学技术链接起来的不断增加的记录（records），又称区块（blocks）的列表。每一个区块包含了前一个区块的加密散列值（cryptographic hash）、相应时间戳记以及交易数据。目前区块链技术最大的应用是数字货币。

（2）根据中国信息通信研究院发布的《区块链白皮书（2019年）》对区块链概念的描述，区块链是一种由多方共同维护，使用密码学保证传输和访问安全，能够实现数据一致存储、难以篡改、防止抵赖的记账技术，也称为分布式账本技术（Distributed Ledger Technology）。典型的区块链以块-链结构存储数据。

以上两个概念描述相对而言，都是比较严谨的，前者是从区块链的数据结构基础特征进行描述，而后者则强调区块链是一种新型的记账技术及其应用价值。以下结合两个概念的定义，笔者尝试进行更为全面一些的概念描述：区块链是由多方共同维护的分布式数据库的网络组织形式，数据库是由数据区块（blocks）有序链接而成，每个区块存储的是一定时间内产生且加密后的数据记录信息。通过数据库的分布式存储以及密码学技术，可以实现数据存储的一致性，从而保证难篡改性、不可抵赖性以及可追溯特征。参与方之间的关系决定了网络组织形式的去中心化程度，可分为公有链、联盟链和私有链三种类型。

笔者曾在一篇文章中以微信报名的示例来说明区块链的原理和特性，以下再借用这个示例进行描述。传统的活动报名方式是：①活动联系人在群里发布活动信息，征集参加活动的人员。②想要参加活动的成员向联系人报名。③联系人统计报名情况。现在广泛使用的微信组局方式是：①活动联系人在群里发布活动信息，征集参加活动的人员。②想要参加活动的成员采用接龙报名的方式，即每个人在上一个报名人报名信息基础上追加一个号码并且加上自己的名字，逐一增加，最后就形成了一个该活动的报名信息链条。微信组局和区块链的特点对比如表2-8所示。

表2-8　微信组局与区块链的特点对比

| 微信组局特点 | 区块链特点 |
| --- | --- |
| 接龙报名 | 链式数据结构 |
| 规则定下来后，大家自发报名 | 多方共同维护 |
| 报名时间 | 时间戳 |
| 每条记录大家都能看见，都有备份，报名的情况群里共享 | 分布式存储 |

微信组局方式，一定程度上实现了去中心化管理，不需要由专人统计大家的报名情况，而是通过多方共同维护，实现各方之间报名信息的一致性，从而保证报名信息的难篡改性、不可抵赖性以及可追溯。由于报名信息在成员之间是一致的，那么：①难篡改性方面。当一个人在截止时间之前并没有报名，但是通过篡改自己手机的报名记录想要参加活动。由于其他成员都备份了报名记录信息，就可以发现这个人篡改了信息。②不可抵赖性。当某人报名了但没有参加活动，同样也不能够抵赖自己没有报名。③可追溯特征。通过链式的接龙报名，可以追溯每个人的报名顺序。

撇去相关的密码学技术不论，区块链非常关键的特征是数据的多方共同维护。就像硬币的两面性，这往往也会产生其他问题，尤为突出的是数据存储、数据隐私问题和效率问题。数据存储和数据隐私是人们质疑区块链的一个方面：为了实现数据的共同维护，每个参与者都需要备份数据，随着数据量不断增加，存储负担将是一个问题，同时随之带来数据隐私问题。而这些问题已有相关解决方案。不想承担海量数据存储的用户，可以选择仅保存数据的映射值（例如 Hash 值），其存储代价小得多；并且映射值也很好地解决了管理权限和数据隐私问题。映射值可以视为数据唯一的"数字指纹"，一旦数据发生篡改，"数字指纹"也会随之改变，数据的任何变化都会改变"数字指纹"值。而效率问题则并不那么容易解决，这并不是计算效率，而是组织管理效率。

如前文所述，不同类型的区块链之间的差异源于各类型网络中参与方之间的关系，在于"多方共同维护的分布式数据库"中"多方"之间的关系。这将导致组织管理效率的不同，在效率方面三者之间的关系：公有链＜联盟链＜私有链。公有链的效率是最低的，网络中各方并不公开，彼此并不相识，联盟链的参与者通常是某个领域内容彼此熟悉的参与者，私有链的参与者则往往是同一单位主体的内部成员。通俗而言，越是不熟悉，效率越低。反之则是越是熟悉，效率越高。

然而，还需要强调不同类型的区块链应用场景是截然不同的，换句话来说，并不是按照效率来选择区块链类型，而是根据应用场景的需求。但都应当实现多方能够或者愿意共同维护分布式数据库。那么，无论是公有链、联盟链或是私有链都应当向参与者提供数据库一定程度的维护权，这需要依靠机制的设计安排。

## 二、加密数字货币是不是一无是处

以比特币为代表的加密数字货币是区块链的"发源之地"，也曾经给区块链带来一时"繁荣"，然而虚拟的繁荣破灭之后，相关的负面新闻也拖累了区块链的良性发展。很多人将区块链等同于加密数字货币，而又将加密数字货币等同于传销诈骗。那么，加密数字货币是不是就是一无是处呢？

### （一）"繁荣"的加密数字货币市场

表 2-9　不同时间加密数字货币市场概况

| | 货币数量（个） | 交易市场（个） | 市值（美元） | 24 h 交易量（美元） | 比特币占比（%） |
|---|---|---|---|---|---|
| 2018 年 5 月 14 日 | 1 610 | 10 914 | 406 681 320 909 | 20 163 778 717 | 36.5 |
| 2019 年 4 月 2 日 | 2 139 | 16 839 | 159 069 923 312 | 46 695 175 145 | 51.5 |
| 2019 年 11 月 19 日 | 4 831 | 20 862 | 227 024 235 426 | 71 330 248 756 | 65.9 |
| 2020 年 8 月 6 日 | 6 117 | 24 892 | 353 522 664 087 | 91 841 040 796 | 61 |

根据 coinmarketcap 网站获取的信息，从不同的时间，可以看到货币数量是在不断增加的，2018 年 5 月 14 日的时候还只有 1 610 个，2020 年 8 月 6 日的数据显示已经有了 6 117 个。换句话说，在加密数字货币市场中，除了比特币之外，还有许许多多的币。这些币之间会形成交易市场，也有交易价格（或高或低），就有了加密数字货币的市值，同时还可以统计出 24 小时的交易量。另外，表 3-4 最后面的一列很有意思，尽管数量在不断增加，但是比特币市值的占比一直都比较高。在 2018 年 5 月 14 日，比特币的占比还只有 36.5%，而在 2020 年 8 月 6 日，比特币的占比则是达到了 61%。用一句话来概括一下，创建加密数字货币很容易，但要得到

市场的认可并不容易。

关于加密数字货币的争议很多，有人说是价值投资，目前更多人则认为是金融骗局，所谓的价值投资根本不值得一提，质疑的方面包括：安全性、是否具有货币属性以及价值支撑何在等。①安全性方面。以比特币为例，用户拥有比特币并不拥有任何实物，在任何国家的银行账户也不会显示你的比特币余额信息，只是拥有一对字符串：一个是公钥，即比特币账户地址；另一个是私钥，即可以打开账户地址的密码。用户应当妥善保管私钥，如果私钥密码丢失，那么就无法转移比特币账户中的余额。换句话说，任何人没有私钥密码，都无法对账户中的余额进行转移。②是否具有货币属性。货币学理论告诉我们，在发达的商品经济条件下，货币具有价值尺度、流通手段、贮藏手段、支付手段和世界货币五大职能。仅从比特币价格的超高波动性，它就不具备价值尺度和流通手段，因此，当前的比特币是不具备货币属性。③价值支撑何在。当前的比特币无法归为货币一类，一般都将其视为"另类资产"。然而另外一个深刻的问题又出现了，这一另类资产的价值支撑是什么？有人说比特币的价值支撑来源于比特币的稀缺性。比特币总量只有 2 100 万个。有些人说比特币的价值支撑来源于中本聪，人们由此形成了对比特币的"信仰"。很遗憾，对于比特币这类加密数字货币目前尚无具有说服力的价值分析。

显然目前的比特币并不完美，存在很多可以挑毛病的地方。但当我们纠缠于这些毛病的时候，就应该回到中本聪创建比特币的初衷：要对现有的中心化法币体系发出挑战，让人们多一些货币的选择。一方面，我们不能太过苛责比特币，另一方面，我们还是希望能够找到加密数字货币的价值支撑。

### （二）天秤币发布

2019 年 6 月 18 日，社交网络巨头脸书（Facebook）发布了《天秤币（Libra）白皮书》。出于技术的战略储备需要，很多大公司都会对像区块链这样前沿技术进行研究，甚至实施一些区块链应用，但都没有脸书的一则新闻引起的轰动效应。根据《天秤币白皮书》的描述，天秤币（Libra）的使命是建立一套简单的、无国界的货币和为数十亿人服务的金融基础设施。与比特币有很大不同，天秤币是要成为一种稳定的加密数字货币，其发行将锚定一篮子货币,将有真实资产储备作为担保。目前天秤币还在设计阶段,如果成功的话,意义非常重大,当然难度也是可想而知的。

不管天秤币未来是否会成功,但分析这个项目背后的故事非常有意义,并且很有意思。脸书公司有很多应用,除了 Facebook 之外,还有 WhatsApp、Messenger 和 Instagram,它们已经形成了应用的生态,总用户量已超过 20 亿。如果把它比作一个国家的话,它比世界上任何一个国家的人口数量都要大得多,可以把它看成网络世界的人口第一大国。根据脸书 2020 财年二季报显示,归属于普通股东净利润为 51.78 亿美元,同比增长 97.94%;营业收入为 186.87 亿美元,同比增长 10.67%,其中广告收入为 183.21 亿美元,占比超过 98%。借助于大数据分析,脸书能够很精准掌握用户的信息,包括用户的就职情况、兴趣爱好、成长的过程和社交关系状态等。当广告能非常有针对性地服务于某些用户,其效果要远远好于传统的广告,因此,广告商更愿意将广告投放在脸书。

脸书为用户提供社交活动平台,众多的用户也为脸书带来广告收入,这似乎是等价交换,或者说在一段时间是等价交换,而当用户的价值上升之后又可能是不等价交换。同时,在人们感慨大数据分析带来的价值,社会对于用户隐私的保护意识也越来越强。2018 年 5 月,被称为史上最严厉的数据保护条例——《欧洲通用数据保护条例》(General Data Protection Regulation)正式实施,《欧洲通用数据保护条例》明确了社交网络平台要赋予用户的很多权利,比如用户要有删除权,如果他不想把数据留在社交网络平台的话,他就有彻底删除的权利,这并不仅是用户把自己的应用程序或者账号的数据删除,而是要求社交网络平台的数据库中将用户的信息彻底删除。这些条例对于所有的社交网络平台都是很大的挑战,没了数据,大数据分析还能不能做更精准的用户画像分析就需要打个问号。

2018 年 3 月,脸书陷入了数据门事件,脸书被控 5 000 多万用户数据泄露。2018 年 4 月,扎克伯格被传唤到美国国会进行质询。扎克伯格需要解释他们是否有严格的数据保护措施,以及会不会将用户的数据用于其他商业用途。然而这些解释似乎有些无力,因为毕竟脸书掌握着数据,也就是拥有控制数据的所有权利。脸书的数据门事件出来的时候,脸书的股价急剧下降,市值蒸发接近一半。扎克伯格的应对措施之一是很快成立了区块链部门，随后发布了脸书项目白皮书。天秤币一旦成功，对于脸书将带来诸多方面的价值：①增加用户，尤其是一些金融设施相对落后国家的用户可能会选择通过天秤币获得基础的金融服务。②基于天秤币和大数据分析技术，脸书可以开展普惠金融业务。③基于天秤币，跨境汇款和支付流程将极大便利，将对跨境支付机构产生极大冲击。④基于天秤币对用户数据进行定价。在强调用户隐私的大背景下，用户除了要求保护自己的数据之外，还可以跟平台进行数据交易。如果交易成功，脸书就可以名正言顺使用用户的数据，就可以解决数据使用的争议问题。

正如前文所述，加密数字货币之所以引起巨大争议的很大原因在于我们并不清楚它的价值支撑是什么？但是如果能够将加密数字货币跟某些有价值的东西（如数据资产）紧密关联，那就可以提供价值支撑。未来如果可以对数据资产进行有效定价，那么对于加密数字货币价值的质疑可能会减弱，从而加密数字货币也不是那么一无是处了。

## 三、什么是真正的区块链应用

什么是真正的区块链应用？这也是一个非常值得思考的问题。在区块链中有不同的圈子，就有不同圈子的鄙视链。非常常见的两个圈子是"币圈"和"链圈"。"币圈"大多关注公有链类型的开发应用，公有链往往需要设置激励机制保持用户黏性，就需要"发币"；"链圈"则更关注如何使用区块链解决应用场景中缺乏信任的问题，就是前文提到的联盟链和私有链。关于"币圈"和"链圈"哪个才是真正的区块链应用，争论从未停止过。"链圈人士"不屑"币圈人士"打着区块链旗号，玩着各种圈钱的套路，败坏区块链名声。"币圈"则认为"链圈"是把区块链降维使用，沦落为一种技术工具，已经背离了中本聪的"去中心化"精神。

圈子之间的相互鄙视并不利于区块链的发展，而是应当正确展示各自区块链类型的价值。前文已经用较多篇幅介绍加密数字货币，除了加密数字货币之外，很多人想要了解区块链到底能够解决我们现实当中的什么实际问题。

## （一）以供应链溯源防伪平台为例

溯源防伪问题俗称打假问题，平台通过提供溯源查询功能，使用者能够查询到商品的流转信息。比如用户买到一瓶茅台酒，就想通过溯源防伪平台查询自己买的这瓶茅台酒是否是真的，它是怎么通过一系列环节送到你手上。

供应链追溯是一个大的工程，它需要对农产品、工业品等商品的生产、加工、运输、流通和零售等环节追踪记录，涉及生产、加工、运输、流通和消费等环节，因此需要平台化的方式支撑。目前供应链追溯的平台模式分为：企业自建类平台、第三方服务平台和政府组建类平台。《国务院办公厅关于加快推进重要产品追溯体系建设的意见》中就"鼓励生产经营企业、协会和第三方平台接入行业或地区追溯管理信息平台，实现上下游信息互联互通。开通统一的公共服务窗口，创新查询方式，面向社会公众提供追溯信息一站式查询服务。"但传统的这三种性质的供应链追溯平台，有各自的优势，但却有着本质的不足。

（1）企业自建类平台。大多数企业自建的供应链追溯平台，仅仅是作为内部管理工具来使用，主要靠企业的自觉、诚信和上游企业对下游企业产品的初步把关，并未和相关监管部门打通。平台一般由企业自行搭建和维护，数据实时管理和挖掘，提高企业产品流转效能，并有助于提升品牌形象。不足之处是投入大、维护多、前期产出少，适合实力雄厚的知名品牌，中小微企业往往难以负担。

（2）第三方服务平台。第三方服务平台多为企业性质，多数由民资第三方搭建，借助专业化、流程化和规模化实现平台资源的共享共用，以提供服务为主，包括产品服务和数据服务，如防伪标签、数据存储、分析和数据挖掘等，并提供流量引导服务。由于需求方的成本从一次性投入转变为分期的服务费用，设备的运维由平台负责，又有专人培训，大大减少了前期投入，降低了技术门槛。这类平台非常适合有防伪追溯需求的中小型企业。但这类平台有两点不足：一是权威性和影响力有限，缺少政府背书，即公信力不足；二是企业的信任度不够，产品数据是企业运营的重要组成部分，企业在交付时存在顾虑；积累的数据和流量在使用上存在不确定性，这也是企业融入平台时所担忧的部分。这两点是制约第三方服务平台发展的最大瓶颈。

（3）政府组建类平台。一般由政府出面主导实施，相对而言最具公信力，并且面向全行业和全社会，基本免费。政府组建类平台可以分为国家级平台和地方级平台。政府平台现阶段的重点在于事后追溯，而非事前防伪，因此适用性有一定局限。企业考虑到经营需要和政府监管，往往不愿意主动参与其中，这也导致政府平台的推广缓慢。

无论供应链追溯系统的性质是企业自建类平台、第三方服务平台或是政府组建类平台，使用的都是中心化数据存储模式，谁作为中心维护账本记录将变成关键问题。无论是源头企业保存信息或是渠道商、经销商保存信息，由于它们都是流转链条上的利益相关方，当账本信息对相关方不利时，即存在账本被篡改的风险，从而使追溯信息失效。在这种模式下，所有数据都存储于中心服务器，拥有中央服务器的机构或个人可以因一己之私低成本篡改或集中事后编造数据，这会使得追溯流程失效。传统的追溯模式是"信息孤岛"模式，追溯链条上下游的参与者各自维护一份账本，各种信息系统、数据之间很难交互，而且防伪标识物没有一个真假的规范，当消费者购买了某个产品要根据防伪标识物判断真假时，没有规范的样本进行比对，很难对产品产生真正的信任。因此，传统的追溯系统无论是信息的安全问题，还是流转记录的保护措施，都无法得到人们的完全信任。

同时，传统的追溯系统为了防止假冒防伪码的出现，采用防伪标识物时选用不同的技术，例如二维码防伪、核径迹防伪、3D激光防伪、丝印防伪、条形码防伪、MR防伪和RFID无线射频技术防伪等，不断增加物理制作难度。但是这些防伪技术存在成本过高、具有可复制性、信息容量较小等一系列问题。对消费者而言，复杂的制作工艺要求消费者辨伪要掌握大量的专业知识，同时，查询是否为假货的操作流程也十分复杂，无形中增加了消费者的压力。另外，传统的追溯系统的防伪形式以简单设计的喷有防伪码的标签为载体，只有简单的防伪功能，不能满足企业的多元化需求。

## （二）基于区块链（联盟链）的防伪追溯开放平台

使用区块链技术来实施供应链追溯，是供应链行业多主体参与、跨时空流转的客观特点的要求。纵观产品在供应链全流程流转的管理特点，需要在原料商、品牌商、生产商、渠道商、零售商、物流服务商、售后服务商和第三方检测机构，乃至对应的政府监管部门间建立高效、互信和安全的追溯信息管理体系和数据应用体系，而这正是区块链（联盟链）技术的用武之地。

通过区块链技术加持的追溯系统和传统的追溯系统大不相同，它能很好地利用区块链技术的特点，根除传统的追溯系统存在的不足和弊端，从而真正解决社会大众的信任问题。

区块链技术能够整合多个交易主体的共识机制、分布式数据存储、点对点传输和加密算法等多项技术特点，提供了一个多主体间信息快捷同步、块链式存储和信息极难篡改的理想且可信的信息管理解决方案。

具体来说，区块链在供应链追溯方面的应用将带来以下几个方面的价值：

（1）确保记录信息不可篡改。通过为生产厂商、经销商、物流服务商、零售商、政府监管机构和检测机构等主体建立网络节点，借助物联网技术提升赋码与信息采集效率，将产品的原料、生产、加工、仓储、物流和零售等信息以自动化形式存储在区块链网络当中。信息上链后会自动同步到各方节点当中，无法单方面篡改，保障源头信息的真实性。此外，结合一维码、二维码、RFID等多种物联网标识还能实现更安全的防伪验证。

（2）实现产品信息透明共享。通过产品统一的身份标识，将全流程信息进行记录、传递、核验和分析，保证了数据的连通性、一致性、完整性和准确性，解决各企业之间信息孤岛的问题，实现信息的透明共享。

（3）助力政府部门有效监管。通过区块链网络的信息同步，监管部门可以作为其中一个节点加入整个网络当中，快速实现信息监管。在发现问题时，可以快速定位问题来源，确定召回范围，实现来源可查，去向可追，责任可究，以快速可靠的技术方式实现我国消费品的安全与质量管控，保障消费者的合法权益，助力实现质量强国。

（4）提升供应链各主体协同效率。供应链上下游企业基于共同的区块链网络，从原料开始到生产加工、仓储物流、供应商中转到零售终端，全链条的信息通过分布式账本进行维护，共同监督；各环节之间信息共享，上下游企业之间及时了解整体状态，提升产品供应链流转效率，也便于快速做出决策，降低沟通成本；同时，可以将全流程的信息以可视化的方式传递给消费者，提升消费者对产品品质的信任。

当然单纯依靠区块链（联盟链）技术是无法解决防伪追溯的所有问题。比如数据上链问题，这几乎是一个最为关键的问题，如果厂商给一个假货真实的信息，那么区块链的不可篡改特性，假货信息得到各方的共同认证，变得更真。这需要物联网的技术作为支撑，比如一物一码技术。还有就是数据存储和隐私问题。有些数据厂商并不希望被他方享有，因为那是他们的商业机密。还有些单位可能会想，过去它只需要上传信息，而不需要存储信息，因为存储是有代价的。这些问题都很关键，也是需要依靠其他信息技术来妥善解决的。

### （三）满足需求是区块链存在的根本理由

什么是真正的区块链应用？国家层面会逐步制定完善区块链的标准，但从企业或者用户的层面来分析，笔者认为最基本的评价标准是该应用是否实现了以多方共同维护的方式，满足多方之间对数据一致性的需求。

因此，在笔者接触区块链应用的时候，会有一个项目判断的依据。①该应用的用户是否有数据一致性的迫切需求。这一迫切需求往往也对应着用户之间的互不信任。②网络中参与方的关系是怎样的，也就对应着是公有链、联盟链或是私有链。③是否发行加密数字货币以及它的价值支撑，同时，有没有考虑如何将区块链上的数据与物理世界进行对接，等等。

## 四、区块链与会计、审计的关联

伴随着区块链技术的不断发展，区块链已成为各个领域的热点议题。在会计与审计方面，区块链的多方共同维护、防篡改、抗抵赖性以及可追溯等基本特性使得任何一方不能擅自修改数据，对数据的任何操作都将在区块链上"留痕"，这将改进甚至重塑会计与审计的工作模式。

## (一) 当前的研究现状

### 1. 会计领域

袁广达等(2019)从会计核算、财务管理、审计监督的广义会计视角,对区块链技术在会计领域的应用进行了探析:在会计核算领域,分布式核算和储存技术可提升会计信息的准确性,密码学算法、非对称加密和授权技术可实现会计信息的可信任性,智能合约特点技术可实现区域间会计信息的共享;在财务管理领域,可建立基于区块链技术的企业财务共享平台,实现企业的财务管理精细化;在审计监督领域,区块链技术可降低审计信息的不对称性,避免审计工作中的舞弊行为,降低审计成本,提升审计工作效率。王刚等(2019)基于区块链技术与信息质量的关联,探析区块链技术在企业会计领域的应用问题,文章详细分析了区块链技术应用对企业会计账务、结算以及信息披露等环节信息质量的影响机理。在会计账务处理环节,基于区块链技术开展会计账务处理,将提升会计数据信息的可靠性和相关性。在会计结算环节,区块链智能合约技术可实现约定强制执行并且不可更改,这种特性能够对现有的人工财务结算模式产生根本性影响。在会计信息披露环节,区块链技术能够将利益相关方链接在透明真实的信息"总账"之下,进而有效提升会计信息披露的相关性和可靠性水平。

### 2. 审计领域

高廷帆等(2019)认为区块链在数据不可篡改、可信任程度高等方面的巨大优势,将对审计行业的产生巨大影响。从记录过程分析,由于区块链记录了与业务逻辑保持一致的有序的实时记录,可以提高审计的效率;从记录的后续保存和更新角度分析,数据的不可篡改使得审计工作本身能够更快地获得高可信度的审计依据;区块链技术所带来的高度标准化,使得财务报表中的绝大部分数据实现自动验证,能够显著降低审计所需的时间与成本;借助区块链技术实现自动化,审计可实施的范围将得以进一步扩大。秦荣生(2019)展望了区块链在审计的应用前景:区块链可以降低政府和社会的监管成本。透明的分布式账本使得很大部分信息真实性的验证工作转移给了社会监督,大大降低了监管部门的工作量,提高了监管的便利性。采用区块链,使任何账本的变动都可以及时追溯其来源,区块链能够发挥防伪造、防欺诈的作用，从而减少对外部审计的需求。近年来会计师事务所也高度关注区块链对审计业务的影响，不仅仅是在审计流程的重新梳理方面，还有事务所已经设计开发区块链审计技术。2018 年 4 月，安永发布区块链分析器（Blockchain Analyzer），这是一套区块链审计技术，以增强公司对加密货币业务交易进行深入审查的能力。2019 年 6 月，普华永道发布加密数字货币审计软件，该软件能够确立加密数字资产所有权，从区块链中收集交易和余额信息。

### （二）未来展望

2019 年 10 月 24 号，中共中央政治局就区块链技术发展现状和趋势进行第十八次集体学习。集体学习强调区块链技术的集成应用在新的技术革新和产业变革中起着重要作用，要把区块链作为核心技术自主创新的重要突破口，明确主攻方向，加大投入力度，着力攻克一批关键核心技术，加快推动区块链技术和产业创新发展。

未来随着区块链技术和产业创新的不断完善成熟，作为基础设施的会计和审计服务极有可能需要进行优化和调整。因此，关于当前区块链如何影响会计、审计的研究显得尤为重要，但是如果就会计聊会计、就审计聊审计，多少有些脱离外部环境。

借用"经济越发展，会计越重要"这句话，可以这样描述"与区块链相关的经济越发展，与之相关的会计越重要"。区块链可以用来保证相关经济现象产生的会计信息质量，其前提是前端业务交易信息应当是基于区块链。换句话说，工具再好，没有用武之地，也是枉然。

无论如何，我们都不应忽略顶层设计的重要性。已有的研究大多是规范研究，基于区块链特征的假设，预测区块链对会计、审计的影响，致力于区块链对会计、审计工作的优化研究。借用刘勤（2020）构建的智能财务的发展体系，同样可以绘制出区块链与会计、审计的发展体系，其中基础问题研究、关键技术跟踪和研究平台构建是研究的基础；专业人才培养、标准规范建设、生态环境构建和相关产品研发是研究的支柱；应用实践探索体现了研究发展的目标，这些核心环节及其之间的关系共同构成了完整的区块链与会计、审计的发展体系。

与智能财务更接地气的发展体系不同，区块链与会计、审计的发展还在初期，因此其发展体系就显得不清晰，甚至不准确。但是在未来数字经济时代，伴随着基于区块链的商业模式的创新，多方之间的数据需要以区块链的方式进行管理，数据资产价值的划分和定价问题得到解决，那么区块链经济将得到突飞猛进的发展，区块链与会计、审计发展的奇点也可能随之到来。

# 移动支付：助力财务数字化转型

金源，汇付天下有限公司执行董事兼首席财务官

## 一、移动支付及发展

### （一）什么是移动支付

移动支付，是允许用户使用其移动终端，接入通信网络或使用近距离通信技术完成信息交互，对所消费的商品或服务进行账务支付的一种服务方式。

国家信息中心与中国经济信息社等机构联合发布的《中国移动支付发展报告（2019）》显示，中国已经成为全球移动支付第一大市场，在移动支付用户规模、交易规模、渗透率等方面全面大幅领先，移动支付不仅是支付，它还能推动经济增长、改善就业环境、助力数字政务、推动普惠金融发展以及促进消费升级。

移动支付将终端设备、互联网、应用提供商以及金融机构相融合，为用户提供货币支付、缴费等金融业务，主要分为近场支付和远程支付两种。近场支付是指消费者在购买商品或服务时，通过使用手机向商户进行支付时，使用手机射频（Near Field Communication，NFC）、红外和蓝牙等方式实现的支付；远程支付则是指通过发送支付指令或借助支付工具进行的支付方式。

### （二）移动支付发展历史

回顾我国支付的发展历史和演变历程，分为三个阶段。第一个阶段是

银行卡基础设施建设阶段（1993—2002年）。1993年，中国开始启动金卡工程。2002年，中国银联在上海成立，通过金卡工程和银联体系的建设，在全国范围内实现了银行卡的联网通用，实现了"一卡在手，走遍神州"，乃至"走遍世界"的目标，完成了中国银行卡基础设施的建设。

第二个阶段是互联网支付阶段（2002—2011年）。2000年以后，互联网在全球兴起，支付也迎来了非常迅速的发展。基于电子商务和行业定制化解决方案的互联网支付得到极大的应用。2011年，中国人民银行颁发了全国第一批支付牌照，标志着支付进入持牌经营的全新时代。

第三个阶段是移动支付阶段（2011—2020年）。快捷支付的出现，极大提升了移动端支付的便利性，电子钱包和二维码的应用则使得移动支付逐渐成为主流支付方式，并推动支付行业进一步向纵深发展。

近年来，随着网络基础设施、技术的不断发展和应用场景的不断丰富，移动支付进入发展快车道。2018年，中国移动支付规模达到了约39万亿美元，而美国则是1 800亿美元，差距达到数百倍，我国的支付系统已经全球领先。

### （三）移动支付的应用场景

#### 1. 日常生活场景应用丰富

对于消费者而言，移动支付赋能各个行业满足人们日常生活场景中的支付需求。人们出门不需要携带钱包，摆脱携带现金纸币、硬币、银行卡的烦扰，只需要携带一部智能手机，就能够通过扫码骑单车、乘公交、乘地铁、打车、外出就餐、买电影票、逛商场、逛超市购物、缴水电煤费、看病、加油和停车……只需手机"扫一扫"，移动支付几乎涵盖了所有的日常生活场景。

移动支付技术的日臻进步是丰富日常生活场景应用的基础。在技术实现方式上，移动支付提供了丰富的支付接口，能够支持包括自助终端、App、HTML5和小程序在内的以多种形式开发的系统，满足不同场景下的移动支付需求。

#### 2. 提供一站式解决方案

对于商户而言，移动支付提供一站式解决方案，满足商户在支付、账户、钱包、营销和运营等全方位业务的需求。

以微信支付为例，靠"支付＋会员"，把用户的"消费身份"与"微信身份"相关联，在每次支付行为发生时，帮助商家更了解消费者，并为商家提供更丰富、更精准的运营能力。在一家餐厅用餐后用微信支付买单，服务员随后让顾客"关注"餐厅的公众号，餐厅的公众号一般有专人运营，餐厅定期向顾客发送优惠券和虚拟会员卡，这种做法是通过移动支付先获取了商户营销所需的客户信息，再借助专门的卡券营销系统和会员卡系统，把优惠券发给有消费需求的顾客，旨在促进顾客的重复购买。

在一些移动支付解决方案里，移动支付服务提供商针对行业特性开发了专门的 SaaS 软件，商家可以使用 SaaS 软件管理店铺的运营。例如，餐饮 SaaS 软件囊括了顾客点单、后台分单合并、食材采购管理和人员考核等运营活动和管理功能。移动支付服务提供商为商家提供从订单到收款全流程的系统，商家不必自行去办理收款工具。移动支付服务提供商为商家提供的收款解决方案可以支持多种支付方式，包括银行卡、各类电子钱包等，商家可以轻松应对不同消费者的移动支付工具偏好。

3. 叠加增值服务，结合场景助力传统企业实现数字化

移动支付以支付为入口，获得用户流量，在为用户提供基础服务的同时，叠加增值服务，结合场景助力传统企业数字化。

在移动互联网时代，互联网巨头对流量"入口"的争夺愈演愈烈，而移动支付作为"入口"之一也是互联网巨头的必争之地。支付宝、微信支付、银联云闪付等支付机构纷纷针对各类场景推出打折、优惠等补贴活动。

移动支付公司提供底层的基础支撑能力，相当于行业里的水电煤服务，水电煤通了之后，上一层建筑的具象服务由各个服务商和商户完成。移动支付公司联合各类 SaaS 公司、金融机构为商户在移动支付之上叠加各种 SaaS 系统，为客户提供营销、运营、管理和金融等增值服务。在这个过程中，原本以线下传统方式经营的商户被逐渐改造为线上、数字化经营的商户，通过在线营销、会员管理以及在线物流跟踪等方式，商户的经营能力得到了提升。

## 二、移动支付对会计的影响

### （一）移动支付对会计的挑战

1. 移动支付对于会计日常工作的挑战

第一，移动支付与传统现金或银行卡支付存在较大差异，账务处理方法也需要更新，同时新老支付方式共存也会增加核算工作的复杂性。移动支付在为企业提供结算服务的过程中，资金会先后经过购买方（消费者）的银行账户、清算机构、支付公司在中国人民银行开立的备付金账户，最后才会回到企业绑定的收款银行账户里。企业在进行核算时需要结合与支付公司的服务协议以及整个资金流转过程，进行相应的会计处理。

第二，移动支付会加大来自资金安全以及内部控制的风险。首先，财务人员是否将企业在支付公司开立的账户纳入日常管理，是否按照金融账户的管理流程进行管理。其次，企业设计的内部控制流程是否合适，包括账户开立、账户充值、提现及对账等流程是否经过恰当授权，是否有足够的内部控制程序，以及资金在账户沉淀所产生的机会成本，应该选择哪种合适的理财方式等。因此，财务人员应详细了解移动支付平台的运作模式，通过积极管理应对资金方面的风险。同时，企业需要对原有的内部控制流程进行相应调整，在充分识别内控风险的基础上，设计有效的内控措施应对移动支付带来的内控风险。

第三，移动支付增加了财务对账、资金管理的挑战。在企业经营中，特别是零售类企业，收付款量通常比较大，收付款记录往往无法与实际业务记录一一对应。传统的企业因为收款账户集中，银企对账根据个别账户的记录即可进行，但在移动支付模式下，企业可能同时对接了微信支付、支付宝、银联云闪付等多种支付通道，收款记录多种多样，每个支付通道的到账时间可能也不一样，移动支付的这些特点将给财务对账带来不小挑战。另外，有些支付公司还在办理开户时给企业分配了一个企业账户，支付公司会把应结算给企业的资金先存放到这个账户里，企业需要操作提现动作才能转移到绑定的银行账户里，提现到账时间可能还有等待时间,增加了企业资金流动性管理的难度。

2.移动支付对于技术以及标准的挑战

一是对专业知识储备的挑战。移动支付时代,财务人才需要对新技术进行学习,了解其对财务工作及规则更新迭代的影响。只有这样才能真正能看得懂、摸得透,才能结合会计核算规则进行恰当的账务处理。

二是对整个企业技术支撑环境带来挑战。企业需要具备技术能力进行新支付方式的结算以及账务安全管理的支持。移动支付时代对于企业整个技术环境有着极大的要求,包括大量在云端实现的移动支付,对于企业云计算能力或者云端部署能力也提出了更高的要求。

三是数据治理和安全性挑战。业财一体化背景下,移动支付融合在业务中,带来数据安全性和数据治理的问题,需要建立新的数字支付标准体系以及安全标准体系,来确保数据采集、使用的规范、统一和安全。

### （二）移动支付给会计带来的机遇

首先,移动支付使财务收款流程得到精简,极大提高了财务处理的效率。相比传统的现金和银行卡刷卡交易,移动支付克服了验钞、找零、清点、输入密码、打印签单和签字等烦琐流程。移动支付服务商提供的 SaaS 系统一般会包含业务流与资金流自动匹配的功能,只需要把财务账务系统与 SaaS 系统进行对接,就能实现自动登记业务凭证和资金日记账,大大提高了会计处理的效率。

其次,移动支付提升了财务收款工作的准确度,减少了差错率,并增加了纠错机会。移动支付系统里的每一笔交易都会有记录,比清点现金结算更不容易出错,而且万一出现错误,由于每笔交易都有单独的记录,那么就可以根据记录追溯,更快地定位错误并纠正。

再次,移动支付结算成本较低、使用方便,节约了人力成本和财务管理成本。与传统的现金收款、银行转账收款相比,移动支付的便利程度明显提高。现金收款面临清点的麻烦,还有收取假币的风险。银行转账收款给企业财务对账、入账和核销带来很大的工作量,通常需要通过"银企直连"才能实现自动下载入账明细、自动记账。而移动支付具备天然的信息化属性,可以通过简单迅速的系统对接,就能打通业务系统、收款系统、核算系统,统一业务流、资金流、会计分录,可以大大降低财务人员的工作量。

最后,应用移动支付有利于推进财务信息化及企业信息化升级,有利于提升业财一体化的能力。通常移动支付系统会与企业的管理信息系统进行对接,常见的对接形式包括两种:第一种是企业的现有系统与移动支付 SaaS 软件对接,移动支付 SaaS 软件成为企业管理信息系统的一部分;第二种是企业利用支付公司提供的 API 接口改造现有管理信息系统,实现与支付公司对接。不论何种形式的对接,移动支付会促使企业的信息化进程,从财务信息化到业务系统不断传导,贯通企业信息化的全流程,并实现数据和信息的电子化归集和使用,极大促进了业财一体化的建设。

## 三、移动支付在会计上的应用

移动支付并不是一个产品,而是贯穿于整个财务流程中的一项技术。移动支付贯穿企业财务管理的全流程,助力企业财务管理的数字化及智能化。移动支付在财务中的典型应用场景包括资金管理、产业链融通、业财融合及数据赋能。

### (一)移动支付在资金管理方面的应用

移动支付发生的过程除了资金信息外,还会涉及业务信息,依托资金与业务数据的支撑,移动支付还可以赋能资金管理。在资金管理方面,移动支付可以通过多样化的收款功能,使收款各个环节智能化、便利化,提供实时在线的企业资金流管理。

1. 赋能资金收款、对账、分账

一般企业的资金收款流程包括收款环节、对账环节,连锁企业(例如快递行业、K12 教育门店、亲子娱乐场所等)还涉及分账环节。在收款环节,移动支付公司提供的聚合收款解决方案,可以支持银行卡、二维码、NFC 和刷脸等多种支付方式,支持微信、支付宝、银联云闪付、信用卡、银行分期和花呗分期等多种支付方式,满足客户(消费者)的不同支付偏好。在对账环节,财务需要做的工作是把收款金额(资金流)与订单、出库(业务流)核对一致,在小额高频支付场景下,依靠人工完成以上核对工作是极其困难且不经济的。而移动支付系统可以按预设规则轻松完成这项核对工作，直接向财务人员呈现对账结果。在分账环节，连锁企业的总部与门店之间、门店与门店之间、门店与代理之间，需要按照事前约定的规则对每一笔收款进行分账，总部可能需要收取每笔交易的管理费，收款门店不一定是实际向消费者提供服务的门店，收款门店收取的资金，需要按规则分给实际向消费者提供服务的门店。收款企业可以实时在线地对每笔收款进行跟踪，资金状态一目了然。

以国内领先的支付公司汇付天下为例，其面向十余个领域的数百万商户，针对诸多智慧零售痛点，推出"智·汇管家"一站式解决方案，与行业各 SaaS 机构合作，满足商户在支付、账户、钱包、营销、运营、金融科技、金融增值服务等全方位业务需求。"智·汇管家"整合了聚合支付、账户服务、营销赋能、资金管理的功能。以移动支付为工具，以提供多元化的商户运营服务为根本，专注于为线下实体零售场景提供创新解决方案，它将账户体系与聚合支付相结合，以中台服务的形式与智慧零售领域的行业合作伙伴共享，并提供"全渠道经营＋营销＋服务＋支付"的智慧商业平台，实现统一支付入口、聚合对账、智能路由、灵活分账、二次开发终端设备和助力经营，连接行业各方参与者，打造聚合生态，帮助商家更好地服务消费者。轻松实现一站对账，多维度多渠道的交易数据统计，财务人员降本增效。实现支付即会员，帮助商家沉淀消费数据，增加用户黏性。轻松对接电子发票，发票与订单对应，零售门店轻松开启"逢票必开"模式。

2. 移动支付助力企业信贷，提供余额理财，提升资金收益

在银行对企业进行授信并发放贷款的过程中，如何验证企业收入、收款、开票等信息的真实性、有效性一直是个难点，特别是数量众多的中小企业，银行通过传统的审核对企业进行授信审查面临数据和投入成本的多重压力。而移动支付系统打通了收款企业的销售业务数据与资金数据，对于实施了电子发票的企业，移动支付系统还与电子发票系统进行了对接，打通了开票、销售和收款的全流程。通过移动支付系统里沉淀的这些数据，给金融机构在评估企业健康程度提供了数据支撑，移动支付能提供的不仅仅是收款数据，还有相匹配的销售数据和发票数据，比单纯的收款数据更加真实、可靠，降低了金融机构授信的风险，也有助于企业快速

获得急需的资金。

为了解决企业临时闲置的资金收益低的痛点,支付公司可以与基金公司合作对接低风险、流动性高的货币基金,协助企业提高资金收益率。货币基金的投资风险符合大多数公司的风险偏好,而且赎回快速简单,在保证流动性的前提下,资金收益比银行活期存款更高,为企业提供了更加丰富的余额理财服务。

### (二) 移动支付在产业链融合方面的应用

#### 1. 以数字化支付服务助力产业 B2B 上下游结算

与终端零售不同,处于产业链中的企业进行采购时,通常以大额采购、集中采购为主,普遍采用 ERP 系统管理供应链,付款主要采用银行转账方式。在一些信息化程度高的企业,一般会将 ERP 业务系统与财务系统打通,再将 ERP 系统与"银企直联"系统来处理付款,从而实现从订单到付款的流程"不落地"。

这种模式导致的企业财务工作的痛点主要体现在对账和付款两方面。由于企业与外部供应商之间没有系统连接,不同企业之间系统结构一般存在巨大差异,对接实施和开发成本高昂。在企业与企业的系统没有打通的情况下,企业与供应商之间的对账工作就落在了财务人员头上。对于银行账户繁多的企业,尽管上线"银企直联"系统处理付款,但是实际工作中还存在线上银企直联和线下网银手工付款两种方式共存的情况。

数字化的支付服务促进产业链融合是指通过为产业链的上下游企业提供平台化的数字化服务,包括 B2B 支付服务、灵活多样的结算服务、财务智能对账、可定制电子回单和数据服务,打通上下游的业务流、资金流。参与交易的上下游企业可以获得清晰的交易信息、资金动态和对账结果信息。

#### 2. 多级账户促进供应链分销数字化

供应链是指产品生产和流通过程中所涉及的原材料供应商、生产商、分销商、零售商以及最终消费者等成员通过与上游、下游成员的连接组成的网络结构。其中分销商连接着生产商和零售商,根据著名的营销大师菲利普·科特勒的定义,分销渠道又或者叫营销渠道,是指在某种商品或服务从生产者到消费者转移的过程中,取得这种商品、服务的所有权,帮助所有权转移的所有企业和个人。

供应链分销的产生源于生产企业的营销穿透不足，无法形成点对面的营销，且很多行业里的分销商普遍分为多级，上下游以中小企业为主，对支付的灵活性要求高，分销商分散，集中度低。多级分销的模式对上下游都带来资金效率和压力方面的问题。资金需要灵活周转，但是由于数字化程度低，导致资金结算效率低下，而上下游存在账期不匹配导致分销企业现金流紧张，融资需求非常迫切。

供应链分销SaaS服务平台可以同时服务行业内的上下游分销商，在平台上实现采购、销售、收付款和大额转账等功能。平台依托支付公司的"多级账户体系"进行多级分销结算、多角色分润和生成结算电子回单，大大便利了分销企业的业务人员和财务人员的工作。同时，平台引入银行、保理公司，基于平台交易数据，通过赊账、平台垫资等模式满足分销商的融资需求。

### （三）移动支付在业财融合方面的应用

1. 轻松对接核算系统，实现自动会计核算

一般情况下企业的会计核算系统隶属于原有的ERP系统，或者是一套单独的系统。如果没有与收款系统对接，那么与收款系统交换数据时，都采用导出再导入的方式，过程中往往有导出的数据不符合导入系统的规则，需要数据管理人员手工处理数据，费时费力且易造成数据失真，严重影响工作效率与数据的准确性。

移动支付系统可以满足业财一体化中的会计核算对接需求。在移动支付系统里经核对一致的收款、订单和发票数据，通过接口发送至会计核算系统，按照预设规则由系统自动生成凭证，减少重复输入、中途篡改的风险，保证业务、财务的一体化建设。

2. 数据赋能提升管理会计的应用

管理会计自产生那刻起就已成为一种为内部管理服务的会计，它通过向管理者提供决策相关的会计信息，帮助管理者作出科学决策并实施有效管理。管理会计需要基于数据说话，才能更好地支持企业决策。与财务会计相比，管理会计需要的信息具有更复杂、粒度更细、信息量更大、要求更实时化、频率更高、时间要求更及时等特点。

移动支付通过处理信息流、支付流、供应链物流和资金流,可沉淀和产生大量的财务数据和非财务数据:

(1)经营数据:包括交易规模、交易笔数、单笔交易金额、会员数量、经营时间分布、人流分布。

(2)场景数据:包括门店位置、行业、品类。

(3)消费者数据:包括身份信息、消费行为、LBS 信息、分享转发次数、用户浏览人数。

(4)广告数据:包括广告转化率、广告次数、效果、广告成本。

对于使用移动支付的企业,管理会计人员能接触到的数据较以往大大丰富,便于管理会计人员交叉比对财务、业务数据、结构化与非结构化的数据,搭建更加完善的决策模型,形成的分析报告与结论能够更好地为管理决策提供支持,发掘新的商业机会。并且,随着可获得数据的不断细化,管理会计可以实现支持领导决策转向支持业务决策,对新产品的研发、投资和决策立项有更多的数据支撑。

## 四、支付的未来及对会计人的建议

### (一)支付的未来

1. 数字支付标准化建设将持续深入推进

政策支持及市场驱动促使互联网技术飞速发展,数字支付作为传统支付体系的有益补充,是现代支付体系的主导力量之一。深度利用大数据、人工智能、云计算、区块链和 5G 等数字科技手段已经成为行业推动数字支付发展的新动力。从国家层面推进数字支付实现规则的标准化和技术的标准化,打通各个支付机构之间的数据、标准鸿沟,建立统一的行业标准,向着提升数字支付安全性、实现信息互通互联持续推进,达到在行业范围内形成数字支付的统一标准和数据库。

行业及政府共同推动数字支付产业持续健康发展。2020 年 1 月 13 日,中国银联联合多家商业银行和支付机构,正式推出了银联标准二维码产品,大力推进二维码支付互联互通。2020 年 4 月 13 号,上海市政府印发《上海市促进在线新经济发展行动方案（2020—2022 年）》，明确提出鼓励开展生物识别支付、智能穿戴设备支付等在线支付服务创新，提供安全便捷的支付业务。

未来随着移动互联网、生物识别、物联网、人工智能、大数据和区块链等新技术的不断成熟和全面普及，包括二维码支付、聚合支付、刷脸支付、闻声支付和静脉支付等各个层面的数字支付标准化建设将持续深入推进，将有更加多样化的技术手段应用于数字支付领域，以新科技、新设备作为底层支撑对支付基础设施、支付方式以及支付市场进行变革，促进数字支付行业向标准化、规模化、规范化的方向迈进。

2. 生物鉴权技术的发展

以指纹、人脸、虹膜和声纹识别等生物载体为主要内容的数字支付逐渐兴起。支付未来的发展需要密切关注生物鉴权技术的发展。生物鉴权为数字支付提供"天然密码"，能够解决移动支付场景端"身份验真"或者"活体唯一识别"的问题，伴随生物鉴权技术本身的逐渐成熟，产业链的不断完善，应用成本的持续下降以及大众支付习惯的转变，生物识别将给数字支付的未来发展带来更大的想象空间。

相比以"介质＋密码"为验证的传统支付方式，基于生物鉴权技术的数字支付利用人体生物特征的唯一性、稳定性及随身携带的特点，在安全、效率、成本和服务覆盖面等方面具有显著优势。生物鉴权技术的数字支付相比传统支付而言，其防伪能力更强，支付效率更高，生物识别支付不再依赖实物介质，由智能终端通过生物识别技术完成，识别的速度更快、可靠性更强，人工操作环节大大减少；成本更低廉，以智能终端代替人工服务，减少了人力资源支出；应用场景更丰富，融合"生物识别＋大数据"技术的智慧支付方案逐步推广至餐饮、零售、医疗和政务等日常生活的众多场景。可以预见伴随生物鉴权行业的产业链的不断完善、技术的持续进步，具有生物特征的数字支付服务机构将逐渐增多，为数字支付的大规模应用推广奠定基础。

生物鉴权技术通过不断吸收和利用大数据、云计算等最新数字科技，以及自身多样化的生物鉴权技术的进步及突破，未来将大大简化消费者的支付流程，实现支付交互的"脱媒化"和支付唤起的"无感化"，从根本上改变消费者的生活方式。同时,更便捷、更高效的支付体验催生聚合大量支付及行为数据,将有效推动支付机构商业模式和金融服务的转型升级。而基于生物识别特征的数字支付与各类场景的有效融合也为智慧城市的快速建设奠定金融基础。

### 3.数字货币的发展

2019年6月18日,Facebook旗下全球数字加密稳定币Libra正式上线。在Facebook发布的《天秤币(Libra)白皮书》提到,Libra的使命是建立一套简单、无国界的货币和为数十亿人服务的金融基础设施,由三个部分组成,它们将共同作用,创造一个更加普惠的金融体系:

(1)它建立在安全、可扩展和可靠的区块链基础上。

(2)它以赋予其内在价值的资产储备为后盾。

(3)它由独立的Libra协会治理,该协会的任务是促进此金融生态系统的发展。

央行数字货币是由国家信用背书、以电子形式存在、可用于大众交易的货币。它类似于现钞,但比现钞更具"无接触性"。与其他货币一样,它有记账、支付和储值三大功能,在货币金字塔中属于安全级别最高的资产。

数字货币与当前日常使用的银行卡以及微信钱包、支付宝钱包等电子钱包的区别在于,银行卡、电子钱包里的资金都对应着银行的纸币,理论上可以随时到银行兑换纸币,而数字货币自"出生"之日起就是以电子形式存在的。

中国人民银行从2014年就开始研究数字货币,2016年成立了中国人民银行数字货币研究所。中国的数字货币,即数字人民币,由人民银行发行,由指定运营机构参与运营并向公众兑换,以广义账户体系为基础,支持银行账户松耦合功能,是与纸钞和硬币等价,并具有价值特征和法偿性的可控匿名的支付工具。数字人民币是要把数字货币和电子支付工具结合起来,将替代一部分现金,并且可以对货币流向进行实时追踪,从而可以防止洗钱、腐败,可以更加精准实施货币政策,提高宏观政策调控的效果。

中国移动支付的普及程度高是推行数字货币的良好基础。中国正在加快数字人民币的研发和应用,助推中国数字经济加快发展。2020 年 8 月 14 日,中国商务部官网发布的《商务部关于印发全面深化服务贸易创新发展试点总体方案的通知》,在"全面深化服务贸易创新发展试点任务、具体举措及责任分工"部分提出:"在京津冀、长三角、粤港澳大湾区及中西部具备条件的试点地区开展数字人民币试点。"数字货币时代即将来临。

## (二)对会计人的建议

### 1. 让技术持续驱动会计工作的数字化

信息技术与会计人日常工作息息相关,会计从业人员需要与时俱进,保持好奇心,拥抱未来,拥抱新科技。

未来财务和技术越来越密不可分,技术将持续驱动财务发展。以"大智移云物"代表的大数据、人工智能、移动互联网、云计算和物联网,将在各个方面影响会计工作,在给会计工作带来便利的同时,也会带来不小的挑战。会计人要做的是了解新技术,了解市场上成熟的产品和应用案例,结合自己企业的实际情况,从成本节约、管理提升的角度,在会计工作中引入新技术。

### 2. 懂业务、融入业务、提升服务

会计人应利用移动支付等信息技术,推动企业信息化变革,挖掘财务支援管理的潜力,推动业财融合。在建立信息共享平台的基础上,会计人应当指导、督促业务部门和一线业务人员在第一时间录入相关业务数据,确保会计信息系统准确及时获取原始数据,并将繁杂的日常会计核算工作交由会计信息系统自动处理,把更多的时间和精力投入对大数据的多维度实时分析和对例外事项的管理中,实时提供与改善业务流程、优化战略、提高产品或劳务质量、降低成本、增强风险防控能力和可持续发展能力的相关信息,充分发挥管理会计在价值创造、绩效考核和战略管理等领域的功能。

### 3. 财务人员需要保持学习的心态,成为复合型人才

会计人时时刻刻都要面对变化,制度、准则和税法一直在变,这需要会计人员不断学习、不断调整和不断适应。会计人员对于专业知识的学习需要持续终身。然而,光学习会计专业知识是不够的,要实现由财务会计

向管理会计转型,会计人还要学习法律知识、业务知识、管理知识和产品知识等,成为精通财务、懂得管理、熟悉业务的复合型人才。

总之,会计人应不断提高自身的业务能力和应变能力,思考改进空间,将新技术和新知识应用到会计工作中,持续优化会计核算流程,提升财务管理效率,推动财务和企业数字化转型。

# 九

# 数据挖掘：会计数据矿石的炼金术

王相成，浪潮通软企业大数据产品部总经理

　　自 2017 年以来，"数据挖掘"已连续 4 年被评选为影响会计人的十大信息技术之一，凸显了随着大数据、人工智能技术的发展，财务信息化取得了长足的发展，企业积累了丰富的数据，为充分利用数据、挖掘数据价值提供了必要基础；会计人员的职责也发生了相应变化，更多地转向了分析数据、支持决策，参与管理，这需要数据挖掘技术的支撑。同时，我们也注意到普通会计从业者对"数据挖掘"的关注度低于行业技术专家，反映了数据挖掘技术还有一定的门槛，想要掌握利用数据挖掘技术还需要一个学习培育的过程。

　　从发展趋势的角度看，财务信息化的发展将经历四个阶段。第一阶段是会计电算化，主要特征是利用计算机替代手工记账，实现会计人员工作效率的提升；第二阶段是集团财务，主要特征是利用互联网技术实现集团企业的集中核算；第三阶段是财务云，主要特征是服务共享、业财融合，实现对财务人员深入参与业务的赋能；第四阶段是智能财务，主要特征是基于信息化形成的以财务为核心的企业经营大数据，采用 RPA（流程自动化机器人）、智能人机交互和数据挖掘等人工智能技术去提升企业的智能决策水平。

　　作为成熟的信息技术，数据挖掘已经被证明其在海量数据中挖掘隐藏价值的能力。如果将数据比作矿产资源，那数据挖掘就是炼金术。会计在信息技术的影响之下需要处理类型更丰富、实时性更高、数量更庞大的数据，同时也面临精细化、敏捷化和智能化的管理要求。如何应对这双重挑战？毫无疑问，会计和数据挖掘将会碰撞出越来越精彩的火花。从财务职能转变的角度来讲，我们普遍认同数据挖掘是支持财务会计向管理会计转型，职责由传统核算向审计、理财、投资、决策支持、参与管理转移的重要支撑。从财务信息化角度来讲,我们有理由相信数据挖掘是传统会计向智能会计转型和跃升的一个阶梯。

## 一、数据挖掘的由来和概念

数据挖掘起始于20世纪下半叶,是在数据库技术和人工智能等多个学科发展的基础上发展起来的。

首先是数据库技术的发展应用,数据的积累不断膨胀,导致简单的查询和统计已经无法满足企业的商业需求,亟需一些革命性的技术去挖掘数据背后的信息。数据库系统技术的变化经历了这样几个阶段:首先在20世纪60年代,主要是原始文件的处理;到了20世纪70年代,数据库系统的研究和开发已经开始了层次和网状数据库系统的开发和关系数据库系统的开发,并引入了数据建模工具、索引、存取、查询语言、用户界面、事务等;到20世纪80年代,在数据库管理系统建立的基础上,数据库技术开始转向高级数据库系统,从而支持高级数据分析;进入21世纪以来的信息时代后,随着互联网、移动互联网和物联网技术和业态的普及,数据量呈现爆炸性、指数性增长,例如,20世纪的最流行的数据存储单位,主要是字节(B)、千字节(KB)和兆字节(MB),而最近一二十年来,则开始流行吉字节(GB)、太字节(TB)和拍字节(PB),甚至开始出现艾字节(EB)、泽字节(ZB)和尧字节(YB)等,相应的并行数据库、分布式数据库技术也到了长足的发展。

同时,这期间计算机领域的人工智能也取得了巨大进展。20世纪50年代,数字计算机研制成功,研究者开始探索人类智能是否能简化成符号处理;20世纪60年代,符号方法在小型证明程序上模拟高级思考有很大的成就;20世纪六七十年代的研究者确信符号方法最终可以成功创造强人工智能的机器,但是发展遇到瓶颈;20世纪80年代,符号人工智能停滞不前,很多研究者开始关注子符号方法解决特定的人工智能问题,提出了神经网络和联结主义;20世纪90年代,人工智能研究发展出复杂的数学工具来解决特定的分支问题;21世纪,人工智能进入了机器学习的阶段。

人们将两者结合起来,用数据库管理系统存储数据,用计算机分析数据，并且尝试挖掘数据背后的信息。这两者的结合促生了一门新的学科，即数据库中的知识发现。1989 年 8 月召开的第 11 届国际人工智能联合会议的专题讨论会上首次出现了知识发现（Knowledge Discovery in Database，KDD）这个术语，到目前为止，KDD 的重点已经从发现方法转向了实践应用。而数据挖掘则是知识发现（KDD）的核心部分，它指的是从数据集合中自动抽取隐藏在数据中的那些有用信息的非平凡过程，这些信息的表现形式为：规则、概念、规律及模式等。

　　总体来说，数据挖掘融合了数据库、人工智能、机器学习、统计学、高性能计算、模式识别、神经网络、数据可视化、信息检索和空间数据分析等多个领域的理论和技术，是 21 世纪初期对人类产生重大影响的十大新兴技术之一。

　　关于数据挖掘的概念，不同学者、行业曾给出了许多不同的定义。第一类人认为数据挖掘等同于知识发现，另一类人则认为数据挖掘只是知识发现过程的一个步骤。知识发现整个过程总体上包括：数据清洗、数据集成、数据抽取、数据转换、数据挖掘、模式评估和知识表示。例如，维基百科给出的定义是：数据挖掘是一个跨学科的计算机科学分支，它是利用人工智能、机器学习、统计学和数据库等多种方法在相对较大型的数据集中发现模式的计算过程。数据挖掘领域泰斗级人物韩家炜认为数据挖掘是从大量数据中挖掘出有趣模式和知识的过程。其实，无论哪一种定义，数据挖掘均是利用统计学、机器学习和深度学习等算法，以代表目标业务的数据为处理对象，进行数据计算，计算结果能够揭示出业务新知识的过程。

## 二、数据挖掘的发展趋势

　　近年来，数据挖掘在底层支撑技术和算法研究方面都有不同程度的发展。芯片和算力的发展，导致人工智能特别是以深度神经网络为代表的深度学习技术高速发展，如 GPU、FPGA 和 ASIC 等。除发展较早的卷积神经网络、反向传播神经网络外，强化学习、迁移学习、进化学习和联邦学习等逐渐成为研究热点，让即便是海量的数据也得以被有效地计算。为了降低人工参与量,人们还积极发展自动机器学习技术,使得多个算法和关键参数可以交给机器来自动的选择。

数据挖掘在财会金融等领域的应用具有得天独厚的优势,其渗透率和市场规模逐步位居领先的位置。首先,财会、金融领域本身容易产生大规模的数据;其次,在这一领域中,数值化的结构化数据是主要的数据类型;最后,在该领域,数据还具有精确、质量较高的特点,这也是开展数据挖掘的重要条件。除了财会金融领域,数据挖掘在其他领域也逐渐深入应用。据德勤统计和分析,从行业来看,传统市场规模较大的领域将继续领跑,2030年制造业,通信、传媒及服务,自然资源与材料将分别以16%、16%、14%占据前三名。制造业企业开始加速数字化转型,推动智能管理、智能工厂、智能物流等全方位智能化,因而,制造业也是其中增速最快的领域。同时,在新领域中,比如在教育领域人工智能技术的应用也开始向学习全过程渗透,增长速度不容忽视。在市场规模方面,德勤在其发布的《全球人工智能发展白皮书》中还提到,全球人工智能市场将在未来几年经历现象级的增长,并预测未来2025年世界人工智能市场规模将超过6万亿美元,2017—2025年复合增长率达30%。

## 三、数据挖掘的应用模式分类

在寻求利用数据挖掘开展场景分析和价值提升之前,必须了解数据挖掘的应用模式(见图2-23),了解数据挖掘到底能干什么? 数据挖掘能帮我们解决各类问题。

第一,从文本中提取信息。比较典型的,例如我们想知道凭证摘要中包含什么信息,大家对我们的评论舆情是好还是坏、支持还是反对的? 这里用到的就是文本分析的方法,这一领域也称为自然语言处理。第二,预测数值。例如,公司老板,想预测一下公司未来一年的营业收入和每个月的营业收入,这是一个典型的回归问题。第三,发现异常。比如哪个公司的财务报表可能存在数据造假,甚至财务有巨大风险,那么就需要利用数据挖掘进行异常检测。第四,分类问题。把一些研究对象分成好的或坏的,如果某个项目要不要投资，相当于我们做判断题的判断对还是不对，这是二分类问题，当然有时候存在多分类问题。第五，聚类问题。有些时候我们并不知道数据的标签，这时要从未知中发现某种结构，如某个公司的客户很多，不知道按照什么规律去分，比如可以通过距离结果做一些推荐，针对不同距离的客户推荐不同产品和服务。第六，图像分类。典型的有 OCR、人脸识别和票据识别。数据挖掘能够解决这些不同类别的问题，结合会计工作可以找出更多的财务领域的应用。

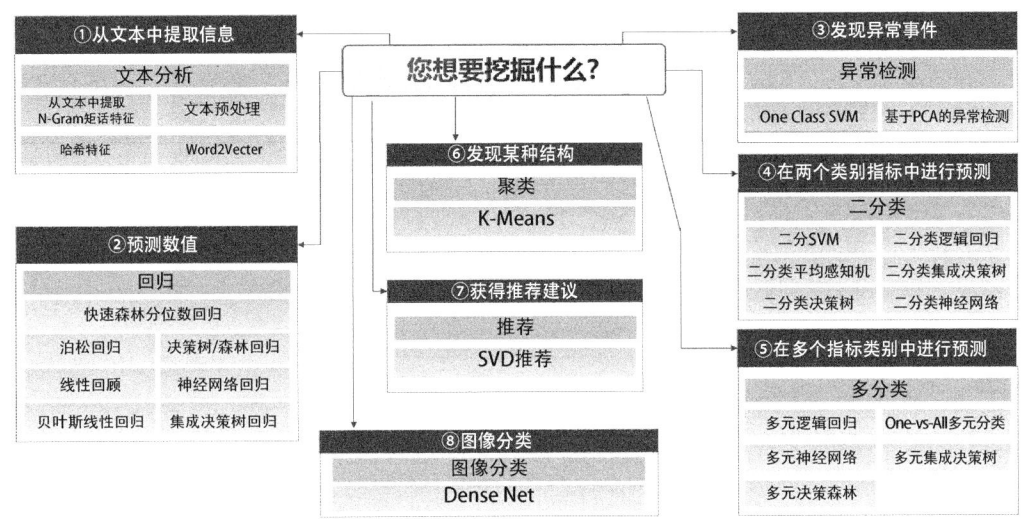

图 2-23　数据挖掘应用模式

## 四、数据挖掘在会计及其他领域的应用

按照数据挖掘的"深度"和方向不同，可以将数据挖掘的模式分为描述性数据挖掘、预测性数据挖掘和指导性数据挖掘。描述性数据挖掘的主要目标是理解业务和数据，也就是基于当前数据描述当前现状，即发生了什么；预测性数据挖掘的主要目标是利用过去来了解未来，即未来可能会发生什么；而指导性数据挖掘的主要目标是为了实现目标能获得的建设性建议，即为了实现目标能做什么。据统计，在会计领域进行的数据挖掘

应用中,描述性分析案例占11%,预测性分析案例占82%,而指导性分析案例占7%。这一统计结果反映了在会计领域,预测性分析具有更大的应用价值,因为它体现了未来的前景、战略方向。

利用数据挖掘可以为会计行业注入新的活力,主要体现在:提高工作效率、增强数据的可靠性、帮助会计人员辅助决策三个方面。

第一个方面,利用数据挖掘可以提高工作效率。例如,对于很多会计人员,每天都要处理数量巨大的原始票据,从票据上摘录各种信息不断地重复输入,这无疑是一种时间和精力上的巨大损耗。而数据挖掘的应用能够基于电子凭证,通过自动化的方式记录原始凭证,从而大幅减少人工输入的工作量。更为重要的是,机器不会受主观身体和感情因素的影响,它们不会累,只需要电力便能够一直工作。其核心投入是前期的研发成本,以及后期相对较低的运维成本。而随着会计人员的继续教育、薪酬福利等在内的成本逐年上升,从长期层面而言,数据挖掘的核算更加高效,成本相对更低。会计人员主观层面的感情以及精力等也会影响工作的质量和效率,导致在工作中产生纰漏。

第二个方面,利用数据挖掘可以增强数据的可靠性。数据挖掘一旦理解会计业务后,也就是说各种规则设定好之后,几乎不会出现技术性的差错,资产负债率怎么计算、计算后的结果放到哪个表的哪个字段等都是固定的,有效降低了错误的产生,从而有利于增强会计数据的可靠性。

第三个方面,利用数据挖掘可以帮助会计人员辅助决策。前两条还是讲数据挖掘从效率和准确性上对人有提升,而当需要整合来自多方面的数据,并且需要基于这些数据进行态势研判和指标预测时,不管给他多少时间人类本身也已无能为力,而这也是数据挖掘的核心能力和价值所在。数据挖掘可以采用不同的算法,自动地对上万条凭证记录进行处理,寻找其中的分布规律和异常现象,并将这些人们所关注的指标进行推送,从而让会计人员对当前业务进行相应的调整和预测,为正确决策提供必要依据。

数据挖掘在当前的会计领域中的应用可以分为会计信息系统、财务会计、管理会计、法务会计等。

1. 会计信息系统

会计信息系统在符合国家统一的会计制度规定的前提下,可以从所要达到的目标出发,设计出业务流程更加合理、更适合计算机处理、效率更高、计算更精确的会计核算形式和核算方法。在会计信息系统中,有人利用数据挖掘为企业 ERP 系统设计了会计科目表。此外,还有研究人员利用数据挖掘,构建了一个基于资源、事件和代理的会计信息系统框架,该框架与数据仓库、决策支持系统和数据挖掘等信息技术相结合,能够适应电子商务环境。

2. 财务会计

财务会计应用主要考察财务业绩。数据挖掘在这一领域最早的应用是通过建立了一个神经网络模型来预测季度会计收益。这项工作为神经网络与线性时间序列预测模型树立了标准,并发现线性时间序列模型比人工神经网络模型产生了更好的季度盈利预测。随后,有人使用自组织图比较了从数字信息中提取的公司绩效与从年度报告中的文本信息中提取的公司绩效。同样,着眼于未来,人们运用数据挖掘技术对财务报告中定量和定性内容分别进行分析,以预测未来的财务业绩。结论是虽然文本内容对未来业绩的信息量更大,但定量内容对过去业绩的信息量更大。

为了加强财务绩效分析,并考虑到规模和行业的同质性,针对物流服务提供商的资产负债表,人们使用数据挖掘的聚类方法开展研究。但财务业绩远远超出了资产负债表,涵盖了所有其他财务报表。为了改进财务比率分析,国外有人开发了用于会计信息交叉横截面分析的稳健神经网络模型,并使用自组织映射确定一组比率用于推导财务基准模型。这些研究的优势在于,它们在评估不同模型时考虑了误差成本的维度,并根据其经验可靠性和有效性选择财务比率。

总结来看,财务会计中的数据挖掘主要集中在财务绩效和比率分析上,如预测季度会计收益、比较数字数据与文本数据的信息价值衡量、财务绩效基准测试和识别年度报告中的风险因素等。这些应用主要侧重于将描述和预测作为目标,并使用聚类和分类作为数据挖掘任务。未来的研究机会包括在预测财务业绩时更多地利用财务报告的文本成分、重视数据挖掘应用领域专业知识的重要性、对数据质量问题的更多关注、应用程序基准的重要性、超越财务比率以获取相关投入更好地预测财务业绩。

3. 管理会计

管理会计其实是成本管理会计的更大范围扩展,其主要目标是为企业进行最优决策、改善经营管理、提高经济效益服务水平。管理会计的关注点集中在成本管理、资产管理、预算和定价管理等领域,而数据挖掘在这些子领域也都有相应的应用。

数据挖掘已经应用于成本管理的各个层面,包括设备、业务流程、产品和项目等。在设备层面,基于物料单和生产过程、其他费用等数据,数据挖掘被用于估算设备的制造成本;基于设备运行的传感器数据,数据挖掘采用无监督学习的异常检测算法,可以进行设备的预测性维护,降低设备维护成本。在业务流程层面,数据挖掘已用于定义作业成本法中的成本动因和改进生产流程路线。在产品方面,数据挖掘应用于产品成本的优化和预测,例如预测产品的单位成本、估算产品的生命周期成本以及估算项目设计成本等。在项目层面,数据挖掘被用于开发项目级成本控制系统,并开发项目级成本估算系统。

数据挖掘在资产管理中的应用更多的体现到库存管理,包括存货分类、成本核算、优化和控制等关键因素。在库存控制领域,神经网络被用来优化库存水平,效果显著,库存成本可以降低 50% 左右。为了更好地管理库存,许多数据挖掘技术,包括决策树、模糊神经网络和遗传算法也相继被研究使用。这些研究报告通过使用混合数据挖掘模型(包括模糊系统和神经网络的组合、集成神经网络、层次分析法和遗传算法)改进管理流程,从而降低库存成本。

4. 法务会计

法务会计通过查验分析原始材料和账目数据来筛查假账,以达到提升账目管理水平、降低做假风险、固化违法犯罪事实和制裁违法犯罪行为的目的。人们寻求利用数据挖掘的技术与法务会计相结合,以求准确发现、追溯到历史的违规行为。虽然美国注册会计师协会明确承认了审计师在欺诈检测中的责任,然而通过使用正常的审计程序发现被操纵的财务报表成为一项极其困难的任务。研究人员处理了不同程度和不同领域的欺诈行为。有些侧重于在更宏观的审计业务层面上发现欺诈风险,而另一些侧重于在更微观的商业交易层面发现欺诈。例如,人们使用数据挖掘中的关联规则方法,通过发现模式和关系,在检查公司的数字记录时检测出相关欺诈。使用描述性数据挖掘技术在采购周期层面发现并降低内部欺诈风险，库存和仓储周期层面的欺诈检测审计，采用业务流程挖掘来减少采购流程中的内部交易欺诈等都是一些典型的法务会计应用案例。

除了会计领域，数据挖掘在企业其他领域也有很广阔的应用空间。我们知道一个企业的生产和经营流程可能很长、环节很多，这其中涉及业务类型和业务需求也复杂多样。对于我们的企业管理人员来说，想做的事也很多。举例来说，在物料准备阶段，我们想根据客户订单、自己的生产能力和库存能力，实现物料的自动采购，尽量少占库存，并且想在物料价格低的时候储备足够的物料；在生产阶段，我们想优化工艺，尽量降低能耗，减少设备的突发故障；在产品质检阶段，我们希望利用机器来质检，直接代替人的眼睛。这些场景都可以利用数据挖掘的方法来解决。具体的数据挖掘应用场景如图 2-24 所示。

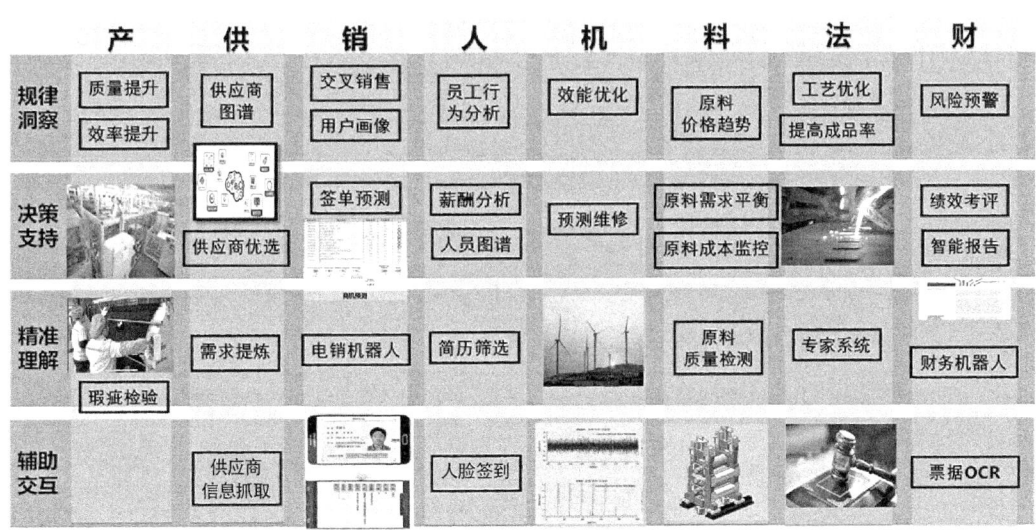

图 2-24　数据挖掘应用场景概览

数据挖掘已经在较多企业中实现了应用落地，比如浪潮采用数据挖掘进行了商机转换为签单的预测。每个企业都会关注自己 CRM 系统中的未来签单情况，因为这会关系到企业财务收入计划和经营业绩的达成。从浪潮客户关系管理系统（Customer Relationship Management，CRM）中的多年数据当中可以很快统计出商机在不同销售阶段的转化率和转化时间。这里利用数据挖掘的方法测算每个商机和签单之间的关系,建立商机预测模型,预测每一个商机的中标概率,进一步预测每个商机中标时间。基于模型预测的结果,我们可以给出不同的建议:对于一些低概率中标的商机建议减少人员的投入,而高概率中标的商机应该加大投入。另一个案例在保险行业,这里我们为客户预测500多家门店的保费收入、坏账率和签约保费情况。依据企业积累的过去3年的数据,结合时间序列算法,建立了预测模型,有效支撑了企业高层的重大决策和降低了坏账等财务风险。此外,在差旅行业,浪潮还发布了智能差旅云。差旅云里记录着所有出差人员、出差地点、出差时间和出差工具类型以及出差人的姓名,通过这个可以对比各个酒店的协议情况,形成具体差旅方案的推荐、行程推荐乃至住宿推荐,能够有效降低差旅费用。通过考量员工出差时间的安排,也能分析出员工的稳定性、工作强度等特征。

## 五、数据挖掘对会计行业的影响

同信息化浪潮一样,数据挖掘作为具体的一种技术,也会对会计行业产生影响。这类影响涵盖多方面,包括会计面对处理和分析的数据范围、会计人员自身的知识体系、会计分析数据的方式和深度,当然还包括带来的安全问题等不利影响。

第一,会计涉及的数据范围更广了。传统会计中主要处理的数据是存货、固定资产、长期股权投资、实物资本、金融资本、负债和现金流等。那么这些数据都是跟财务紧密相关的,但是随着财务进业务、"业财一体化"的程度加深,企业的其他原本跟财务不相关的业务数据也要考虑进来,如人员、设备、厂房等一切数据资源、数据资产和数据资本。数据范围的广泛化,还可能会带来处理异构数据的困难,即非结构化数据的引入。因此,一个重要变化是需要处理非结构化数据为结构化数据,这也是数据挖掘工具中必要的环节。

第二,数据挖掘技术应用不是简单的加减乘除等算术运算,这里面涉及较为复杂的算法原理和多维数据联合协同分析的要求。因此,会计人员可以逐步地学习和掌握必要的数据挖掘知识。原来的会计员岗位也会逐步变为一个"会计算法师"的岗位。从分析方式上，由传统的财务报表、文本报告方式，更注重多样的可视化形式。一个很显然的原因是：数据挖掘得到的很多"数据化的知识"必须以可视化的方式，才能让人理解。数据挖掘中通常也会内置形式各样的可视化函数、命令等。

　　第三，应该重视引入数据挖掘后带来的潜在风险。首先是安全风险，数据挖掘能够高效地处理相关数据，因此，企业能够通过无纸化、数字化的形式对全部的数据进行集中处理。尽管数据挖掘有助于企业进行高效管理，但是随之也会产生一些风险。如果网络、防火墙系统得不到有效保护，就有被侵入的风险，从而有可能会出现较大的商业损失。其次是技术风险，数据挖掘技术相比传统统计分析技术难度大、门槛高，如果不了解数据，不了解算法，不了解业务，分析的结果可能偏离实际，无法反映真实的业务情况。因此，在利用数据挖掘进行数据分析时，需要保持谨慎的态度，多用业务实际来验证模型，确保模型不失真。

## 六、对会计人员的建议

　　数据挖掘是一门集数学、计算机编程、数据治理、统计分析、机器学习和可视化等学科的综合性数据分析方法和过程。为了提高使用效率和降低使用难度，市场上已推出了多种数据挖掘工具软件，界面化的操作可以节省大量手工编程、配置的时间。尽管如此，如果会计人员不掌握基本的统计学知识和数据原理，就无法胜任常见的会计分析任务。而对于专业主修过数学、统计和机器学习的会计人员来说，工具软件的吸引力却不那么高。这里按照会计人员的基础能力，进行以下划分，以提供尽可能适用的学习和应用建议。

　　（1）从目前数据挖掘的功能使用来说，工具箱和可视化在数据挖掘领域是必备的知识和技能。最基础的工具箱便是 EXCEL 了，然而并非所有人都会使用到 EXCEL 里面的高级数据分析功能。其他的数据挖掘工具箱还包括 KNIME、Rapidminer、浪潮云眼、SAS 和 SPSS 等产品。这类工具箱主要是内置了常见的数据读写、数据预处理和算法组件。用户只需要配置数据路径、数据字段和算法参数即可进行数据挖掘。那么对于数据挖掘后的结果,还可以通过工具箱的可视化组件进行展现,常见的表示方式如折线趋势图、饼型图、柱状图、散点图、热力图和三维图,等等。可视化不是为了展现五颜六色的图片,而是要围绕要表达的结论,用最相关的数据进行表达。除了工具箱和可视化以外,用户最好还能够了解数据挖掘的基础原理,如线性代数、概率分布等知识。

（2）在上述基础之上,如果能够掌握关系数据库的知识,就能够独立完成一些会计应用系统的搭建了。简单来说,通过数据挖掘工具连接企业数据库,进而完成后续的建模分析和可视化。

（3）其实要训练一个最佳的模型,还要求会计人员掌握机器学习的内容,包括分类、回归、聚类和关联规则等算法的原理,参数与数据特征数量的适配,算法的可解释性,模型的过拟合与欠拟合,模型准确率的评估等。只有掌握了这些,对于新的陌生数据,就可以自主地选择算法、配置参数,训练出一个性能不错的模型了。

简而言之,对于会计人员的学习建议就是了解原理、熟悉过程和掌握工具。对于会计人员来讲,最现实的还是初步掌握数据挖掘相关的技能,改进工作。如图 2-25 所示,浪潮推出的浪潮云眼产品已经完整嵌入了数

**图 2-25 浪潮云眼数据挖掘产品**

据挖掘功能，可以完整的支撑财务、资产、投资十大类业务，连接外部差旅、金融机构、电商、人才等数据形成很好的大数据基础。在数据基础之上通过数据挖掘发掘企业潜在价值。

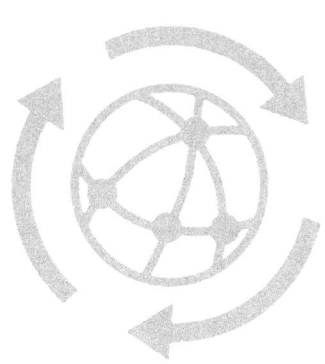

# 在线审计：审计行业的创新驱动力

宋永豪，立信会计师事务所信息系统鉴证与咨询服务主管合伙人

## 一、在线审计的定义

互联网技术的发展，尤其是大数据、云计算等技术的发展，给审计行业带来了深远的变革，传统的以风险为导向的审计理论在实务中的应用受到了极大的冲击，尤其是以抽样为基础的审计实务的效果在互联网行业中的效果大打折扣。在线审计技术的发展和应用就是这些变革的体现之一。遗憾的是，关于在线审计技术并没有一个统一的概念，甚至是"在线审计"和"联网审计"经常在各种场合通用。徐宇华在 2008 年给出了一个在线审计（徐宇华，2008）的概念，被学术界和实务界使用至今：审计机关与被审计单位进行网络互联后，在对被审计单位财政财务管理相关信息系统进行测评和高效率的数据采集与分析的基础上，对被审计单位财政财务收支的真实、合法、效益进行实时、远程检查监督的行为。

在线审计不会凭空出现，其技术发展有着一个宏观的大环境，主要受以下因素的影响。

### （一）被审计单位信息化和数据化水平的提高

审计的业务开展情况，除了受审计执行单位的技术水平影响外，还在很大程度上受到被审计单位技术水平的制约。越来越多的企业实施了大型的 ERP 系统、OA 系统和 CRM 系统等业务和管理系统，对被审计单位的业务流程、数据和人员等进行了跨部门和跨流程的整合，被审计单位的业务数据、财务数据和辅助数据都集中存储在后台的数据库系统中，还有

些技术实力比较强的被审计单位建立了自己的数据中心，通过数据仓库等技术实现了数据平台的整合，并且具备了通过数据分析来分析企业业务和财务风险的能力。被审计单位本身完成了系统化和数据化整合，是开展在线审计的基本前提条件。如果被审计单位存在部分或者大量的手动操作或者系统间没有实现自动的数据交互，在线审计中的数据采集工作将会成为非常大的挑战。

### （二）大数据技术的日益成熟

大数据通常是指无法用现有的软件工具提取、存储、搜索、共享、分析和处理的海量的、复杂的数据集合。跟传统的关系型数据库中的数据不同的是，大数据的数据量大大超过了普通的关系型数据库的数据量。大数据的数据类型也多种多样，可以包含目前网络上的任何类型的数据，包括但不限于网络日志、图片、音频、视频和各种类型的文档等。此外，大数据还具有速度快以及单数据价值低的特点。速度快不用赘述。单数据价值低是指大数据一定是通过大量数据分析能够获得有价值的信息，少量数据并没有办法反应统计学意义上的规律，所以传统的抽样方法在大数据时代将变得不那么重要。正是大数据技术的发展解决了在线审计系统采集业务相关数据和进行综合分析的难题。

### （三）审计理论的持续发展

我国审计署前副审计长孙宝厚曾指出：大数据战略与诸多国家提高国家治理水平、实现社会可持续发展的实践密不可分，各国最高审计机关的目标是促进国家良治、全球良治和全球可持续发展。大数据审计不仅是技术方法层面的创新，更是审计理念、审计制度、人才培养方面的变革，应进一步解放思想，充分树立责任观、系统观、数据观、创新观、人才观，不断推进和完善大数据审计工作。可见，企业的信息化和数据化水平的不断提高，为新的审计理论持续发展提供了良好的生长环境。审计署、证监会、注册会计师协会等监管部门也不断要求结合技术的进步进行审计理论的创新。

### （四）审计工作的"有用性"要求越来越高

审计理论自诞生之日起发展到现在，经常被"质疑"的一点就是审计的有用性:审计是否能否发现被审计单位的舞弊?审计是否只能做到事后审计,是否能够及时"止损",是否能够做到事中审计?审计工作是否逐渐变成了一个法定、流程性的工作?传统审计行业由于采用基于风险的审计方法,充分考虑成本效益原则,利用抽样方法通过样本来代表总体,肯定无法对经济业务数据进行全面审计,存在着审计中的固有风险。随着互联网技术和数据科学的发展,放弃抽样,进行全样本的数据分析已经逐渐变为可能,审计风险可以显著降低。通过在线审计技术,实现系统业务的自动检测和监控,业务单笔量或者累积量超过一定的数值后可以引起系统的自动预警等方式都可以使审计工作从时间节点上大大前移。比如现在的人民银行反洗钱系统,本质上也算是在线审计系统的一种特殊场合的应用,当银行用户交易符合一定的规则后,自动被系统识别和发出预警。

## 二、在线审计的研究进展

关于在线审计,学术界的研究并不是特别多,现将近年来的主要学术研究成果综述如下:

李海龙、张宇等在《大数据环境下审计技术方法研究》中,虽然没有直接讨论在线审计的技术,但是给出了在大数据环境下构建审计路径的答题思路:第一步是利用基础支撑技术对结构化数据进行归集整理,然后分别作用于总体分析技术和疑点分析技术;第二步是通过基础支撑技术进行审计数据在线监测,可以利用 SAS Base 等工具对实时数据进行归集整理,数据将用于构建审计大数据管理系统,同时也作用于审计及时预警和趋势分析;第三步是全过程中有效的数据和信息的可持续作用,包括源数据、加工后数据及利用数据的分析结果,都将继续作用于审计大数据管理系统的构建与完善,而审计大数据管理系统又将持续助力于日后的审计项目,由此形成良性循环,以提高数据的利用效率。

张志斌、刘玲和王宁针对当前国有企业中各项职能相近的风险管控、监察、稽核、审计等工作独立开展带来的资源重复利用的情况,给出了一个在大数据环境下在线监督监控协作整合机制研究，提出了数据源维护共享机制、监控结果共享机制、监督方法共享机制、问题整改协作机制等机制建议。

谷月英提出了构建基于风险导向的在线审计体系提升企业风险应对能力的思路，并介绍了随着企业集团管理信息化的深层次应用，财务系统与业务系统数据呈现海量化趋势，审计工作面临着新的机遇与挑战。中国联合网络通信有限公司河北省分公司运用业务数据整合形成审计集市，并通过数据建模，构建了基于风险导向的在线审计体系，实现了由传统的事后审计模式向实时预警和面向过程的在线审计转型，为企业创造最大化价值提供了保障的具体情况。

黄志艳等在《基于数据挖掘的在线审计模型设计》中，设计了一种基于数据挖掘的在线审计模型，在模型中引入了自主学习与维护功能，保证了在线审计的效率、速度、全面性与准确性。

随着互联网在世界各国的逐渐普及，越来越多的人开始运用互联网中新的技术，通过变革来改善传统的审计行业。袁虎、岳苓、王静从当下互联网在融入审计行业时产生的问题入手，将这些问题挑明并提出了一些针对性的解决办法。

闭秀萍等基于对在线审计工作原理的分析，提出了在线审计的模型建设方法，并在此基础上提出这一模型的具体实现方法，从而让企业能够通过落实在线审计工作，为各类工作的具体践行方法提供指导。审计模型思路是审计人员结合工作实际情况，按照建模的问题分析、模型分析、模型建立、模型求解、误差分析五个步骤开展模型的梳理工作，从而提炼出成熟可用的审计分析标准化审计模型。基于经验性分析，梳理审计成果数据，对于反复出现的问题，将问题特征转化为数据特征，并结合相关数据查询语句建立数据分析模型；基于合规性分析，按照法律、法规、管理制度，结合不同类别数据，通过分析工具筛查出违规数据疑点；基于趋势性分析，通过对不同时间段相关数据进行比较分析，查找规律性或者异常性变动，把握整体变化趋势；基于抽样性分析，从全部数据中制定抽样规则和范围，利用部分数据特征推断总体特征，提高发现特征问题的效率。

## 三、在线审计的技术剖析

虽然上述的这些文章对于在线审计给出了一些思路,但是对于在线审计的核心技术以及在线审计的整体工作原理尚没有进行全面的分析。

如图 2-26 所示,在线审计技术基本上可以分为三个部分:数据采集、数据传输和数据分析。

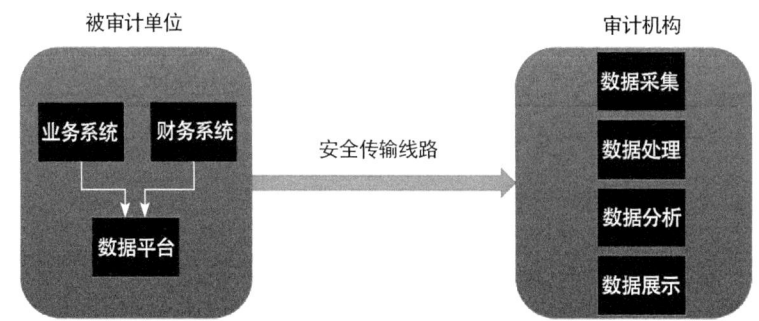

图 2-26　在线审计技术架构

### (一) 数据采集

数据采集是在线审计技术的起点,也是在线审计系统的重要前提条件。其主要目的是获取在线审计过程中需要的所有数据。在线采集技术主要有以下几种方式。

1. 在线审计系统和被审计单位的业务系统直接关联

被审计单位在进行业务系统开发时就考虑了在线审计数据采集的需求,使在线审计系统和被审计单位的业务系统直接关联,每发生一笔业务数据,自动会被存入审计单位业务系统的数据库,并且同步传入到在线审计系统,并且存在在线审计系统的后台数据库中。这样的系统设计具有非常多的优势:

第一,保证所有真实的业务数据都会被收集和传输,系统的业务数据同时实时写入在线审计系统,满足在线审计系统最严格的数据输入要求。

第二,可以充分理解被审计单位的业务,为后面的数据分析工作打下非常好的基础。由于在系统设计和代码实现层面都已经考虑了数据采集的功能，所以需要在系统开发的前期阶段充分了解被审计单位的业务流程、数据流程和数据特征，这对每个节点的上下游数据关系、业务部门之间的深度融合加强审计人员对被审计单位的了解程度，以及数据分析阶段设计出来的可以与被审计单位业务和数据匹配的数据建模方式和数据分析手段都是非常有利。

第三，数据实时传播降低了系统的负载压力，降低了数据传输失败的概率，如果个别数据传输过程丢失，对整体数据分析的压力不大。即使被审计单位的结构比较复杂，分支结构比较多，可以通过设置必要的系统数据校验机制，保证系统可以充分识别出来哪些系统没有充分上传，并且实现重新上传机制，保证数据上传的完整性。

第四，有利于第一时间发现业务的问题，提前预警，增强系统的控制功能，实现事中审计。这种方式实现的数据采集，可以理解为同一数据，双系统存储，业务系统是为了及时保存业务的生产数据，在线审计系统是为了及时发现业务的问题。通过在后台系统设置数据指标，配合数据建模功能，当单笔业务数据或者累计的业务金额超过一定的区间后，可以实时预警，以便审计单位判断是业务本身出现问题还是员工的操作失误。管理实践证明，问题发现的时间越早，解决问题的成本越低，通过这种方式的实现可以大大降低审计风险、降低解决问题的成本。

虽然有这么多优势，但是这种方式往往需要同被审计单位的系统深度耦合，要求被审计单位主动打开系统的设计逻辑，实现代码层次的融合，对被审计单位的配合程度和系统设计的要求非常高。除非国家机关强制要求或者集团公司对可以实现控制的子公司强制要求，这种代码级别的数据采集的实现场景比较少。

2. 通过被审计单位的数据库平台设置系统数据传输接口

这种数据采集方法可以理解为是数据库层面的对接，又可以分为数据库层的系统自动传输和手动导出导入两种方式。通过数据接口的方式在数据库层面进行传输，实时性不如通过系统代码级别进行传输的方式，一般通过批处理方式设置每天在某个时间节点进行数据的主动传输。如果被审计单位的系统数据库接口传输存在较大困难，也可以通过手动的方式将每日的业务和财务等数据导出到一定的存储格式,再通过人工的方式进行上传到在线审计系统的后台数据库中。

这种方式的优势也很明显:审计机构对被审计机构进行审计时,被审计机构的系统环境和业务环境往往都已经固化。换句话说,审计活动往往晚于被审计结构的系统建设,在这种情况下为了审计工作再对被审计单位的系统进行变更改造,大多数被审计机构显然没有这方面改造的积极性。而这种数据库层面的数据接口传输方法可以在不改变被审计单位原来的系统以及系统使用方式的前提下,进行数据的收集和传输,在实务中这种数据采集往往是通过只读操作完成,也不会对原有的系统的数据造成任何影响。

但是这种方式也存在一定的局限性:

第一,系统没有实时上传,具有一定的时间滞后性,对于对金融系统等审计实时性要求比较高的企业可能效果略微差。但是这个问题的实际影响非常小,因为往往批处理任务是以日为单位进行数据采集的,这种频率对业务数据可能有一定的影响,但是对审计工作的影响比较小。

第二,受到批处理上传的局限性的影响,如果将业务的实时上传理解为将一天的业务按照正态分布的规律进行上传,那么批处理方式的数据上传则是先将当天的所有业务数据收集起来,然后在网络链路上进行传输。虽然批处理任务一般选择在业务量比较小的凌晨时间进行处理,但是短时间内对数据进行集中上传对于网络带宽的要求较高,如果当日的数据量较大,占用的时间也较长,传输失败的概率高于实时上传,如果传输失败需要进行重新传送。

3. 通过被审计单位的数据平台进行数据传输

这种方式适用于被审计单位本身就注重数据治理和管理工作的情况。如果被审计单位建立了自己的数据中心,有些甚至建立了数据中台,这种情况下被审计单位自己进行数据全生命周期的管理能力较强,可以高效地进行数据收集和处理。数据中心往往配备了足够的数据分析师,可以对数据进行各种维度的分析以及开展数据挖掘和数据建模等工作。在线审计系统可以采用将数据处理和分析能力依赖于数据平台的方法。同以上两种方式的根本不同之处在于,上述两种方法将主要的数据处理、数据分析和数据建模方式都放在了在线审计系统的后台而不是被审计单位的后台；而这种利用被审计单位数据平台的方式可以充分利用被审计单位已有的数据和计算能力进行数据处理、数据分析和数据建模。在线审计系统的建设主要集中在数据交互和数据展示，可以采用一个"轻后台"的在线审计架构。

这种方式的优势在于可以充分利用被审计单位的计算能力，很大程度上避免了系统的重复建设，非常高效地利用和整合了信息系统和数据的资源。其局限在于对被审计单位的数据治理和管理水平比较高，只有建立了数据平台的被审计单位适用。此外，由于被审计单位的数据平台不一定能完全保证对原始业务流水数据的同步，审计人员在利用在线审计系统开展审计工作之前必须要对被审计单位的数据平台数据的完整性进行校验。

## （二）数据传输

《中华人民共和国网络安全法》及其配套法律法规的出台标志着对所采集的数据进行安全传输和存储由合规性要求变成合法性要求。现代数据安全的进步基本上都依赖于密码学技术的发展。在线审计系统的数据传输跟其他的系统在链路上的传输没有本质的不同，有两类目标。

### 1. 身份验证机制

所谓的身份验证，用简单的方法描述就是要在不可信任的网络链路上证明你就是你。这中间涉及了非对称密钥机制、身份识别、用于身份识别的协议、应答身份鉴别协议和数字签名等机制，保证在线审计系统中的双方在数据传输之前可以有效验证对方信息的真实性。

### 2. 数据保密传输

现代网络面临着众多的安全威胁，主要体现在窃听、冒充、拒绝服务攻击、访问控制面临的威胁、重放攻击和无线网络标准的缺陷，等等。要想保证在线审计系统的整体数据安全，必须要保证数据在链路上传输的安全性。在在线审计的数据传输方案设计中，需要同时用到密码学中的非对称加密技术和对称加密技术。

对于非对称加密系统，密钥被分解为公开密钥和私有密钥，这两种密钥是根据数论中的数字特点成对生成（也可成对使用），公开密钥以非保密方式对外公开,网络链路上的任何人都可以获得,私有密钥则保存在密钥发布方手里,私有密钥在链路上处于保密状态。得到公开密钥的用户都可以使用该密钥加密信息发送给该公开密钥的发布者,而发布者得到加密信息后,使用与公开密钥相应对的私有密钥进行解密。公钥和私钥具有一一对应的关系,用公钥加密的数据只有用私钥才能解开,由于公钥和私钥计算的特性,其效率低于对称密钥体系,所以非对称加密主要用于身份认证和密钥的发放,很少直接使用非对称加密机制进行直接的数据加密和解密。对称加密体制是指通过一个密钥对数据进行加密以后进行传送,接受方接收到加密的密文以后也是通过同样的密钥进行解密。加密密钥和解密密钥即使不一样,能从其中一个推导出另一个。通过这种方式可以看到,密钥如何安全传输是对称加密的关键。由于对称加密的效率非常高,如果获得不到正确的密钥,解密的成本和计算量非常大,所以对称加密机制非常适合用于大量数据的加密和解密。

### (三)数据分析

数据分析是在线审计系统中最精彩最核心的部分之一。数据采集完成之后,如何利用获得的数据形成审计证据,并且以此为基础得到相应的审计结论就成为衡量一个在线审计系统好坏的一个重要标准。

此处所说的数据分析是指广义的数据分析,可以细分为数据完整性验证、数据准确性验证、单项数据分析和综合数据建模分析等。

1. 数据的完整性验证

数据的完整性验证,就是验证所获取数据的完整性,保证没有数据遗漏,或者验证应该相等的数据之间是否匹配,比如存货流水中的期初余额＋入库金额－出库金额＝期末余额,或者获取的会计分录明细同科目余额表匹配等。

2. 数据的准确性分析

数据的准确性分析,是指业务或者系统中涉及一些内嵌的计算,通过全样本模拟系统逻辑编程实现业务和数据的重新计算,以验证计算的数据是否同系统中匹配。比如银行的核心业务系统会根据客户存款的流水和不同时期对应的利率计算每个客户结息日的利息支出金额,为了验证该银行整个银行或者某个支行的计息支出的准确性,在线审计系统需要能够重新计算出该用户应该获得的利息金额，并且同系统数据进行匹配。

3. 单项数据分析

单项数据分析，主要是针对某些单项的业务或者单项的数据指标进行分析和比较，其主要类型包含以下几种（见表 2-10）。

表 2-10　单项数据分析的主要类型

| 分析类型 | 分析方法 |
|---|---|
| 数据特征分析 | 按所处行业和特点对业务数据进行筛查分析，选出重点关注的数据集合，用于审计后续跟进或筛查 |
| 数据趋势分析 | 结合概率论，对业务或财务数据的趋势进行分析和比对 |
| 数据波动分析 | 横轴以时间为维度，通过对业务或财务数据的波动进行分析，筛选出明显高于或低于平均水平的数据 |
| 数据差异分析 | 对财务/业务凭证进行跨业务流程的穿行分析，获得差异的比率，对差异进行分析跟进 |

4. 数据建模分析

数据建模分析属于数据分析中最复杂的一种形式。需要在综合考虑数据建模的目的、数据的来源、数据的特征、统计学理论和模型的可扩展性等多方面因素。比如，立信会计师事务所设计的"立信多因素积分卡模型"，对于测试互联网游戏或者电子商务企业的收入真实性验证有着非常好的效果。该模型以自动 K-means 聚类的原理为基础，通过计算类间离散程度与类内聚合程度得到最后的 s_Dbw 值，然后通过该值确定最终的聚类数量。同时，该模型具有高度的可配置性，以矩阵的形式计算不同指标的数值，每一列为一个计算指标，可以根据业务特点增减指标。

# 四、在线审计在金融行业的应用

## （一）金融行业实施在线审计技术的优势

以银行、保险和证券为主要代表的金融行业，在实施在线审计技术上具有明显的优势，主要体现在以下几点：

（1）金融行业具有非常大的业务共通性。比如银行业的几乎每家银行的存款、贷款、银行卡和支付等业务都是相通的，所以对于金融行业而言应用场景基本上相同，在线审计系统有很强的通用性。

（2）金融行业相比其他行业受到更强的监管。人民银行、银保监会和证监会等都对银行的业务和合规性提出了非常高的要求。这种强监管环境更有助于政府监管部门推进在线审计系统在金融行业的应用。

（3）金融行业具有非常高的信息化和数字化水平。不管是大型银行还是中小型城市商业银行或者农村商业银行都有比较强烈的创新驱动力，尤其是利用信息化手段提高业务效率、提升服务水平。现在我国银行系统中的手动操作已经非常少见，基本上实现了全部流程的系统化控制，为在线审计系统的实施提供了非常好的基础条件。

### （二）金融行业实施在线审计的应用场景

（1）监管部门的应用。银监会的银监会纪检监察信息系统、银监会非现场监管报表和人民银行反洗钱系统等，本质上都是在线审计的部分应用。

（2）财务报表审计的应用。正是由于金融体系对于在线审计系统有着天然的友好性，在财务报表的审计过程中利用在线审计系统开展审计工作相比其他行业具有很强的优势。这种在线审计系统需要审计机构确定好审计需求以及数据验证和数据分析方法，一般可通过在被审计单位开发可以满足这些需求的数据提取批处理程序，自动获取并且打包所有所需数据，通过安全链路传输到在线审计系统的后台。

## 五、在线审计在互联网行业的应用

### （一）互联网行业实施在线审计技术的优势

对互联网游戏、电子商务和互联网广告等以互联网为载体的企业比较适合开展在线审计，这些企业的共同特点是所有业务实现了全系统覆盖。此外，互联网行业一般属于轻资产行业，投资中大部分用于建设业务系统和数据中心，具有强大的数据分析能力和人才储备。这种类型的企业业务的特点一般为业务流水数量非常大，但是单笔业务的金额不大。如果通过传统的审计抽样方法进行抽样则样本数量巨大，且没有办法验证业务收入的真实性。在此情况下，通过在线审计系统自动获取业务的真实流水数据，通过数据建模验证收入的真实性就成为一个非常好的解决方案。

### （二）互联网行业实施在线审计的应用场景

正是由于互联网行业的流水数量大、具有较强的数据存储、分析能力，互联网行业的在线审计系统应用可以充分利用被审计单位的强大数据存储和分析能力，通过在被审计单位的数据平台上进行数据采集和数据建模分析，然后将分析好的数据在被审计单位平台链路传播。互联网行业的在线审计系统的数据采集频率可以以周为单位或者以月为单位，这样可以降低每次进行数据采集和分析的数据量，降低系统的负荷。

### （三）联网行业在线审计的特殊性

中国证券监督管理委员会（以下简称"证监会"）在 2020 年 6 月修订的《首发业务若干问题解答》中，就规定了电商、互联网信息服务、互联网营销企业等，其业务主要通过互联网开展。此类企业，报告期任意一期通过互联网取得的营业收入占比或毛利占比超过 30%。原则上，保荐机构和申报会计师应对该类企业通过互联网开展业务的信息系统可靠性分别进行专项核查，并发表明确核查意见。

对于直接向用户收取费用的此类企业，如互联网线上销售、互联网信息服务和互联网游戏等，保荐机构和申报会计师的核查应包括但不限于以下方面：

（1）经营数据的完整性和准确性，是否存在被篡改的风险，与财务数据是否一致。

（2）用户真实性与变动合理性，包括新增用户的地域分布与数量、留存用户的数量、活跃用户数量、月活用户数量、单次访问时长与访问时间段等，系统数据与第三方统计平台数据是否一致。

（3）用户行为核查，包括但不限于登录 IP 或 MAC 地址信息、充值与消费的情况、重点产品消费或销售情况、僵尸用户情况等，用户充值、消耗或消费的时间分布是否合理，重点用户充值或消费是否合理。

（4）系统收款或交易金额与第三方支付渠道交易金额是否一致，是否存在自充值或刷单情况。

（5）平均用户收入、平均付费用户收入等数值的变动趋势是否合理。

（6）业务系统记录与计算虚拟钱包（如有）的充值、消费数据是否准确。

（7）互联网数据中心（Internet Data Center，IDC）或带宽费用的核查情况，与访问量是否匹配。

（8）获客成本、获客渠道是否合理，变动是否存在异常。

可见，证监会明确了对这些指标的计算的基本要求，且这些指标的计算方法比较固定，在对于互联网企业设计在线审计系统时可以直接将这些指标的计算作为在线审计系统的明确需求纳入平台的需求定义中。

互联网行业的在线审计系统的难点在于数据建模。数据建模的过程中需要充分考虑互联网行业的普遍特点和细分行业的特殊性，尤其是对通过数据建模后的输出结果进行定量和定性的分析对审计师提出了比较高的要求。比如，同样是电子商务企业，奢侈品的在线销售和普通服饰的在线销售就有明显的不同，奢侈品的在线销售的复购率会低于普通服饰，奢侈品的流水数量会低于普通服饰的流水数量，这些都需要进行定性分析。又如，同样是餐饮外卖的在线点单服务，麻辣烫类食品的复购率会显著低于沙拉轻食类的复购率，因为从现实角度看，麻辣烫食品一般作为调节胃口的偶尔性食品，但是沙拉轻食会成为城市白领或者健身人士的日常饮食，可以每餐食用。所以审计师在进行数据分析时必须要将数据分析的结果同实际情况进行综合分析，才能合理判断数据分析结果的合理性。

## 六、在线审计实施的注意事项

### （一）数据安全性的要求

在线审计同传统审计的一个显著不同是在线审计系统存储的基本上都是电子数据，且很多原始的流水数据和结果都会在在线审计系统的后台存储。这种情况下审计单位必须要设置一整套信息安全管理体系，来保证对被审计单位数据的安全存储。这套体系至少包括但不限于这些内容：信息安全技术架构、信息安全管理制度、用户权限管理和访问管理以及物理安全管理等。

### （二）数据生命周期管理

在线审计系统随着使用时间的增长，其数据量也会有显著的增长，审计单位需要针对在线审计设置一套针对数据生命周期的管理。这些数据什么时候收集、如何传输、如何使用、如何销毁要有明确的记录，除了可以供监管部门检查外，也有助于审计单位理清数据、提升管理效率。

## 七、在线审计对审计行业的影响

如上所述，在线审计技术是结合了数据科学、密码学、统计学、云计算等多种技术而产生的一种在审计行业的综合应用。该技术不可避免地在深层次改变着审计行业的理论基础和业务模式，但是目前也存在一种现象，即纷纷有专家提出随着以在线审计、大数据技术等为代表的信息技术的发展，审计行业慢慢会完全被技术所取代，行业会逐渐进入衰退期。针对这种趋势，我们需要辩证地对待：技术的出现会大大提升行业的生产力，提高效率，避免手动、可重复性的操作，在这个过程中不可避免地会淘汰不熟悉信息技术、不了解审计理论以及不了解业务和系统流程的人员。我们也应该看到，虽然技术的提升会淘汰一部分从业人员，但是可以让从业人员将更多的时间和精力放在职业判断、系统设计、数据分析和数据建模等领域，让整个行业跨入一个效率更高、效果更好、更加自动化和智能化的阶段。

## 八、在线审计的学习建议

在线技术的三个主要阶段中，数据采集的专业化要求较高，同数据分析有明显的相关关系,行业从业者可以进行适当的研究;数据的安全传输属于通信领域范畴,有专门的产品和服务可供我们选择,如果不是信息安全专业人士可以不用过多研究技术细节;数据分析、数据建模和数据展示则成为我们以后学习的重点,学习的方向主要体现在以下几个方面:

(1) 了解行业中常见的 ERP 系统,比如 SAP 系统、Oracle ERP 系统、用友 ERP、金蝶 ERP 系统等。

(2) 了解不同业务的业务形态和业务流程,不管是采集数据还是分析数据,都是建立在对业务的充分理解基础上。如果不了解业务流程,不了解数据的上下游关系,数据分析和数据建模的效果必然会大打折扣。

(3) 继续加深审计理论的学习,并且主动地同统计学理论、高等数学理论、数据分析理论等建立关联,只有掌握足够的理论并且在理论的融会贯通中进行理论的创新,才能持续推进审计行业的技术发展。

(4) 持续学习监管部门的新的法律、法规、指引和最佳实践,尤其是证监会对于 IPO 审计的要求、银保监会对于被监管企业的信息化要求以及数据收集要求、中国注册会计师协会对于审计理论和审计前言的指引和最佳实践等。

(5) 时刻关注和学习已有技术的发展以及新技术的产生和应用,包括但不限于移动互联网、大数据、云计算、物联网等的应用,这些技术的发展本身就是在线审计的基础和前提。

## 九、结束语

习近平总书记 2015 年在贵州调研时指出:"面对信息化潮流,只有积极抢占制高点,才能赢得发展先机。要推动信息化和工业化深入融合,必须在信息化方面多动脑筋、多用实招。"在信息技术的发展浪潮中,要么随着技术的发展无动于衷;要么在信息技术的发展中采取跟随战略,亦步亦趋;要么就勇于学习和实践新的技术引领新技术在行业中的应用。每个人都有所选择,只不过新技术发展的局势会迫使我们迅速做出选择。

下篇

2020 年潜在影响会计人的五大信息技术解读

# 区块链电子发票：助推会计智能化发展

周建军，上海申康医院发展中心委派上海市第一人民医院总会计师

## 一、区块链电子发票定义

区块链电子发票是指基于区块链相关技术，实现发票从申领、开具、查验、交接、入账等流程，实现链上储存、流转和报销，并且可以进行监管的特殊的一种电子发票。

采用区块链电子发票，经营者可以在区块链上实现发票申领、开具、查验和入账；消费者可以实现链上储存、流转和报销；而对于税务监管方、管理方的税务机关而言，则可以达到全流程监管的科技创新，实现无纸化智能税务管理。

## 二、区块链电子发票应用推广的意义

目前中国的税务体系是按照"以票控税"的理念运行的，长期以来，税务机关为了防控发票风险，建立了严密且烦琐的发票管理体系。而发票作为目前最重要的税源监控手段，在其中具有举足轻重的作用，它是税务机关控制税源、征收税款的重要依据，也是建立涉税信息来源的常规途径。发票管理中纳税人依法正确使用发票，纳税人收入通过税务发票或视同销售入账。支出均通过税务发票或规定凭证列支。

从 2012 年国家发改委、财政部等八部委联合下发《关于促进电子商务

健康快速发展有关工作的通知》开始,电子发票已经经历了 8 年的发展,从普通电子发票的试点到"金税三期"系统的不断优化升级,2020 年增值税电子发票公共服务平台全面扩大应用范围阶段。虽然新电子发票具有文件格式更加规范(统一的 OFD 格式)、发票票样更加标准简洁、签章方式更加先进(统一税务数字证书签名)等优点,但"金税三期"系统信息管税还只靠税务系统"单兵作战",没有实现政府各监管部门及企业间信息的互联互通互认;存在接收流转不便、归集困难、发票查验烦琐、缺少全局统一的状态管控、整个链条未打通、电子档案管理存在瓶颈等难点;存在传统电子发票数据泄露、信息孤岛、真假难验、数据篡改、重复报销、监管难度大等问题。

区块链电子普通发票有别于一般的电子发票,是基于区块链技术建立的电子发票联盟链,将票种、税率、商品编码等顶层控制信息写入链上,企业在链上获取授权报销人的发票信息,实现电子发票在链上的开具、传输、查验、监管、报销入账等全生命周期的追溯。

## 三、区块链电子发票的特点

### (一)融合技术种类多

区块链电子发票背后的真正价值,是发票的数字化、网络化、移动化和区块链化,通过对区块链资金流、数据流和物流的统一,将外部接口融合到内部接口。区块链电子发票涉及的技术,包括加密算法技术、分布式技术、共识算法、智能合约等技术。

(1)支撑区块链系统层的共识算法和智能合约是其全流程运行的核心发动机。

(2)追溯功能主要是通过时间戳服务和区块之间链式连接的模式组合来实现。

(3)分布式节点网络可以打破数据存储空间的限制,收集海量发票涉税交易信息:节点主要包含三类,即核心节点、区块节点和轻量级节点。

(4)去中心化理念,区块链去中心化有助于实现涉税信息的共享,解决涉税信息难以及时查验的问题。有效确保税务交易客观，减少违规操纵风险的数据，让数据得以及时共享和查验。在跨行业、跨区域、涉税主体和征管机关分散等情况下，有效降低征管难度，解决纳税周期性后置的问题。

### （二）涉及面广

以往纸质发票或传统电子发票开票时主要涉及税务机关和开票方，而区块链电子发票将构建税务机关、开票方和受票方"三位一体"的电子发票新生态，连接所有发票相关者，如税务、公司（开票、接收）、第三方服务商、技术服务商和政府等。

## 四、区块链电子发票的影响

### （一）税务征管方

（1）通过区块链电子发票的科技创新，有助于构建以税务机关为主体的包括政府部门、监管者、开票方、受票方和消费者整个发票全流程监管体系。

（2）提升税务机关在治理结构、治理税务管理整体上的效率，把从开票到最后审验、报销整个环节管理起来，有助于电子发票建立科学的税收数据库，实现无纸化智能税务管理；提升税收治理能力的新型技术手段，是助推实现税收治理现代化的良好契机和重要抓手。

（3）区块链技术应用于发票场景，有利于简化发票管理流程，解决税务机关发票管理成本和增强税务机关获取涉税信息的能力；有利于税务部门进一步转变职能，更好地发挥税务机关在体制机制创新方面的积极作用。税务机关通过政策与规划，更好地管理与服务好广大纳税人，为国民经济可持续发展服务。

（4）区块链技术突破了传统发票对客户端、税控器具的要求，不再对票量、票额进行限制；有效避免了虚开发票、虚假发票、一票多报、虚报虚抵和真假难验的风险，让发票回归商事活动凭证的本源。

### （二）对企业会计的影响

（1）降低日常运行与管理成本。区块链电子发票的开具只需要配置相应的电脑及网络条件即可,而以往开票所需的各类采购税控专用设备无需再购买,降低了设备购置成本;同时也降低了开票过程中的开具、维护和使用成本,申请、购买来回税务局路途的时间成本,发票领用及开具票据后的存储成本等。对于需要印制纸质发票的企业来说,也可降低发票印制费用,如根据深圳地铁测算,使用区块链电子发票后,预计每年节约发票印制成本约40万元。

（2）优化集团税务管理模式。由于税务发票是属地化管理方式,对于集团性企业来说,在当地都需要进行购买、使用和管理。而通过区块链电子发票,可以将原先分散在各地的开具发票的模式,采取财务及税务集中化开具、申报和管理等,有利于集约化管理和税务筹划,进一步推动共享中心的建设和应用。

（3）有助于会计核算和管理会计精细化。从会计核算方面看,区块链电子发票带来了全新的自动记账模式,通过开票即可将数据信息在税务链中传输,同时在企业内部,开票即可自动生成会计凭证,会计报表即时产生,保证数据真实可靠,减轻会计人员负担;对于管理会计来说实现了业务、财务一体化的管理,通过结构化的电子发票信息,使收入核算的颗粒度细化至每个商品品种规格、每个客户等,有利于分析的精细化,决策的科学化,有利于实现会计核算、税务管理和管理会计的精细化。

（4）有助于业财一体化管理,推动业财融合。对于受票方来说,可以实现受票及报销,将电子发票的信息与报销或支付的信息连接起来,减少人工录入、查验等成本,并与企业内部的信息系统连接起来,如报销系统、供应链系统、预算系统、成本系统和资金系统等,实现开票、报销、支付、预算、成本、资金和税务等的一体化管理,有利于实现智能化管理。

（5）降低消费者成本,方便用户。对消费者而言,传统发票在完成交易后,需等待商家开票并填写报销单,经过报销流程才能拿到报销款;对商户而言,传统发票在消费者结账后需安排专人开票,高峰期排长队,开票慢、开错票又容易引发冲突影响消费体验。采用区块链电子发票后,消费者结账后即可自主获取、支付即开发票、开票即报销或留存,如通过微信一键申请开票、存储和报销,且报销状态实时可查,免去了烦琐的流程,实现了"交易即开票,开票即报销"。以良好的操作体验更加容易获得消费者良好的口碑,提升品牌的影响力。商户则可以利用区块链电子发票大大节省开票成本,提高店面效率和消费体验。

(6) 进一步强化内控管理。发票是贯穿会计核算的重要外部凭证,通过区块链电子发票的全程可追溯、数据不可篡改等特点,并在税务机关包含在内的税务联盟链重要节点的全程管控下,推动从采购、签订合同、开票、验证查验、入库验收、审批支付,到编制会计凭证、会计报告等各环节都体现内控的管理要求。

### (三) 对财税及管理数据信息的影响

区块链电子发票提升了会计、税务和管理等数据信息的及时性、质量及安全性、全程管理要求等。对区块链电子发票使用其独特的数据存储和组织方式实现了交易数据全流程完整、可追溯、信息不可篡改;实现了电子发票在链上的开具、传输、查验、监管、报销入账等全生命周期的追溯,通过时间戳服务和区块之间链式连接的模式实现了发票状态全流程可查可追溯功能;同时区块链电子发票利用分布式账本技术,有效解决了信息孤岛问题。

## 五、区块链电子发票主要业务流程

以腾讯区块链电子发票业务流程为例,包括领票、开票、流转、验收和入账等,总体可大致分为以下四个步骤(见图 3-1):

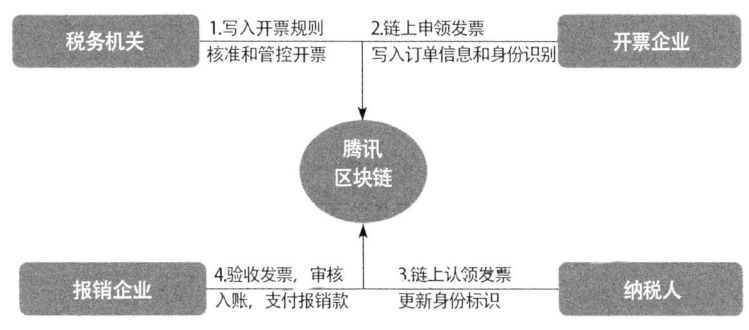

图 3-1　区块链电子发票业务流程

（1）税务机关在税务链上写入开票规则，将开票限制性条件上链，实施核准和管控开票。

（2）开票企业在链上申领发票，写入交易订单信息和链上身份标识。

（3）纳税人在链上认领发票，并更新链上纳税人身份标识。

（4）报销企业验收发票，锁定链上发票状态，审核入账，更新链上发票状态，最后支付报销款。

## 六、区块链电子发票发展历史与应用场景

2018年8月10日，全国首张区块链电子发票在深圳实现落地，深圳成为全国区块链电子发票的首个试点城市，也意味着纳税服务正式开启区块链时代。全国第一张区块链电子发票（见图3-2）在深圳国贸旋转餐厅开出，标志着基于区块链技术的税务信息全过程溯源取得了阶段性突破，同时实现了快速开票即时报销的显著成果。

深圳电子普通发票

发票代码：144031809110
发票号码：00000001
开票日期：2018年08月10日
校验码：88500

| 购买方 | 名　　　　称：深圳萨摩耶互联网金融服务有限公司<br>纳税人识别号：91440300342626556K<br>地　址、电话：<br>电子支付标识： | 密码区 | a74c72a24896403c5124c5<br>f28c9739c3573434640810f<br>bd16faa8e6274434e88500 |
| --- | --- | --- | --- |

| 货物或应税劳务、服务名称 | 规格型号 | 单　位 | 数　量 | 单　价 | 金　额 | 税　率 | 税　额 |
| --- | --- | --- | --- | --- | --- | --- | --- |
| 餐饮服务 | | | 1 | 186.79 | 186.79 | 6% | 11.21 |
| 合　计 | | | | | ￥186.79 | | ￥11.21 |

| 价税合计（大写） | ⊗壹佰玖拾捌元整 | （小写）￥198.00 |
| --- | --- | --- |

| 销售方 | 名　　　　称：深圳市国贸餐饮有限公司<br>纳税人识别号：91440300738842749F<br>地　址、电话：深圳市罗湖区人民南路国贸大厦B48-B490755-82214922<br>开户行及账号：农业银行深圳市国贸支行41008900040066766 | 备注 | 深圳市国贸餐饮有限公司<br>91440300738842749F<br>发票专用章 |
| --- | --- | --- | --- |

| 收款人： | 复核： | 开票人： | 销售方：（章） |
| --- | --- | --- | --- |

图3-2　区块链电子发票样张

区块链电子发票便利、易保存的特点以及不限额、不限量在线用票等优势极大地方便了个人和企业。2018 年 8 月至 2020 年 6 月，深圳市税务局累计开出区块链电子发票 2 440 万张，开票金额 267 亿元，覆盖公共交通、政务民生、金融保险、零售餐饮、教育医疗等领域的 116 个行业中的 17 000 户纳税人。区块链电子发票实现了从注册、领票、开票到报销的全流程线上化，全面助力深圳市纳税人疫情期间"非接触式"办税。另外，2019 年 3 月 18 日，全国首张轨道交通区块链电子发票在深圳地铁福田站开出，"区块链 + 移动支付 + 发票"的智慧出行时代正式宣告到来。

2019 年 3 月 22 日，杭州地铁推出基于区块链技术的电子发票。2020 年 1 月 1 日，广州地铁开出第一张区块链电子发票，标志着区块链电子发票在广州市公共交通行业落地应用。2020 年 3 月 3 日，北京首张区块链电子普通发票在汉威国际广场停车场开出，这意味着北京税收服务和管理踏入区块链时代，实现收费、开票自动一体化，市民扫码缴费后无需等候索要发票，可在线开具、保存区块链发票，无需保存纸质发票，用票体验进一步优化。

## 七、相关法规政策

区块链电子发票的试点实施，主要是依据发票管理相关法规、会计档案管理相关法规，以及网络发票等相关法规等，各试点税务局分别制定了一些相关法规。

（1）1993 年 12 月 12 日，国务院批准了《中华人民共和国发票管理办法》；2010 年 12 月 20 日，通过国务院令第 587 号对《中华人民共和国发票管理办法》进行了第一次修改；2019 年 3 月 2 日，通过《国务院关于修改部分行政法规的决定》（国务院令第 709 号）对特定条款进行了第二次修改。

（2）2013 年 2 月 25 日，国家税务总局令第 30 号公布了《网络发票管理办法》。

（3）2015 年 12 月 11 日，财政部、国家档案局令第 79 号修订了《会计档案管理办法》，并于 2016 年 1 月 1 日起施行。其中，第 8 条规定了在同时满足六个条件的情况下，单位内部形成的属于归档范围的电子会计资料可仅以电子形式保存，形成电子会计档案。同时，第9条规定了"满足本办法第八条规定条件，单位从外部接收的电子会计资料附有符合《中华人民共和国电子签名法》规定的电子签名的，可仅以电子形式归档保存，形成电子会计档案"。

（4）2020年3月23日，财政部、国家档案局发布了《关于规范电子会计凭证报销入账归档的通知》（财会〔2020〕6号），指出"电子会计凭证，是指单位从外部接收的电子形式的各类会计凭证，包括电子发票、财政电子票据、电子客票、电子行程单、电子海关专用缴款书、银行电子回单等电子会计凭证"。

## 八、未来可能的应用场景及发展趋势

区块链电子发票是在继承了电子发票的一些优点的基础上进一步发展的，未来可能的应用场景及发展趋势包括：

（1）从技术上来说，未来将有从目前腾讯、蚂蚁金服等多家试点的不同技术平台的基础上，逐步通过充分竞争或国家明确标准要求，最终减少到2~3家来支持，形成竞争有序的技术方案。

（2）从区域上来说，从分散的各个地方税务局到全国性统一国家税务联盟链，以税务机关为重要节点，在多中心化的模式下，形成税企联盟链，在这个平台上进行统一管理规则，分散、分布处理，让不同的企业在区块链这一技术平台下，形成发票信息的充分交换和使用。企业从原先的被管理、征管的角色，转变到能够参与、享用数据带来的便利及利用数据价值的角色。

（3）从进入全国税务联盟链的平台的要求来说，将形成统一进入的标准，明确准入条件，符合要求的即可进入，进行开票、领受、查验和报销等工作。

从区块链电子发票本身的发展来说，区块链电子发票未来将既具备电子发票所有的功能和特点，又将融合区块链技术的优势，成为更加安全、便捷、智能的发票形态。在税务联盟链区块链电子发票平台下,税务局会更具有管控力,企业也可以充分利用发票信息创造价值。从对财务会计的影响来说,区块链电子发票将会不断推进会计核算的报销移动化,信息处理的无纸化、智能化、便利化,财务管理不断向报销移动化、信息传递无纸化及财务审核智能化转型。

## 九、学习建议

（1）紧跟区块链的发展与相关应用情况。

（2）学习国家对发票管理、电子发票的管理要求,目前区块链电子发票应用的情况,思考其存在的问题。

（3）对各个地区区块链电子发票的情况进行跟踪,了解不同地区应用区块链电子发票的技术底层、应用行业和政策流程等情况。

（4）通过查阅国内外文献,认真学习,深入思考,与相关专家进行交流讨论,明白区块链电子发票的优劣势、局限与应用场景,不断提升对区块链电子发票的认识。

# 数字货币：无纸化数字货币时代即将来临

胡列类，陆金申华融资租赁（上海）有限公司总裁

## 一、什么是数字货币

### （一）数字货币的定义

1. 概念

目前，数字货币（Digital Currency）还没有一个统一的定义，在实践中，数字货币的概念非常宽泛。英格兰银行（Bank of England，BOE）认为，数字货币是仅以电子形式存在的支付手段。与传统货币类似，数字货币可以用于购买实物和服务。在不同的语境下，数字货币有着不同的内涵和外延。目前，狭义的数字货币主要指纯数字化、不需要物理载体的货币；而广义的数字货币等同于电子货币，泛指一切以电子形式存在的货币。我们这里主要讨论的是狭义的数字货币。简单来说，数字货币基本等同于现金，具有 $M_0$ 的属性，只不过现金是物理钱包里面的货币，而数字货币是手机电子钱包里面的货币。

2. 分类

数字货币可以分为主权法定数字货币、私人的数字货币和公有链上的数字货币。数字货币的种类如表 3-1 所示。

### （二）数字货币的发行

我国法定数字货币的发行采用的是双层运营体系，由人民银行先把数字货币兑换给银行或其他运营机构，再由这些机构兑换给公众。为保证

表 3-1　数字货币的种类

| 主权法定数字货币 | 由国家发行的、法律承认主币地位的数字货币,如我国央行数字货币（DC/EP） |
| --- | --- |
| 私人的数字货币 | 由机构或联盟发行的,如 Facebook 推出的 Libra |
| 公有链上的数字货币 | 具有去中心化的特点,不依靠特定货币机构发行,而依据特定算法通过大量的计算产生。主要用于互联网金融投资,以及作为新式货币直接在生活中使用 |

数字货币不超发,商业银行需要向央行全额缴纳 100% 的准备金,保证央行数字货币是中央银行负债,由中央银行信用担保,具有无限法偿性。现有工农中建四大国有银行以及电信、移动和联通三大运营商在做试点。具体的发行流程如图 3-3 所示。

（1）中央银行数字货币系统接收商业银行数字货币系统的数字货币发行请求。

（2）之后,由认证系统对数字货币发行请求进行业务核查,核查通过后向会计核算系统发送扣减存款准备金的请求。

（3）会计核算系统进行扣减存款准备金操作,并向央行数字货币系统进行反馈。

（4）接收到会计核算系统发送的扣款成功的应答后,中央银行数字货币系统通过公钥加密产生数字货币,并将数字货币字符串发送到发出申请的商业银行数字货币系统。

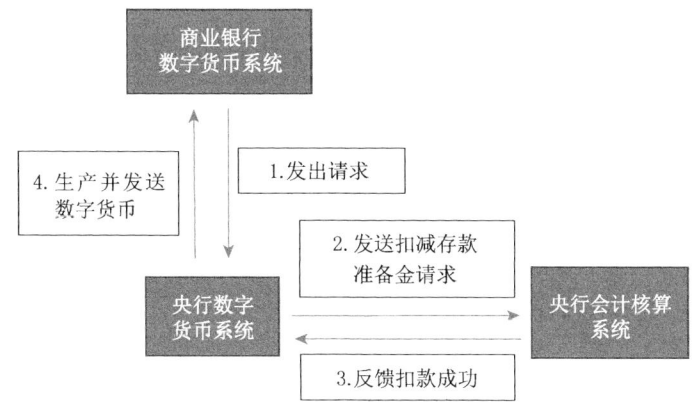

图 3-3　数字货币发行流程示意图

### （三）数字货币的支付流程

央行数字货币的支付流程需要通过用户、商业银行和中央银行三个层面完成。其基本流程为：

（1）首先付款用户的终端设备接收付款指令，从付款方的数字钱包中提取金额等于付款金额的数字货币。

（2）之后，付款方或收款方终端将数字货币和收款方地址/标识发送给商业银行数字货币系统。

（3）最后，商业银行数字货币系统将接收到的相关信息发送给中央银行数字货币系统，由中央银行完成对数字货币属主变更的操作，并根据场景决定是否将数字货币发送给收款方。

根据操作方式的不同，可分为终端设备间的支付和由商业银行数字货币系统作为中介的支付。两种方式主要区别为数字货币是否在收付款方之间进行直接转移。对终端设备间的支付（见图3-4），数字货币可通过近场通信的方式直接发送给付款方，中央银行数字货币系统仅完成属主信息的更改；由商业银行数字货币系统作为中介的支付中（见图3-5），收付

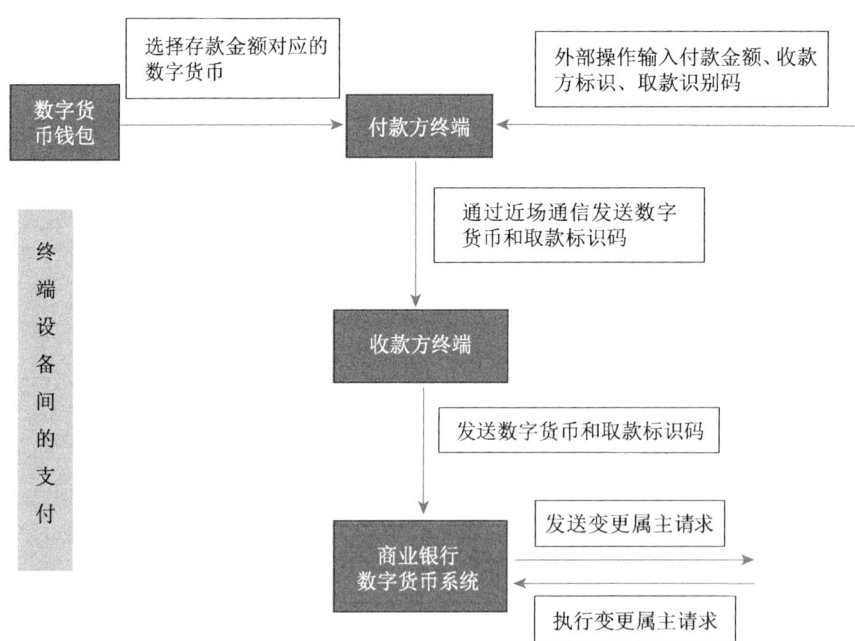

图 3-4　数字货币终端间支付示意图

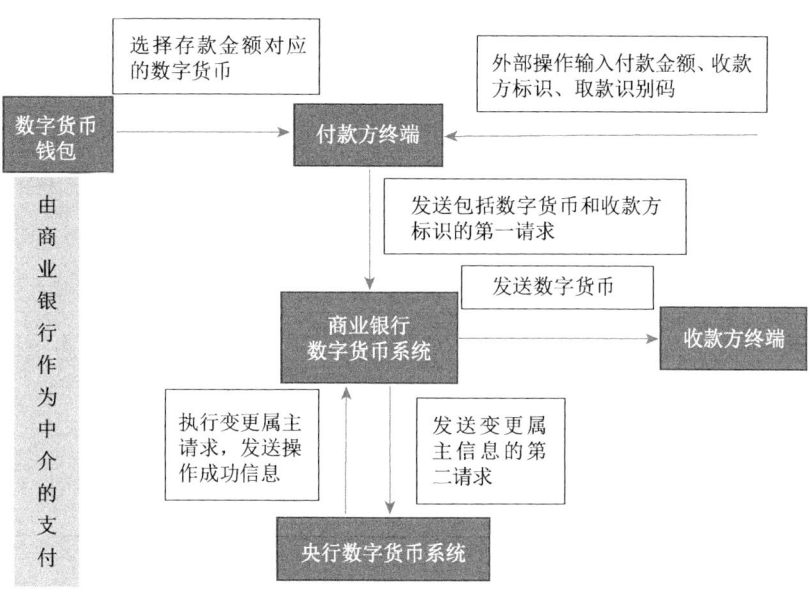

图 3-5　数字货币商业银行作为中介的支付示意图

款方的终端设备无法直接产生交互，数字货币先由付款方终端生成第一
请求，将数字货币与收款方标识一起发送给商业银行，再经商业银行生成
变更属主信息的第二请求发送给中央银行，由中央银行完成属主信息的
变更后发送给收款方。

简单来说，数字货币使用时非常方便，不像支付宝、微信在网络环境下
才能完成支付，数字货币在支付时，只要双方都有电子钱包和数字货币，
在交易时手机碰一下就可以把数字货币转移到对方的钱包里。

### （四）数字货币的存款流程

央行数字货币的存款流程与其支付过程类似，只是最终数字货币的去
向变为与数字货币存款账户对应的商业银行。其基本流程如图 3-6
所示。

（1）受理终端设备接收外部操作输入的存款信息，并将存款信息发送
至商业银行数字货币系统，存款信息包括存款账户信息、数字钱包（数字
货币芯片卡）信息以及与存款金额等值的数字货币。

（2）商业银行数字货币系统在接收到存款信息后，向中央银行数字货
币系统发送变更属主的请求。

（3）最后中央银行数字货币系统在接收到请求后，将数字货币的属主变更为商业银行，并对存款账户的金额进行变更。

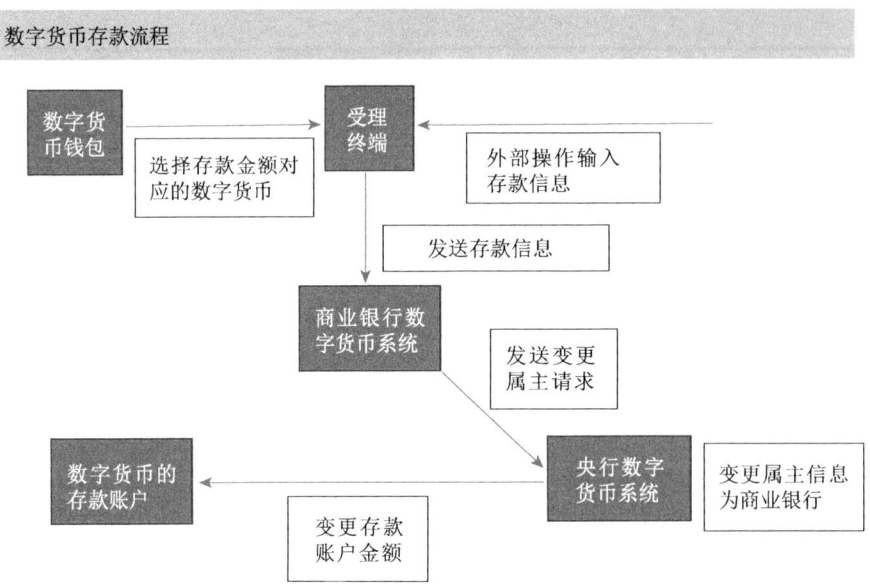

图 3-6　数字货币的存款流程

## 二、发展历史与途径

### （一）数字货币发展历程

1. 比特币前的数字货币

随着互联网的诞生和发展，人们开始研究数字货币的可行性。在比特币出现之前，数字货币经历了多次失败的尝试，失败的原因主要集中在平台信用丧失及网络安全问题。比特币以去中心化、分布式的网络架构结合加密技术的应用，解决了之前数字货币设计上的缺陷，支付模式从传统的"银行-个人-商家"三方模式变为"个人-商家"两方。比特币之后涌现了大量新型数字货币，在技术框架上不同程度地参考了比特币的底层技术——区块链技术。主要数字货币情况如表 3-2 所示。

表 3-2　主要数字货币情况

| 时间 | 数字货币 | 简介 |
|---|---|---|
| 1992 年 | Digital Cash | Digital Cash 是在线支付系统先驱,商家需要把货币存入银行,向银行无法追踪 Digital Cash,导致商家银行都无法接受该技术。理念过于超前,Digital Cash 以失败告终 |
| 1996 年 | E-gold | E-gold 背后有黄金作支撑,在数百个国家吸引了 500 万用户。但是后来平台遭遇黑客攻击,并且存在大量非法洗钱行为,公司也于 2009 年陷入困境 |
| 1998 年 | WebMoney | WebMoney 提供广泛的点对点解决方案,涵盖互联网交易平台。WebMoney 可以转换为法定货币,如卢布、美元和英镑,目前,WebMoney 还有数百万人接受、使用这种货币 |
| 2006 年 | LibertyReserve | LibertyReserve 虽然试图建立集中匿名汇款平台,允许用户在没有验证的情况下,创建账户并转账。不过这一特点却吸引了大量网络犯罪分子,平台最终于 2013 年倒闭,以失败告终 |
| 2007 年 | PerfectMoney | 该平台服务模式与 LibertyReserve 相同,开立账户无需身份验证,平台可以使用各种货币,包括美元、欧元和英镑等 |
| 2009 年 | 比特币 | 比特币是最为成功的数字货币,它避开了中间信任机构,采用分散式平台运行;它采用开源区块链技术,将交易信息存储在分布式账本中 |

2. 主流机构推出数字货币

随着区块链技术和互联网的进一步发展,主流机构逐渐进入数字货币领域。早期对于数字货币的探索主要在民间和创业公司,近几年大型互联网公司、金融机构和政府部门也参与到区块链技术和数字货币的研究之中。2017 年出现首次币发行(Initial Coin Offering, ICO)的发行高峰,主要发行方为区块链领域的初创公司。2018 年之后,传统金融机构、互联网头部公司以及央行也加快了数字货币的研究,IBM、摩根大通已经推出了各自的数字货币,高盛正在研发,国际货币基金组织(International Monetary Fund,IMF)也有发布的计划。主流机构的数字货币布局如图 3-3 所示。

表 3-3　主流机构的数字货币布局

| 时间 | 事件 |
|---|---|
| 2018 年 7 月 | 纽约证交所的实际所有者 ICE 公司与微软、波士顿咨询集团和星巴克合作,成立加密数字资产服务机构 Bakkt |
| 2018 年 7 月 | IBM 公司推出稳定币计划,这是被美国政府联邦储蓄保险公司(Federal Deposit Insure Coroporation,FDIC)所支持的稳定币 |
| 2019 年 2 月 | 摩根大通发布了用于机构间清算的数字货币摩根币 |
| 2019 年 6 月 | 14 家银行推出稳定币,做结算用。这 14 家银行包括瑞士、加拿大、美国、英国、日本和西班牙银行等 |
| 2019 年 6 月 | Visa 宣布跨境支付区块链网络 B2B Connect |
| 2019 年 9 月 | 富国银行宣布开发锚定美元的加密货币"富国银行数字现金"(Wells Fargo Digital Cash),将用于整个公司业务的内部结算试点 |

## （二）数字货币的核心技术体系

数字货币系统建设的核心思路是共建账本,其实现需要多个要素的融合,包括分布式数据库、数据格式、数据协议、通讯方式、加密技术和数字钱包等。比特币之后,数字货币技术处于持续发展过程中,各种数字货币层出不穷,在全球主要的开源社区,极客们在底层技术方面继续探索,以提升数字货币网络的各种技术性能。

## （三）现状

目前各种民间数字货币存在的问题包括价值不稳定、公信力不强、使用范围受限和交易处理能力弱等,因而难以成为可以普及的数字货币,只能形成小众市场。以比特币为例,其发行机制受限,发币总量固定,并采用发行量递减的模式,币值不稳定,货币的价值尺度功能不足。此外,去中心化、全网确认的模式导致交易效率低下,每秒只能处理 7 笔交易,难以满足日常支付需求;比特币目前主要作为数字资产,成为投机的工具,其作为支付工具的功能主要用于一些非法资金活动,成为监管之外的交易手段。其他民间平台或社区发行的数字货币还面临着公信力不足的问题。在大部分国家或地区,数字货币被认为是一种数字资产或者证券,例如比特币。各国对数字货币的监管态度各不相同，有些持较为开放的态度，有些明令禁止。截至目前，全球 257 个国家和地区中，比特币不受限制的国家和地区数量为 123 个。

### （四）产业链建设情况

1. 发行端系统中，认证系统将是建设关键

1）若央行采取偏中心化运营的方式，对央行数字货币系统性能要求较高

央行数字货币系统主要包括登记中心、大数据中心和认证中心。登记中心主要记录已发行数字货币的归属情况；大数据中心负责分析支付行为，在特定条件下做到 KYC（Know Your Customer，了解你的客户）和 AML（Anti Money Laundering，反洗钱）（数字货币交易合规标准）；认证中心负责储存系统中的密钥对，做到对数字货币和参与方的认证。

根据目前的专利信息，数字货币发行和属权登记均在央行系统完成，系统要求高并发、大容量、强灾备①和快速处理，预计以自研自建或合作开发为主。

2）认证体系是数字货币系统的关键基础建设，决定体系安全性

数字货币的本质是加密字符串，认证和密码体系是关键基础设施。数字货币的本质是央行以一定规则加密的字符串，在使用货币的过程中各方也需要不断地对指令进行加密与解密，所以认证和密码体系会覆盖数字货币的全流程，是数字货币系统最关键的基础设施之一。

为了管理密钥对，预计央行系统内将会建设认证中心。加密认证体系也是实现双离线支付的关键技术。在传统银行账户支付体系中，POS 机将借记卡/信用卡信息、交易金额和密码等数据加密后传送至网联/银联，银联重新组织报文并发送给相应的银行，由银行处理后将信息传回网联再传回 POS 机，交易需全程在线。数字货币需支持双离线支付，在没有网络的情况下，付款方无法将请求上传，而如果由收款方上报，则需要避免收款方虚构交易的情况，加密体系使得双离线支付成为可能。

密码性能决定系统效率和安全性，国产密码性能水平已不输国外。

---

① 强灾备指灾难备援，它是指利用科学的技术手段和方法，提前建立系统化的数据应急方式，以应对灾难的发生。

2019年10月26日,《中华人民共和国密码法》(以下简称《密码法》)获第十三届全国人民代表大会常务委员会第十四次会议表决通过,自2020年1月1日起施行。《密码法》中明确规定,要加强密码工作机构建设,保障其履行工作职责,同时要建立和完善商用密码体系。同时,也基于数字货币体系的自主可控考虑,预计央行将会选用国产密码算法作为数字货币的底层架构。

2．预计商业银行系统将是民资主要参与的基础设施部分

1）商业银行传统账户需对接数字货币系统,传统机具或有小幅改造空间

商业银行承担数字货币投放职责和连接央行与用户的任务,用户绝大多数的指令需要经过商业银行的转达提交给央行。因此,商业银行需要对用户的请求进行预处理,只选取有效请求传达给央行,以降低央行端的系统负载。所以,商业银行的系统将迎来大量新建与改造需求,以满足数字货币体系的运行。银行传统系统中,网点和账户系统须与数字货币系统对接,传统机具或也有小幅改造升级需求。银行网点和用户账户的远程访问是当前用户管理现金资产的两大入口,未来用户要使用数字货币,需要先从现金资产兑换成数字货币,银行需要对当前的网点系统和账户系统做改造,对接数字货币系统。传统机具方面,由于数字货币研究所还曾注册过基于芯片卡的数字货币系统专利,ATM机等传统机具可能有少部分要进行改造,以适应芯片卡操作的需求。

2）预计银行端将新建数字货币核心系统、认证系统和数字货币钱包

预计数字货币核心系统和认证系统建设规模较大,市场空间预计在180亿左右,具有较强技术能力的厂家有望在验证后参与建设。投放层中,预计用户的数字货币钱包会绑定在申请开户的商业银行上,对应的商业银行也就承担着链接全网用户交易请求与央行处理情况的职责,对系统压力较大。同时,商业银行也要承担对用户指令初步验证的职责,确认指令合法后才上报央行,以降低央行系统负载,带来认证解密系统的建设需求。

预计数字货币钱包将采取绑定管理,商业银行系统建设规模约4亿元。数字货币钱包虽属于个人,但开通数字货币钱包的操作仍需通过投

放层机构完成,同时钱包开通后进行的操作也更可能挂靠在开通钱包的商业银行的通道上上报。

## 三、央行的数字货币

### (一) 概况

大部分主要经济体对于央行数字货币处于研究和观望的状态。目前已经发行央行数字货币的都是主权货币较弱的小国家,希望通过数字货币解决国家的政治经济问题。各国央行对主权数字货币的态度如表3-4所示。

表3-4 各国央行对主权数字货币的态度

| 态度 | 国家 |
|------|------|
| 已发行 | 厄瓜多尔、突尼斯、塞内加尔、马绍尔群岛、乌拉圭以及委内瑞拉 |
| 计划推出 | 新加坡、荷属库拉索岛和圣马丁岛央行、中国、泰国、东加勒比央行、瑞典、巴哈马、乌克兰 |
| 研究中 | 加拿大、巴西、挪威、英国、菲律宾、以色列、丹麦、俄罗斯、立陶宛 |
| 暂不考虑 | 德国、日本 |
| 明确反对 | 韩国、澳大利亚、新西兰 |

各国在数字货币的架构设计和技术方面较为趋同,大部分认可中心化的发行方式,并结合区块链技术、分布式账本技术、加密技术等技术的运用。央行发行的法定数字货币由于有央行背书,与比特币还是存在着明显区别。央行数字货币和比特币的区别如表3-5所示。

表3-5 央行数字货币和比特币的区别

| 比较维度 | 央行数字货币 | 比特币 |
|----------|--------------|--------|
| 网络架构 | 层级架构 | 扁平化网络 |
| 网络模式 | 联盟链 | 公有链 |

| 比较维度 | 央行数字货币 | 比特币 |
| --- | --- | --- |
| 记账机制 | 合作性记账 | 竞争性记账 |
| 发行机制 | 央行发行 | 挖矿机制 |
| 发行数量 | 灵活 | 固定 |
| 发行成本 | 低 | 高 |
| 交易媒介 | 是 | 是 |
| 价值尺度 | 是 | 否 |
| 价值储藏 | 有通胀风险 | 有通缩风险，价格波动大 |
| 本位币 | 是 | 否 |

### （二）我国央行发行的数字货币

DC/EP(Digital Currency/Electronic Payment)，属于法定加密数字货币，具有无限法偿性，其本质是人民币的数字形式，依然是货币。通过对目前的公开资料的总结分析，DC/EP 可能采用的方式是：以账户松耦合（脱离传统账户）的方式投放，并坚持中心化的管理模式和双层运营体系，同时建立在"一币两库三中心"的运行框架基础上，通过可控匿名的原则和全额 100% 的准备金制度，致力于对 $M_0$ 的逐渐替代。

DC/EP 的定位是对流通中现金（$M_0$）的部分替代，本质是实现纸钞数字化，法定数字货币作为法定货币的内在价值不应有任何变化。央行数字货币不超发，商业机构向央行全额缴纳 100% 的准备金，央行的数字货币依然是中央银行负债，由中央银行信用担保，具有无限法偿性。

现钞的特点是具有无限法偿性，可以不需要账户就实现转移，不计付利息。相比现钞，DC/EP 在保持了现钞的属性和主要特征的同时，也满足了便携和匿名的需求。现有的 $M_0$（纸钞和硬币）容易匿名伪造，存在被用于洗钱、恐怖融资等的风险。而我国的 DC/EP 发行将以区块链技术做支撑，可以从技术上实现匿名可控、可编程性和可追踪性等纸币无法实现的特点。整个交易过程是可追溯、可加密和可保真的，而且每个人的数字钱包里的数字货币都有唯一的编码。此外，央行将会对客户的账户和钱包实施分级管理，比如一个手机号码注册的一个电子钱包所申请的数字货币可能只能在很小额度的范围内进行普通结算使用，客户如果使用身份证和银行卡去柜台亲自面签办理，可能会获得更大的权限。

我国央行数字货币的特点如表 3-6 所示。

**表 3-6　我国央行数字货币的特点**

| 特点 | 描述 |
| --- | --- |
| 不可双花 | 理想的数字货币不能被反复拷贝，即使被重复花费，也可以被系统迅速查出 |
| 匿名性和打击犯罪之间的平衡 | 若非持有者本人意愿，即使银行和商家勾结也无法追踪数字货币的交易历史和用途。但需要在用户隐私和打击违法犯罪之间找到平衡 |
| 不可伪造性 | 伪造人民币是犯罪行为，但在数字货币领域，这还是法律空白地带 |
| 系统无关性 | 数字货币应具有更好的普适性和泛在性，能够在多种交易介质和支付渠道上完成交易，可利用现有金融基础设施 |
| 安全性 | 用户在交易时无法更改或非法使用数字货币，并应通过密码技术来保障超越物理层面的货币安全 |
| 可传递性 | 数字货币可以像普通商品一样在用户之间连续转让，且不能被随意追踪 |
| 可追踪性 | 是用户自身的权利，而不是商家和银行的特权。监管者可在司法允许的条件下获得这个权利，但不能滥用 |
| 可分性 | 数字货币不仅能作为整体使用，还应能被分为更小的部分使用 |
| 可编程性 | 数字货币应可附加用自定义的可执行脚本，为基于数字货币的数字经济提供智能化助力。可编程数字货币自身的定义与用户敏感信息收集等功能应由发行方控制，而支付路径和支付条件等应用功能应交给市场，但底层得做相应的支持并设定一系列的使用规范 |
| 公平性 | 支付过程是公平的，要么保证双方交易成功，要么回退，双方都没有损失，防止某一方在交易中占有不恰当的优势 |

近两年，央行数字货币的工作推进得如火如荼，2020 年 6 月 18 号，陆家嘴论坛上朱民博士的主旨发言里将数字货币作为中国的国家金融安全和人民币国际化战略的重要组成部分，由此可见，我国央行对数字货币的

重视程度。

2020年4月14日,网上流传出农行内测的照片,数字货币可能就要正式发行了。苏州相城区已经有了试点,5月份辖区内公务员的工资和福利均使用数字货币发放。

## 四、相关法规

### (一)立法现状

我国对于法定数字货币的研发持积极态度,但对私人数字货币的管控态度严厉。目前,我国私人数字货币发展迅速,从事私人数字货币生产使用的人数日益增长,但却迟迟没有相关的立法规范。

我国在2016年通过了《中华人民共和国民法总则(草案)》,规定网络虚拟财产等的民事权利,在2013年和2017年央行先后发布了《关于防范比特币风险的通知》和《关于防范代币发行融资风险的公告》,以规范数字货币交易。

1.《关于防范比特币风险的通知》

2013年12月5日,中国人民银行同其他四部委联合发布了《关于防范比特币风险的通知》,明确比特币不具有与货币等同的法律地位,禁止在市场上作为货币流通。将比特币定性为一种特殊的虚拟商品,同时禁止所有金融机构和支付机构以比特币为产品或服务定价。

2.《关于防范代币发行融资风险的公告》

2017年9月,中国人民银行联合其他六个部门出台《关于防范代币发行融资风险的公告》界定了代币融资(ICO)的性质,将其确定为未经授权的非法公开融资,明令禁止各市场主体从事相关业务。

3.《关于防范境外ICO与"虚拟货币"交易风险的提示》

中国互联网金融协会在2018年1月出台了《关于防范境外ICO与"虚拟货币"交易风险的提示》,指出由于国内监管趋严,部分投资者转向海外开展相关活动,根据国家相关管理政策,国内投资者的在线访问渠道和支付渠道可能受到影响并将蒙受损失,故而提示当前海外私人数字货币交易平台所隐藏的安全问题。

### （二）我国发行央行法定数字货币待解决的法律问题

1．CBDC 的法偿性

我国央行发行法定数字货币（Central Bank Digital Currencies，CBDC）面临两方面的问题：一是发行数字货币的法律依据，根据《人民币管理条例》第 2 条，中国人民银行依法发行的货币，包括纸币和硬币。也就是说，目前发行 CBDC 并没有相关法律依据。二是根据现行法律规定，CBDC 同样不具备法偿货币地位。《中国人民银行法》第 16 条和《人民币管理条例》第 3 条规定，"以人民币支付中华人民共和国境内的一切公共和私人的债务，任何单位和个人不得拒收"，从而明确了人民币的法偿性，但这里的人民币并不包括 CBDC，因此，CBDC 的法偿货币地位缺乏法律保障。

2．CBDC 的货币所有权问题

CBDC 的所有权如何转移并不明确，我国 DC/EP 设计了"三中心"的管理模式，由认证中心集中管理用户身份信息，登记中心对 DC/EP 的产生、流通、清点核对及消亡进行全过程的登记，但并未具体说明 DC/EP 如何进行物权独占、排他性的公示，而大数据分析中心汇总数字货币登记中心与身份认证中心的部分数据，用以进行风控、反洗钱、反欺诈等监测。

3．CBDC 的假币问题

我国《中国人民银行法》第 19 条和《人民币管理条例》第 31 条均规定了假币犯罪的相关情形，可从中得知假币主要通过"伪造"和"变造"这两种手段进行造假，主要适用于实物形态的货币。但对于 CBDC 来说并不适用。

## 五、可能的应用场景

### （一）普惠金融场景

有利于金融基础设施不发达的国家和地区的人民享受更便捷的支付服务，如微信和支付宝。据《天秤币（Libra）白皮书》调查，全球有 17 亿人无法享受银行服务，而其中 5 亿人可接触互联网，因此，数字货币的应用可以解决一部分人的银行服务需求。

## （二）跨境支付场景

当前商业银行的跨境支付通过层层代理机制实现,通过 Swift 系统,成本高,需要收取 1‰手续费和 150 元的电讯费,时滞长,一般需要 3～5 天。而 Libra 是超主权货币,使用区块链技术,点对点,实时转账,节约交易成本,据麦肯锡调研,使用数字货币平均每单可省 25 美元～26 美元。

## （三）智慧出行场景

滴滴与中国人民银行货币研究所达成了策略伙伴共识,将合作在其平台研发央行数字货币电子支付的应用。

## 六、可能的成熟产品:比特币和天秤币

天秤币(Libra)是由 Facebook 发行的,以区块链为基础的,由天秤币协会负责管理的加密数字货币。

比特币(Bitcoin)最早是一种网络虚拟货币,可以购买现实生活当中的物品。它的特点是分散化、匿名化和只能在数字世界使用,它不属于任何国家和金融机构,并且不受地域的限制,可以在世界上的任何地方兑换它。

然而天秤币和比特币还是存在着明显的区别,如表 3-7 所示。

表 3-7　天秤币和比特币的比较

| | | 天秤币 | 比特币 |
|---|---|---|---|
| | 相同点 | 都是以区块链为基础的加密数字货币 | |
| 不同点 | 币值稳定程度 | 稳定币,有 100%发行准备 | 无 |
| | 发行机制 | 中心化(由协会发行) | 使用区块链技术,去中心化 |
| | 发行数量 | 无上限 | 有 2 100 万发行上限 |

## 七、发展趋势

## （一）支付机具需支持数字货币交易,替换空间广阔

数字货币时代,支付机具整体需求预计变动不大。数字货币使用过程

中，用户间点对点支付将会变得更加便捷，但我们认为支付机具需求不会受到太大冲击。类比当前电子支付情景，微信、支付宝钱包同样以小额高频支付为主，支持用户间点对点扫码转账，便捷程度较高，同时不产生手续费；但由于餐饮、商场等场景中，有一对多收款需求和银行卡/电子钱包聚合收款的需求，支付机具仍然是大多数商家的标配，预计数字货币时代变动不大。

### （二）三方支付商预计将加速转型，服务能力强的头部参与者优势更大

三方支付本质上是商业银行的渠道延伸，数字货币或对三方支付体系中小额高频交易的部分产生竞争，但预计对大额支付影响较小。在央行出台"备付金全额上缴"政策后，三方支付行业已明确定性为支付体系中商业银行的渠道延伸，从其盈利模式中也可见一斑。"96 费改"①后，行业收费分成模式规定为"721"，即发卡行、银联、三方支付按 7：2：1 的比例进行手续费分成。本质上，商业银行难以将其收单渠道下放是三方支付行业产生的客观原因。数字货币主要应用在小额高频支付场景内，我们认为对于三方支付中同属小额高频的部分将会产生挤压效应，但对支付体系中大额支付的部分影响较小。

数字货币支付体系中第三方支付运营商角色仍十分必要。商业银行在数字货币支付中由于没有类似账户支付体系中天然具备的手续费率，将不会大举投入数字货币支付的细分服务领域。但是在第三方支付运营商的培养下，支付体系中的服务对于商户和用户正变得越来越重要，ToB 端服务种类从最初的记账管理逐步扩展到包括客户运营、卡券核销、库存管理和金融服务等在内的服务体系；C 端的钱包也有包括生活助手、卡券管理等需求。同时，商户正常运营中一对多收款的基本需求也要得到满足，因此，数字货币支付体系中第三方支付运营商的角色不会消失。

支付服务运营商需加速转型，行业有望向头部集中，中长期分成比例或有实质提升，商业模式静待行业演绎。在没有天然手续费收入的情况

---

① 2016 年 3 月，国家发展改革委、中国人民银行发布了《关于完善银行卡刷卡手续费定价机制的通知》（发改价格〔2016〕557 号），对银行卡收单业务的收费模式和定价水平进行了重要调整，于 2016 年 9 月 6 日正式实施，因此被业内称为"96 费改"。

下,第三方支付服务运营商需加速向服务商角色转变。当前行业内长尾收单机构服务能力较弱,我们预计行业有望更进一步向服务能力更强的头部机构集中。另外,虽然商户端收取的整体费率可能降低,但由于三方支付服务商不需再跟银联、商业银行分成,服务商部分的费率或有上升。正如三方支付体系经历了多年发展才沉淀成当今的成熟体系,数字货币三方支付体系建立的初期可能也会经历行业模式的持续进化,静待产业发展达成均衡状态。

### (三)数字货币连通资金流和交易流,ToB 有望产生现象级平台应用

数字货币应用上最重要的能力之一是打通资金流和交易流。在当今的交易平台中,往往能够在交易流、信息流层面对买卖双方进行打通,但涉及资金的部分往往要涉及由可信第三方进行处理,对第三方产生信用依赖,同时资金流和交易流处于脱节状态。数字货币结合智能合约能够做到有条件支付,由交易节点触发资金流动,真正将资金流与交易流打通。

ToB 端有望产生现象级平台应用,提升当前行业运行效率。基于资金流与信息流结合,许多现有行业平台将迎来效率与服务质量的改善机会。如供应链金融平台,结合物联网可实现物权融资的自动化操作,买家提货的同时资金自动到账;如扶贫基金拨款过程中,专项资金是否专用难以验证,结合智能合约可实现专款专用。ToB 应用发掘或仍需时间,但受益于数字货币带来的效率得到大幅提升,特定领域有望产生现象级平台应用。

## 八、数字货币与会计工作

### (一)推行数字货币给会计工作带来的机遇和挑战

随着数字货币的广泛应用,出现了新的投资机会和商业模式。数字货币技术的发展一定程度上有利于会计工作的进行。同时,会计作为商业活动中不可或缺的一环,也需要考虑数字货币的经济实质,在交易中如何确认和计量,如何及时披露风险,因此,旧有的会计准则也需要进行相应

的变革。

1．机遇

数字货币的运用有利于提高会计工作效率。现阶段的移动支付方式主要基于互联网技术，支付一般要经过第三方平台进行交易和结算，比如支付宝和微信。法定数字货币发行后，交易双方可以进行点对点实时交易，实现金融脱媒。尤其是在跨境支付领域，将大大降低结算和清算时间，从而缩短会计处理环节。同时，数字货币基于区块链技术，在相互验证的公开记账系统上记账，参与方是唯一的、不可篡改的、可追溯的信息源。因此，在交易过程中的重复验证和流程可以简化，减少重复的会计对账工作。

对于央行来说，数字货币的发行和回笼可以通过网络完成，这样一来，人民银行货币发行部门和其设在金融机构的代理库日常入库所涉及的会计处理和钞票处理中心清点复点工作将大大减少。

随着法定数字货币的广泛应用，流通中的现钞将会减少，企业的现金业务比例降低，出纳工作减少，现金盘点工作也将减少。而且，数字货币的客户端配合电子发票和会计电子档案系统，可以实现交易的信息导入，减少传统人工操作，改进会计工作流程，全程电子化处理确保了会计工作的完整性、准确性，提高了会计工作的效率。

法定数字货币的流通使得会计工作效率提高，从中央银行到金融机构再到企业的会计部门，传统的会计工作量将会大大减少，支付工具数字化、会计处理自动化、财税一体化的会计处理方式将成为趋势，通过大数据平台实现会计实务工作的数字化运营，逐渐从核算会计向管理会计转型。

2．挑战

一是会计确认与计量的问题。根据国际会计准则理事会（International Accounting Standards Board，IASB）的财务报告概念框架对资产的定义和我国企业会计准则基本准则对资产的定义，数字货币符合会计资产的相关标准，即是企业能够控制的经济资源，因此，数字货币理论上来说可以确认为一项资产。但将数字货币归为哪类资产，国内外仍存在较大争议。目前主要有货币、金融工具、无形资产和存货四种分类观点。

二是对金融机构财务指标的影响。会计确认与计量的选择差异,加上会计规则滞后与数字货币发展的不协调将影响财务指标,从而降低会计信息的可比性,财务指标也容易受到人为操控。同时,数字货币的应用将挑战金融机构在支付业务、跨境交易以及银行信贷等方面的垄断地位,一定程度可以改变传统金融机构的盈利模式,银行等金融机构的中间业务收入可能受到负面影响,从而导致金融机构会计报表的规模和结构改变。

三是数字货币会计确认与计量规则不明晰会影响会计报表的真实性和准确性,从而加大报表使用者的风险。从会计确认的角度看,私人数字货币本质上是一种以加密形式存在的新形态商品。但现行会计实务对于私人数字货币的会计确认方法存在差异,因此,其会计处理方法多样性将严重影响会计信息的可比性。从会计计量上看,私人数字货币价格波动性大、交易小且缺乏理性,交易市场存在道德及法律风险,其市场价格并不具备会计上的公允价值特征。因此,私人数字货币受到价格波动性和会计时滞性影响,若后续采用公允价值模式计量,其价格波动性大的特征将直接导致市场参与者对会计信息做出错误判断。

## (二)关于数字货币会计确认的讨论

### 1. 将数字货币作为货币核算

不少学者主张数字货币是流通货币的另外一种形式,其本质属性是货币,应当作为现金及现金等价物进行会计处理。但是目前,国家对于数字货币的认可度并不高,甚至禁止私人数字货币在市场上流通使用。2013年12月,中国人民银行、工业和信息化部、中国银行业监督管理委员会、中国证券监督管理委员会和中国保险监督管理委员会联合印发《关于防范比特币风险的通知》,认为比特币不是由货币当局发行,不具有法偿性与强制性等货币属性,并不是真正意义上的货币,其本质是一种特定的虚拟商品,不具有与货币等同的法律地位。

### 2. 将数字货币作为金融工具核算

还有学者认为由于数字货币价格波动大且有公开报价,符合金融工具的一般特征,应作为金融资产进行会计处理。但是,我国企业会计准则和国际财务报告准则均规定,金融工具是指形成一方的金融资产并形成其他方的金融负债或权益工具的合同。但数字货币本身并不是一项合同,且在获得方形成资产的同时,没有形成其他方的负债或权益。因此,在现行的会计准则下,数字货币仍难以满足金融工具的定义。

3. 将数字货币作为无形资产核算

还有的观点认为数字货币可以作为企业的无形资产核算。根据我国现行企业会计准则和国际财务报告准则,无形资产是指企业拥有或控制的没有实物形态的可辨认非货币性资产,主要包括专利权、非专利技术、商标权、特许权和土地使用权等。王志平认为,广义的无形资产还包括直接为主体带来经济利益的无形经济资源,这样来看,数字货币可以算作无形资产,但仍旧无法适用无形资产的后续计量方法(王志平,1997)。

4. 将数字货币作为存货核算

我国企业会计准则和国际财务报告准则都将存货定义为:企业在日常活动中持有以备出售的产成品或商品、处在生成过程中的在产品、在生产过程或提供劳务过程中耗用的材料和物料等。金融企业在日常活动中,持有数字货币以备出售,表面上看该项业务中数字货币符合存货定义,但是金融企业持有交易性质的数字货币并不等同于零售企业持有的用于出售的商品。

而且在现行的会计准则体系下,存货的后续计量采用成本与可变现净值孰低法,意味着会计反映价值下降、不反映价值上涨,这并不能如实反映数字货币的价值。

## 三

# 物联网和自动化物件：对会计行业未来的影响

金磊，恩富软件北亚区财务总监

## 一、物联网简述

物联网（Internet of Things，IoT）这个概念或者说名称是 MIT Auto-ID 研究中心的 Kevin Ashton 在 1999 年提出的，至今已经 20 年了。随着计算机芯片和无线网络的高速发展，我们才有可能将不同的物理设备连接到互联网，并为这些物理设备添加传感器，完成智能化，从而在不涉及人的情形下进行数据通信。所以物联网的本质是将物理世界和数字世界结合起来，物联网中有"物"，有"联"，当然还有"网"。其中的"物"客观来说可以是任何一个物理对象，它可能是一个玩具，可能是一辆车。而安装在这些设备上的传感器负责收集并传输数据，这样就有可能将设备连接到互联网进行控制或传达信息。技术分析公司国际数据公司（International Data Corporation，IDC）预测，到 2025 年，总共将有 416 亿台联网的物联网设备，即"物"。物联网也完成了由最初为工业制造业所青睐的机器对机器的应用转向于智能设备的应用，应用场景包含家庭和办公室。到 2020 年，企业将占 58 亿台设备，比 2019 年增长近 1/4。由于智能电表的不断推出，公用事业部门将成为物联网的最大用户。深入型检测和网络摄像头等安全设备将是物联网设备的第二大用途。楼宇自动化（如联网照明）将是增长最快的行业，其次是汽车（联网汽车）和医疗保健（慢性病监测）。

## 二、物联网与企业管理系统的结合

"物联网将人类文化的互联性（我们的'事物'）与数字信息系统的互联性（'互联网'）整合在一起。那就是物联网。"Ashton 对物联网的说明也展示了物联网正在改变我们身处的世界，当然也会波及企业财务管理。财务管理领域的工作从头就是随着信息技术的发展而发展的，目前正进入数字化阶段。企业的数字化变革是大势所趋，而物联网的运用是其中一个重要方面。

### （一）物联网和企业资产管理系统的结合

物联网和企业资产管理（Enterprise Asset Management，EAM）系统的结合是迄今为止物联网与企业应用管理系统比较成熟的结合，它通过物联网生成的信息将资产管理水平提升到了一个新的阶段。

很多资产密集型企业必须通过数据了解关键业务资产的状态，提高使用率，降低维护成本。企业资产管理系统能够积极影响计划和预算，战略调整，维护、维修和运营（Maintenance，Repair and Operations，MRO），风险管理以及法规遵从性和组织协调能力，因此可以节省大量成本并实现增长。EAM 系统帮助企业通过了解和学习自己的资产来确保资产健康，同时通过增强分析洞察力和更强更及时的建议流程，提高运行效率。物联网中的遍布的无线传感器会生产大量的数据，这往往会让企业望洋兴叹。而EAM 系统具有处理数据，快速地自动分析数据，从而将信息转化成为可操作的"洞察力"。这就给物联网和 EAM 系统提供了结合的基础。

适当的 EAM 系统和物联网协同工作，可以为整个企业提供清晰的资产可见性，从可用的数据识别趋势，不仅提供对资产性能水平的深入洞察，还可以预测性地关注所需关注事项。

以设备维护为例，一般维护有几种：一种是定期维护，过一段时间进行大修或者保修；还有一种是资产出现问题之后才会进行维修。而预防性维护就是运用物联网技术，实时采集设备信息并进行预测，在产生问题之前就进行维护。集成 EAM 系统和物联网可以使公司识别其资产的问题，因此他们可以迅速采取必要的行动来预防问题。

虽然智能企业资产管理（EAM）系统还处于起步阶段，但很多企业在资产维护过程中部署深度学习、工业机器人、无人机和不同层面的最先进的 AI 技术，这是个令人鼓舞的现象。

## （二）物联网和企业资源计划的结合

除了和 EAM 系统的结合以外，物联网和企业资源计划（Enterprise Resource Planning，ERP）的结合，也可以提升企业的经营水平。企业资源计划（ERP）使用多模块应用软件系统，用于改善内部业务流程。ERP 系统通常跨职能部门整合企业管理模块，其中包含产品计划，零件采购，库存控制，产品配送、实施到订单跟踪。它可用于支持销售、仓储、会计和人力资源。这也是包括财务管理在内的比较完善的企业应用数字化系统。

物联网通过和 ERP 系统结合对企业管理的提升主要表现在以下四个方面。

### 1. 提升企业的客户服务水平

一般厂商在售出产品后，就失去了和产品的联系，除非客户联系厂家，或厂家回访，否则公司对产品的现状很难有了解。这在售后服务领域是一个持续存在的挑战。物联网改变了这种状况。如果产品连入物联网，厂商就可以随时掌握产品的运行、使用和磨损情况，有些产品甚至可以为自己的备件替换和维护服务在网上下订单。

### 2. 提升预测水平，甚至取消"预测"行为本身

对厂商而言，经营预测必不可少。他们建立复杂的数学模型，依据历史销售数据来推测未来的销售数据。然而，即使是最先进的数学模型也远非完美。

物联网通过把销售网点的实时存货数据传导到工厂，极大程度地减少了预测的复杂性。通过物联网的数据，厂商可以从以往预测导向的"生产-存货"模式转换为以实际需求为导向的"生产-订单"模式，从而提升盈利水平。同样的模式也适用于对经销商和供应商手中的存货补充。

### 3. 提升存货管理水平

从 20 世纪 90 年代开始，ERP 系统就为客户和供应商提供了直接访问

存货系统的接口，由此更新和确认订单信息。在物联网的世界中，产品直接和 ERP 系统进行通信，ERP 系统和客户/供应商的联系更为紧密。这将减少浪费和错误，建立更有效的业务联系和更精益的供应链。存储在第三方的存货也可以纳入系统的管理范围，并使管理者得到实时的精确数据。

4. 提升商业智能的可用性，并使之实时化

ERP 系统随附的商业智能（Business Intelligence，BI）通常显示的是历史数据。有了物联网，我们可以期待显示当前现实情况并真正可操作的商业智能。

当然，提供实时监控的机器维护软件存在已久，但这都是当地的系统软件。物联网的出现使地点不再重要，公司可以在世界上的任何地方监控机器的操作。

除了机器维护管理，物联网还可以进行用户分析以及作为和客户的接口。用户和市场数据的即时可用性创造了一种类似电视新闻频道的直播，这将极大地帮助管理者在分销供应链、生产时间表和采购方面做出合理的决策。商业智能指标将直接推动 ERP 参数的变化，将 ERP 从"记录系统"转变为"智能系统"，使之能够为工厂和供应链管理人员提供及时准确的数据。

当然，我们也看到物联网技术和现有企业管理系统结合所面临的一些挑战，比如说通信问题，结构化和非结构化数据结合的数据格式问题，需要将数据导入企业管理系统的问题，如何从大量信息中获得有价值的部分等。不过，这些障碍也都在不断地被扫除的过程中。我们已经开始拥有了 5G 通信技术，也在想方设法简化数据导入要求，通过提供标准化查询流程完善解决方案的有效性，利用 AI 来处理非结构化数据等。

# 三、数字化变革和物联网对会计行业的影响

企业数字化变革是一种必然趋势，也会对财务领域带来深远影响。而数字化变革中物联网又扮演着举足轻重的作用，它不但为数字化变革提

供了组件上的全面革新,更为会计行业的推陈出新,乃至会计行业的领域定义带来了翻天覆地的变化。一切的变革都是一种值得期待的未来。

## (一) 数字化变革对会计行业的影响

会计行业发展模型发表在 2020 年的 *International Journal of Accounting Information Systems* 上,它是一个数字化变革和会计之间关系的分析框架。会计行业发展模型如图 3-7 所示。

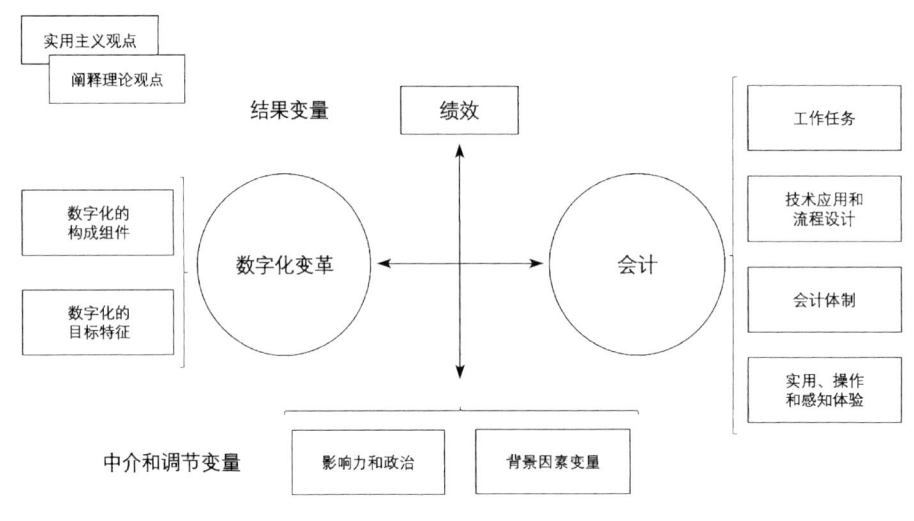

**图 3-7　会计行业发展模型**

注:资料来源为 D.-R. Knudsen/International Journal of Accounting Information Systems 36(2020) 100441

基于这个框架,数字化变革会对会计工作的以下三个方面产生影响。

1. 数字化变革对会计工作内容的影响

会计工作可以分为三个方面:交易记录、财务报告和决策支持。

第一个方面是交易记录。在传统的会计工作中,交易记录的对象是已经发生的交易,而在数字化变革后,其对象已成为实时变化的交易。此外,在有些在线销售企业中,在客户未产生交易时,其活动依然被监控。财务人员的工作内容已有别于以往,其边界已越来越难以确定。

第二个方面是财务报告。财务报告包括内部报告和外部报告。在内部报告中,一个被称为"社交媒体业绩"的新指标被纳入范围。这个指标有别于传统的财务数据,它反映的是一个公司或组织在社交媒体上的表现和影响,比如其获得的正面和重要的反馈。会计信息有了新的数据来源,公司管理层也对这些新型数据有更大的兴趣。另外,外部报告(给利益相关者的报告)可以提供更快和范围更广的数据。

第三个方面是决策支持。由于会计领域和外部环境的界限变得模糊,会计信息也变得多样化,会计师和决策者需要掌握一套新的技能来分析和解释新型的信息。

**2. 数字化变革对会计技术的影响**

实时数据的兴起使 KPI 有了新的内容。

从"预测"(forecasting)到"实时预测"(nowcasting)提供了新的预测机会。

数字可视化方面的重大进展也可改变会计技术,如平衡计分卡。

**3. 数字化变革对会计组织的影响**

数字化使职业界限变得模糊,比如媒体营销人员进入绩效考核领域,以及会计人员负责数字化项目。

在组织控制方面,数字化导致了集中化和标准化。通过自动化,低价值工作日益标准化,新的数字工具使广泛的组织控制成为可能,从而导致具体任务的集中化。因此,这些变化表明 ERP 系统的分散效应发生了转变,因为运营分析和决策支持人员需要更为接近最高管理层。

## （二）物联网对会计行业的影响

作为数字化变革的重要部分,物联网的运用对会计人员也有着深远影响,主要表现在以下三个方面。

**1. 提升数据质量**

表 3-8 是一个关于油田油罐的实例,列举对比了物联网使用前后数据质量在各方面的对比。

**表 3-8 计量油罐现有油量的数据质量对比：肉眼测量和物联网**

| 数据质量标准 | 人工测量所依赖的因素 | 物联网测量所依赖的因素 |
|---|---|---|
| 精确性 | 人工肉眼,正确步骤 | 传感器的精确度,正确配置 |
| 频率 | 每次操作访问 | 依靠电源和连通性的传播频率 |
| 时间轴 | 每次操作报告返回和数据输入 | 实时依靠电源和连通性的传播时间 |
| 客观性 | 操作可能产生失真或不自知的偏差 | 传感器可能被篡改 |

（续表）

| 数据质量标准 | 人工测量所依赖的因素 | 物联网测量所依赖的因素 |
|---|---|---|
| 可验证性（审计轨迹） | 操作员为综合性数据输入进行管理 | 自动注册，例如时间印章 |
| 可复制性（可靠性） | 人工肉眼，正确步骤，不同操作员的一致性 | 传感器的精确性和可靠性（传感器会随着时间的推移退化而变得有缺陷） |
| 细节/颗粒度/精细化 | 肉眼和量杆标尺 | 传感器的灵敏度 |
| 独特性和新颖性 | 取决于人类的感官可以同时评估到什么程度，例如黏度 | 多功能传感器和多种传感器 |
| 综合性/覆盖范围 | 需要时间限制的样本基准 | 带有传感器的所有油田 |

从表 3-8 可以看出，物联网提供了关于存货和资产的实时准确数据，其数据质量和实时性都有很大的提升。

2. 提升收入分析水平

物联网使产品厂商提供额外的服务并可以监控产品的使用。比如，连接物联网的智能电视提供了观众的观看习惯和其他运用程序（如游戏）的使用情况数据。除了增加了会计人员审查收入确认是否合规的需求以外，这也使进一步的收入分析成为可能。过去，厂商对通过批发和零售商卖给客户的产品使用数据并无太多了解，使用了物联网后，这方面的信息缺口可以被弥补。

此外，有了这样的批量数据，财务部门可以更准确地将成本和研发费用与产品各个特性所体现的价值相匹配，而并不是对产品整体而言。产品使用趋势也可以更快更准确地确定。总的来说，这有助于企业做出更好的产品开发决策。

3. 提高成本分析水平

基于物联网的高质量信息使会计人员更好地计算成本有了可靠的基础。不同的成本计算方法有着各自的优缺点。物联网提供的数据可以帮助会计人员克服有些成本计算方法的缺点。比如，传感器可以有效地监控机器运作和人员的行动，从而有助于及时有效地使用吸收成本法。标准成本法下，成本差异可以更准确地分为价格差异、用量差异和混合差异。作业成本法的数据收集也可以更多地自动进行。

物联网也使以前隐藏的成本无可遁形。因差错和返工引起的成本以前是个重要问题并往往不反映在手工记录中。传感器可以追踪产品的真实路径，并自动记录任何偏移。会计人员可以分析和这些偏差相关的成本，并为解决这些问题提供有力的依据。精确的成本数据也有利于确定实现目标成本的优先次序。

## 四、对会计人员的学习建议

如前所述，会计工作的边界正逐渐模糊。会计人员会更多地介入公司运营，而物联网的出现和更多地运用，使会计人员更新提升自己的知识和能力成为当务之急。会计人员可以从以下两个方面来学习。

### （一）物联网知识的学习

关于物联网本身的了解是学习的基础。阅读相关的资料，和行业内的专家进行交流，了解物联网目前在别的公司实际运营中的作用等，都会是一个很好的起点。另外，基于对公司收入、成本等各方面的接触，会计人员处于一个了解公司运营的绝佳位置，会对各种流程中的问题有更深的了解，比如存货和资产管理相关的流程中存在的问题。很多这方面的问题都是物联网可以帮助解决的。

### （二）分析能力和编程技巧的学习

尽管可以依赖数据和技术方面的专家来进行工作，会计人员自身了解数据科学、数学、统计、编程和人工智能等各方面的工作依然是有益的。特别是有志于管理职位的会计人员。比如，作为一个 CFO，即使本身并不需要编程，但他仍需要了解别的相关领域是如何工作的。这在以后的沟通中使他能用技术人员可以听懂的语言进行交流。

数据素养和财务素养同样重要。财务会计人员一直期望公司最高层对财务有更多的了解，很多企业也一直为非财务领域的管理人员提供财务知识的培训。同样，在数据驱动的今天，越来越多的管理人员也有学习数据知识的需要，和他们对财务知识的需要一样。

当然，最好的学习是参与到实践中。会计人员应积极争取参加物联网相关的项目,从而有机会和数据科学家交流。如果暂时没有这样的机会,充分利用互联网和专业书籍也是不错的办法。

## 五、结语

企业数字化变革如同一场海啸,如今我们刚远远地看到海面上由远及近的一条白线,而其真正的威力可能是大多数人始料未及的。物联网是数字化海啸中的一片海浪,它会冲击会计行业,也会重塑会计行业。行业的边界正逐渐模糊,行业的定义被慢慢改写,而全新的会计行业会在海啸中显示其强大的生命力。

四

# 物联网和自动化物件：万物互联推动下的降本提效

## ——浅析物联网与自动化技术在物流领域中的应用及财务影响

伍玮婷，顺丰控股股份有限公司首席财务官

近年来，新兴技术的蓬勃发展，推动着物联网与自动化技术从最初的起步阶段逐渐被广泛地应用于各个领域和各个行业，有效地提升了企业的效能，降低了企业的成本，为企业进一步优化战略管理水平提供了有力的技术抓手。

因此，本文旨在通过回溯物联网与自动化技术的发展历程，结合现阶段物联网与自动化技术在顺丰控股股份有限公司（以下简称"顺丰集团"）的实际应用案例，探讨该技术对企业财务管理带来的影响及其未来发展趋势。

## 一、什么是物联网与自动化技术

本文讨论的物联网与自动化技术，指的是基于物联网（Internet of Things，IoT），即通过信息传感器、射频识别技术（Radio Frequency Identification，RFID）、全球定位系统、红外传感器、激光扫描器等各种装置与技术，实时采集任何需要监控、链接、互动的物体或过程，采集其声、光、热、电、力学、化学、生物、位置等各种需要的信息，通过各类可能的网络接入，实现物与物、物与人的泛在链接，实现对物品的过程的智能化感知、识别和管理的一系列技术手段。

对于财务与会计专业领域人员而言,物联网与自动化技术的进一步定义可参考上海国家会计学院发布的《2020 年影响中国会计从业人员的十大信息技术评选报告》中所给出的定义:通过射频识别、红外传感、全球定位系统和激光扫描等信息传感设备,按照约定的协议,把任何物品与互联网相连接,进行信息交换和通信,以实现智能化识别、定位、跟踪、监控和管理等,然后将物联网取得的信息,通过信息化传递到财务信息化系统,可以实现存货管理的智能化。

## 二、物联网与自动化技术的主要发展阶段

目前业界一般认为,物联网与自动化技术的概念,可以追溯至美国麻省理工学院在 1999 年提出射频识别技术(RFID),并提出所有物品通过一系列技术手段,将实现智能化识别和管理。

2005 年,信息社会世界峰会(World Summit on the Information Society,WSIS)首次正式提出"物联网与自动化技术"这一概念。从此,物联网与自动化技术进入了全球研究者的视野。2010 年,我国首次将"加快物联网的研发应用"明确写入《政府工作报告》,极大程度上推动了物联网与自动化技术在我国的极速发展。如图 3-8 所示,我国在该领域的研究自 2010 年后呈现井喷式发展。

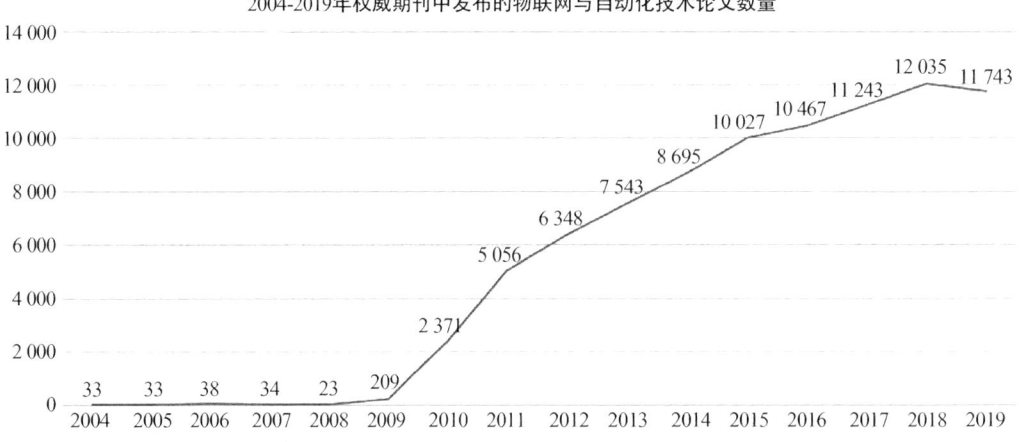

图 3-8　2004—2019 年权威期刊中发布的物联网与自动化技术论文数量

资料来源:万方数据库

2018年后，基于物联网与自动化技术的研究不断从单一应用转向多元化应用，一些基于该技术相关的数据储存及网络安全保护研究也引发了业内的广泛关注。

## 三、物联网与自动化技术在物流领域的主要应用场景及财务影响

顺丰集团长期以来关注新兴科技的发展与应用。近年来，物联网与自动化技术的应用使得集团在自动化释放劳动力、量化评估工作绩效、提升员工积极性以及助力资产投放精准化、业务标准化和可视化等方面都有了进一步的显著提升。

具体而言，我们发现，在实际管理和运营的过程中，物联网技术能够将物流现场多源异构的各类数据进行有效收集，并将各类生产要素进行信息化处理，通过工业建模和数据分析，将设备、人员、业务生产关联起来，对数据进行决策和联动，实现管理透明化和运营精细化。自动化物件则在物流的中转派各个环节，通过工业自动化手段助力实现半无人化和无人化的运营。

可以说，自动化物件构成了智能物流管理的基础底盘，物联网则提供了至关重要的数字化神经网络，两者相结合，使得企业能够逐步真正实现技术开发、设备投入与所得收益三者相匹配。

就应用场景而言，物联网与自动化技术在顺丰内部的已有主要应用场景包括中转场、仓库和包装容器等。下面本文将依次介绍3个物联网与自动化技术在顺丰集团内部的实际应用案例，并解析该技术对于财务管理的具体影响。

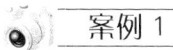 案例1

### 物联网与自动化技术在物料管理中的应用

——"顺丰循环运营平台"

包装容器，是物流企业中一项无法避免的必要支出。在应用物联网与

自动化技术之前,包装容器由于其自身品类繁杂、单价成本低廉、难盘点等特点,通常的做法是一般会将托盘、笼车和纸盒等相对低价值及需动态流转的物料划分为低价值易耗品一次性计入费用。

但依托物联网与自动化技术后,我们就能够准确地通过装置与技术,实时自动化采集这些需要监控的包装容器具体的位置和其他相关信息——"顺丰循环运营平台"应运而生。

"顺丰循环运营平台"是顺丰研发的一个内部应用平台,旨在通过物联网与自动化技术和大数据算法,解决顺丰物资物料及资产的管理问题,对不同价值资产和物资物料提出物联网化管理体系方案,创造性提出动态盘点、智能调拨和精准投放等模型,为行业内资产管理物联网化提供新的方向。

"顺丰循环运营平台"于2019年首次试点应用,2020年起在全国60个城市全面推广使用。截至2020年7月底,目前,该平台已经可以自动化监控与管理企业的9大类业务事项,数量总计超过80万个的包装容器,管理资产金额超过人民币3亿元。

可以说,该平台的应用解决了以往集团内部物资物料的动态管理问题,助力企业初步实现了物资物料实物管理的可视化,进而实现了财务数据的可视化,从而辅助了财务决策。

 案例2

## 物联网与自动化技术在闲置资产管理中的应用

### ——"顺丰闲置物资平台"

盘活闲置资产,能够帮助企业进一步改善战略管治水平、实施精准投入、活化已有资产和降低企业运营成本,对企业具有十分积极且重要的意义。然而,在物联网与自动化技术诞生前,如何盘活闲置资产确实是一道摆在财务专业人士面前的难题。

"顺丰闲置物资平台"是顺丰另一项以物联网与自动化技术为主所搭建的对物资投放、使用、调拨闲置数据进行实时管理的平台。在投入应用后,我们认为,对于企业财务管理团队而言,"顺丰闲置物资平台"能够体现以下 3 个主要特点与优势：

（1）财务管理团队可实时查看全国各地当天资产物资的使用动态，实时动态了解有无产生闲置的现象。

（2）财务团队可及时将相关闲置信息推送当地业务团队，关注并关联其他组织同类需求，促进资产盘活使用。

（3）财务管理团队可应用数据进行投入决策模型的参数调优，实现精准投入，助力集团降本增效。

仅以 2020 年数据为例，截至 2020 年 7 月底，"顺丰闲置物资平台"已经累计帮助集团盘活总价值相当于人民币 8 000 万元的闲置资产。

可以说，通过该技术解决了闲置物资的盘活问题，不仅能够进一步提升财务数据的真实性、可靠性，还能帮助财务进行更丰富的业务数据分析，进而辅助经营决策，优化资源配置。

 案例3 ......

## 物联网与自动化技术在员工作业量化中的应用

——中转场的应用

物联网与自动化技术目前也被我们运用于评估员工作业量，从而优化员工考评标准，激发员工积极性，为企业保留优秀人才之中。

以快运中转场的应用举例，以往考核员工的标准主要是工作的时长，但是工时其实无法真实反映出员工对企业的真正贡献，对于积极肯干能力强的员工，从长期来看，这样的评估方式反而会降低他们的主观能动性，无论对于企业的生产效率还是企业的文化，都具有消极的影响。

因此，顺丰在快运中转场试点运用物联网与自动化技术，实现了作业人员在装车和卸车环节的按件量计薪酬的方式。以 2019 年全年数据为例，该项技术的应用使得卸车环节的效率提升了 20%，叉车搬运作业环节效率提升了 15%。在此过程中，不但员工因作业效率的提升而实现了收入增加，而且企业整体业务量保持着持续增长，企业用工人数也并不需要线性的增长，因此企业的成本同时也降低了，可谓双赢。

当然，物联网与自动化技术仍然在不断发展的过程中，对于企业的实际应用层面也依旧存有不少痛点与挑战,例如,如何能够进一步优化技术的操作与交互,从而使得财务与业务团队能够更加完美地在流程上衔接与匹配;如何能够进一步解决智能硬件的高成本问题,从而使得更多的企业愿意使用该技术,更多的管理者愿意理性投资、推广应用领域等,这些问题仍然需要研究机构与企业在未来持续的共同探讨,共谋该项技术更好的发展。

## 四、物联网与自动化技术应用的未来发展趋势及对业界影响

依笔者观察来看,伴随5G技术的进一步发展,物联网与自动化技术应用的发展趋势将主要体现在以下三个方面:

首先,未来依托物联网与自动化技术,无人化场地和无人化配送技术将得到进一步发展。在2020年疫情发生期间,无人仓库、自动化分拣设备和无人机配送等充分保障了顺丰在保证员工安全的情况下,延续正常收派,确保时效。同时,该技术也是我们能够将物资送到最需要的地方的保障,如:顺丰无人机团队前往武汉等地,通过无人机及时将医疗和防疫物资送到医护人员手中,利用无人机配送,从顺丰速运湖北区将军路点部到武汉金银潭医院,仅耗时7分钟,不仅实现了无接触方式进行物资配送,同时机动性较强。

数据显示,到2019年年底,20世纪80年代和90年代出生的中国消费者数量已超过了4.23亿,占中国人口的1/3以上。伴随数字时代和智能时代的到来,作为数字原住民的中国千禧一代成为消费市场的主力,无人配送的需求进一步增加是一个必然的趋势,而这也进一步加速了顺丰在"物联网与自动化技术"上进一步应用与投资的决心和意愿。

其次,物联网与自动化物件的应用在未来必将对整个物流和快递生态带来创造性的变革。一方面,供应链全流程和数据的彻底可视化,会导致现有的很多操作环节和模式在未来都可能无需人工进行,从而可以使得员工从重复性的操作性工作中释放出来(例如盘点),真正从事具有创造性的工作;另一方面,线上数据的全面感知,会使得大数据和人工智能的应用场景得到极大丰富,进一步促进快递生态的智能进化。

最后,物联网与自动化物件的应用也将在未来进一步提升行业的服务水平与能力——如收派件的定制化服务,包括对于高附加值物品的定位追踪,货物的快速安全分拣和流转,更加社区化的即时互动收派,以及针对不同产品的多样化服务(如冷运品类扩充、医药的安全与保证时效、供应链提供的更加便捷的前置仓和浸润式电商门店体验等),都将成为可能。

全球最大的专业会计团体之一——澳洲会计师公会在近期的研究中发现,技术革新与企业文化已经成为公司治理领域两大重要的新兴趋势与关注焦点。因此,对财务管理人员及其团队而言,实时拥抱技术的发展已经成为一种必须。对于管理层来说,笔者认为有 4 点尤为关键:首先,必须保持乐观心态,积极适应新技术带来的变化;其次,管理人员要持续开放地学习,并且主动推动团队的共同学习与探讨,及时学习迭代新技术;再次,可采用重点项目示范、试点运作反馈、引入人才、引进技术、业内交流、内部应用、分享演练和激励保障等措施确保核心人员能够熟练掌握并应用该技术;最后,应当从为用户服务的角度出发,确保了解用户,使得技术应用能够进一步提升用户体验。

站在财务的视角,技术应用的本质是成本问题。我们判断一项技术的标准,是看能否真正意义上在企业应用场景内得到落地,其开发和设备的投入是否同所得到的收益(成本/效率)相匹配。相信未来随着新兴技术的进一步发展,业财融合的不断推进,财务人员一定能够更好地应用技术,从而推动更多行业与企业在营运模式与降本增效方面取得更大的收益。

# 五

# 第五代移动通信(5G)：让会计更加高效智能

袁磊，宝钢工程技术集团党委委员、副总经理

2020年上海国家会计学院成功举办了第五届"影响中国会计从业人员的十大信息技术"评选活动，在会计界和企业价值管理领域引起了广泛关注，在疫情期间意义尤其深远。这里，让我们来谈谈信息与通信技术(Information and Communication Technology，ICT)、5G、新基建对会计的影响，不谈波长、频率、带宽和云化技术；我们畅想一下，5G就是4G的一百倍：比4G的通信能力提高一百倍，比4G的用户承载能力提高一百倍，比4G的速度提高一百倍，比4G的安全性提高一百倍。那5G时代的会计管理能力会提高多少倍呢？

## 一、5G为什么没有入选十大

2020年疫情期间召开两会，《政府工作报告》要求加强新型基础设施建设，发展新一代信息网络，拓展5G应用。这是5G第三年出现在政府工作报告中，国家对5G的重视程度可见一斑。5G作为新基建七大领域之首，是万物互联、数字经济的新引擎，将为中国企业数字化转型、智能制造和价值管理提供坚实的基础，注入强大的发展动力。

后疫情时代5G被寄予厚望，美国、日本、韩国、欧盟和俄罗斯也纷纷出台5G战略。为什么5G却没有入选十大影响中国会计人员的信息技术呢？我想主要原因会不会是5G属于通信技术范畴，作为新基建的底层技术，不单独发挥作用，需要与云计算、大数据和人工智能共同促进万物互联时代的新型生产要素和生产关系的重构与调整。

还有一个可能的原因是5G等新一代信息技术需要在企业、事业等单位落地生根有应用场景后，随着企业、事业单位数字化、网络化、智能化水平的提高及技术的应用场景的逐渐丰富，实现企业生产的高效化、协同化运行，提高工业信息化和智能化制造水平，与会计管理能够相伴相生，财务人员才能够更好地发挥会计计量、价值管理的作用。所以5G 2020年入选了五项潜在影响中国会计人员的信息技术。

2019年10月份，5G牌照的发放引发了人们对未来变化的无限遐想，5G对各产业的影响节奏与影响深度因其自身的数字化程度、对5G需求力度的不同而存在较为明显的差异。随着ICT技术的蓬勃发展，各行各业在推进自身专业技术的数字化、智能化。会计是业务的记录计量与价值反映，而ICT技术则为价值管理体系变革提供了新思维和新工具。

会计发展和数据的产生、发展与应用相伴相生，随着人类历史的进步，记录、计量、分析方法不断在推进，同时，数据产生和应用推进着人类文明的进步。2020年4月9日，为防控新冠肺炎疫情、推动和恢复经济增长，中共中央、国务院印发了《关于构建更加完善的要素市场化配置体制机制的意见》。"加快培育数据要素市场"是该文件最大的突破，在土地、劳动力、资本、技术生产要素之后，首次把数据要素单列出来，这种做法在世界各国中处于领先位置。会计，其实就是数据采集、处理和应用，通常说会计部门就是产生数据的，会计人员从来不缺乏数据，只有数字化的数据才更有价值。我们要认识到数据是生产要素，是一种新的资源、资本甚至是资产，我们需要数字化时代的眼光和思路重构会计的边界和方式。

5G带来了数据采集和传输能力的大幅提高，全世界数据的量级会发生指数型的变化，会带来量变到质变的重大飞跃，5G可能会颠覆整个会计行业的生态，会对财务会计和管理会计带来巨大变革，特别是推进管理会计的应用和发展。

与其他先进的技术一样，如何找到合适的应用场景发挥作用是最重要的。那么在会计方面5G的应用场景是什么，解决什么问题，会计领域会发生什么样的变化呢？

## 二、5G 与会计

我们非常有幸处在这样一个数字化的时代,大数据、工业互联网的发展方兴未艾,我们亲历了这个发展过程。

### (一)三十年前

三十多年前,我大学毕业后参加工作,在当时世界上最先进的钢铁厂中央控制室翻班,过程控制机每一个小时把一些生产过程中间关键的生产技术指标、消耗指标和设备状况指标打印一次,日积月累打印出来的报表摞得很高,这些数据是供中央控制室操控人员及管理人员过程查阅和分析用的,像我们每一家的火表数一样不存储。当时我作为翻班的生产技术人员认为很有必要对这些数据进行整理分析,以便对生产工艺及装备的进一步优化提供数据支持。于是花了许多时间手工摘取相关参数数据、建立模型和分析验证,最终得出结论,提供决策支持。大量的手工数据建模分析表明,1985年9月投产的宝钢1号烧结机生产水平不断提高,但是通过对1986年5月至1987年3月期间生产数据及现场情况分析可知,它在提高生产效率、改善产品质量和降低能耗方面还有改善的潜力,于是我提出了设备改造的有关设想和进一步提高产量、质量和改善工艺参数的有关措施。我的建议得到了采纳,在1988年年修时对主作业线装备进行了技术改造,工艺参数相应得到了多方面的改善,取得了显著的经济效益。而我作为刚参加工作的小白得以在行业核心杂志《钢铁》1988年第6期上发表了"宝钢高料层烧结生产实践",这是数据要素资产带来的效益,只不过那时是手工的,没有数据仓库。

### (二)二十年前

二十多年前,中国优秀的长流程大型制造企业集团建立起了完善的ERP系统,建立了整合程度相当高的企业管理信息系统,包括销售管理、质量管理、生产管理和财务会计管理等子系统,实现了成本核算与会计业务的高度集成,实现了财务会计的信息化。信息技术支持企业实现了实物流、资金流和信息流的集成管理,使企业管理模式发生了根本性变革。

如果说财务会计的特点是以会计制度和会计准则为准绳，以满足标准财务报告为目的的话，其对成本核算的要求是简洁高效；那么管理会计就是以满足企业内部精细化管理为目标，必须与企业业务紧密结合，对成本计算的要求既要贴切入微，又要灵活高效。对于一个典型的制造能力在一千万吨的长流程钢铁制造基地来说，财务会计成本核算对象设定为百位数就可以了，而管理会计成本计算对象就需要设定在十万位数以上。"人到一万，无边无沿"，如果没有一个与生产制造单元紧密结合的数字化的管理会计系统，就无法实时计算出明细产品成本，揭示成本改善的潜力，指导成本改善，无法实时计算每一种明细产品的盈利能力，指导市场营销和生产排产，无法实现以产品为中心的资源配置优化和价值化管理。

### （三）十年前到现在

十多年前到现在，中国杰出的长流程大型制造企业集团建立了管理会计系统，我们可以称之为"成本和盈利能力管理信息化系统"。该系统在线实现了百万级别产品对象的成本计算和盈利能力管理，指导生产资源计划的安排，联动生产现场能力的优化和市场资源的调配，以及绩效衡量数据的在线收集和优化。

我们在线产生数据、存储数据、离线分析数据，从中产生并固化知识，返回在线应用知识。或者说，离线利用大数据、在线利用小知识。需要我们关注数据的完整性，范围覆盖要足够大，样本量要足够多；需要我们关注数据的准确性，建立数据标准和精度的治理体系，避免导致分析错误等。

### （四）5G 时代

5G 时代，ICT 技术进步了，数据采集和传输速度非常快，数据会以很快的速度运行，这个时候有没有可能在线采集、在线固化和在线应用数据和知识呢？这对我们的数字资产质量提出了挑战。信息系统的主数据标准是怎么建的？数字主线（Digital Thread）流程是怎么走的？算法模型是怎么建的？算力的云边端是如何配置的？知识或者说计算结果是怎么样返回生产控制的？如何统一产品链、资产链、价值链的数据源，产品数字化模型是否采用标准开放描述，实现逐级向下传递而不失真、可回溯？制造业如何在工程设计、装备制造、工程施工和交付、设备运行维护、备件管理、生产过程控制、产品质量控制、供产销财税流程管理等中,实现代码贯通和柔性连接,统一标准、整合资源的?这带来了一系列的挑战,对会计人员特别是管理会计人员在线应用知识的可靠性和知识管理方式带来了挑战。

5G引领下的ICT技术将让企业有条件实现数字化、精细化管理,更加便捷地产生、收集数字化工厂的三维设计与交付信息,实时收集全面的生产信息,从而对产品成本的各环节实时控制与改善,快速计算产品盈利能力,更快地连接产品市场和生产现场,动态优化资源配置和产能安排,提供强大的算力和数据传输能力,实现工业互联网企业的柔性制造和智慧制造,实现企业的过程监控、绩效评价、风险管理及战略分析、策略分析、价值管理。

成本是设计出来的,在工艺装备设计和工程施工时就已经决定了产品生产的固定成本,通过数字化的智慧工厂来提高效率、降低建设成本。数字化贯穿工程建设和生产运营活动的各个环节,全流程实现最小管理基准值的价值化管理。

成本是精益运营出来的,通过数字化赋能设备运维优化和产品供、产、销价值链优化,全面提升成本竞争力。

5G时代,算力和算法的升级也将带动人工智能在财务会计领域的飞速发展,推动财务共享、互联网报支、电子发票背景下的交易管理和供应链金融管理更加高效、透明、协同,迈上新台阶。

5G时代的到来对于会计人员业财融合的能力提出了挑战,对于会计信息的可靠性和及时性提出了挑战。5G作为数字经济的驱动力正融入千行百业,是对行业应用的赋能,更是对数据的技术价值和经济价值的深度挖掘。会计行业要拥抱数字化转型浪潮,勇于创新,让5G技术融入自身、赋能自身。

在全国网络安全和信息化工作会议上习近平总书记曾强调,"信息化为中华民族带来了千载难逢的机遇"。我们有幸处在这样一个时代,每一天都会和昨天不一样,每一天都是新的一天,我们将共同推动会计管理能力跟随5G时代不断提高。

# 分布式账本：商业价值链的基建

朱灏，德勤风险咨询数字化鉴证和咨询合伙人

陈建峰，澳洲会计师公会华南区委员会副会长

基于区块链的分布式账本是随着比特币等数字加密货币的日益普及而逐渐兴起的金融科技领域的一项重要应用创新。其具有去中心化、区块数据基本不可篡改、去信任化、可编程等特性。目前已经引起了政府部门、金融机构、科技企业和资本市场的广泛关注与高度重视。

本文将从记账科技的演进讲起，介绍区块链和分布式账本的关系和发展进程，以及公有链、私有链和联盟链三种不同类型链下应用的侧重。最后通过解析分布式账本在贸易金融、投资决策和机器人部署领域的应用，探讨基于区块链的分布式账本带来的潜在商业价值。同时，从科学技术和政策法律方面分析当前其发展面临的难点与挑战，进行总结与展望。

## 一、分布式账本概述

### （一）分布式账本的千年演进

记账科技作为金融科技的基石，整个人类文明的发展历程均伴随着记账科技的千年演进。从公元前 36 世纪至公元 15 世纪使用的单式记账法（Single Entry）到 15 世纪至 20 世纪中期的现代复式记账法（Double Entry），再到 20 世纪中期至 21 世纪初的数字化账本，最后到 2009 年至今以区块链为代表的分布式账本。分布式账本是经济社会发展过程中由信任机制演变而形成的数据库技术的演进。

## （二）分布式账本和区块链的关系

分布式账本是分布在多个节点或计算机设备上的数据库，每个节点复制并保存相同的账本副本。其分布式记录和存储，实现账本内的数据的同步与共享。

区块链是一种由多方共同维护数据块的链式结构，使用密码学保证传输和访问安全，能够实现数据一致存储、维持持续增长、不可篡改和防止抵赖的记账技术。

分布式账本和区块链虽然都涉及了去中心化和节点之间的共识，但是密码签名和将记录连成链是区分区块链和分布式账本的两大特点。区块链上的数据通过加密数字签名对其进行安全保护，并被分组以块的形式组织起来，这些块按照时间顺序依次连接形成一条链条，其特殊的结构使它有别于其他类型的分布式账本。因此，每个区块链都是一个分布式账本，但不是每个分布式账本都是区块链。

## （三）基于区块链的分布式账本的特征

从区块链技术原理出发，基于区块链的分布式账本具有分布式储存、多中心协助、高透明度数据以及相互信用验证的特性，能被广泛运用于特定的商业场景。

### 1. 分布式储存

区块链数据库是分布式记录、分布式储存，即每个节点都负责数据的记录和储存。同时，每个节点复制并保存相同的账本副本，以实现数据同步与共享。

### 2. 多中心协作

区块链可以解决信息冲突下的行动一致问题，它允许每一个节点的信息独立地与其他节点信息进行交互以实现系统的有序运行，不需要信息中介。

### 3. 高透明度数据

分布式网络，单一节点的故障不会影响其他节点，极大降低了储存信息丢失的风险。同时，区块链上的参与者都会自动集体维护数据记录，任何数据的更新都会同步于其他节点，使得数据信息不可篡改，提高了数据的透明可靠性，降低了欺诈概率。

4. 相互信用验证

区块链依靠非对称加密和可靠数据库完成信用背书，所有的规则事先都以算法程序的形式表述出来。参与方不需要知道交易对手信用度，更不需要借助第三方机构来进行交易背书或者担保验证，而只需要信任共同的算法就可以建立互信。

## 二、基于区块链的分布式账本的发展状况

自 2009 年比特币诞生，区块链走入大家的视野以来，区块链经历了三次热潮。第一次热潮，2013 年比特币价格的暴涨，各种加密货币项目相继出现，区块链术语开始频繁出现，但主要集中在加密货币和相关技术领域。第二次热潮，随着对基础协议和框架的探索，基于区块链的分布式账本技术被证实在众多商业领域具有应用价值，面向企业的分布式账本——超级账本和大型公有智能合约引擎——以太坊开源项目应运而生。第三次热潮，从 2017 年开始至今，众多互联网领域的资本开始关注区块链领域，区块链俨然成为继人工智能后的又一资本热点。

从技术角度看，根据区块链技术内部结构的不同，可将之分为公有链、私有链与联盟链三种类型。由于不同类型的链下的技术与功能不同，应用侧重点也有所不同。

### （一）公有链助力公共服务和监管业务

公有链是一个完全开放的系统，不受任何个人、组织或机构的控制，由所有参与者共同维护。公有链技术作为一个开放的、去中心化的系统，在公共服务和监管领域具有重要的价值。运用区块链技术可以大力推动政府数据的开放度、透明度，促进跨部门的数据交换和共享，推进大数据在政府治理、公共服务、社会治理、宏观调控、市场监管和城市管理等领域的应用。在政务方面，主要应用于政府数据共享、数据提笼监管和税务监管等；在民生方面，主要应用于精准扶贫、个人数据服务、医疗健康数据、智慧出行和社会公益服务等。

## （二）私有链赋能企业管理

私有链是指由一个组织或机构控制的区块链，系统地写入权限和读取权限是否对公众开放，开放程度和限制程度如何均受到控制。私有链在企业管理的现代化、数字化、智能化方面有重要的应用价值。企业可以通过将资金使用情况及时、准确地记录在区块链的数据库当中，帮助企业管理层及时准确地把握资金的实施和效率，及时发现问题、及时纠正问题，实现企业对生产运营的各个环节进行全面监管。

## （三）联盟链打造服务平台

联盟链是指其共识过程由预选节点控制的区块链，只针对某个群体的成员和有限的第三方。联盟链背后的主要思想是利用区块链技术打造一个良好的网络，并通过扩大合作效应来应对特定行业的挑战。联盟链的部分去中心化特性使其在构建多参与者合作平台的场景中具有良好的应用前景。例如，汽车售后服务市场生态联盟链，主要由底层单元（客户交易数据）、共识机制（交易规则）、联盟节点（维修企业、保险公司、金融机构等）和普通节点（客户）组成，形成了集维修、金融保险、事故救援、废品回收和事故处理为一体的服务体系，实现了金融风险控制和数据资源共享。

从应用角度看，基于区块链的分布式账本技术特有的不可篡改、共识机制以及去中心化的特性，可能深入应用的场景包括金融服务、征信和权属管理、资源共享、贸易管理、物联网等。下面将通过解析分布式账本在贸易金融、投资决策和机器人部署领域的应用，探讨其潜在的商业价值。

# 三、基于区块链的分布式账本的应用场景探索

## （一）分布式账本赋能贸易金融

当前外部环境错综复杂，经济面临下行压力，监管力度不断加强，贸易金融作为银行业重要业务体系之一，防范业务风险、提高业务质效刻不容缓。以区块链为基础的分布式账本技术，为安全、可靠和有成本优势的贸易金融网络提供了所需的灵活性和安全性。

区块链网络可以使各端点安全可靠地在所需的记录上进行协作和交易，同时执行约定的条款和条件。因此，将银行、金融机构、买方、卖方、物流公司和海关等贸易融资参与者部署在区块链网络中，通过分布式账本技术，将包括订单采购、提单、记账融资和发票等各类交易信息进行存储与共享，为生态系统中所有贸易融资参与者提供高透明度信息，减少贸易融资中的密集式人手运作和实体文书，从而提高了运营效率。除此之外，采购订单将会被哈希①进区块链中，使得订单记录可以在保证敏感客户和商业信息不被暴露的前提下被用来检查重复性，从而避免重复融资，防范欺诈。另外，分布式账本技术的智能合约功能，可自动化密集的人工流程，如触发收到发票后与订单的自动对账，节省人力、降低人工操作失误的同时，进一步防范业务风险。在业内，早在 2018 年，德勤与香港中国金融管理局、香港银行同业结算有限公司及中国香港 12 家主要银行合作组建联盟，为贸易融资部署 DLT（Distributed Ledger Technology，分布式账本技术）平台，完成了分布式账本技术在贸易金融领域的应用。

减少密集式人手运作和实体文书，降低欺诈性交易和重复融资的风险，提高整个行业的透明度和业务质效，分布式账本技术充分展示了在贸易金融业务中的优势赋能。

### （二）分布式账本赋能投资决策和合规监管

当前数字经济发展迅猛，新产业链上下万物互联，海量数据资产以及不断加强的监管意识，都给投资决策和合规监管带来了众多挑战。在业内，为了更好地应对数字经济时代下投资决策和合规监管过程中面对的挑战，德勤推出了基于数智灵刃架构的智能财务投资风险引擎（Financial Investment Risk Engine，FIRE），从商业场景、应用、模型、数据和技术五个层级，自上而下为企业的发展保驾护航。

德勤的智能财务投资风险引擎，基于区块链的分布式账本，可以多节点地获取企业自身和企业外部的各类分布式数据，如企业自身的业务财务数据，企业与各类银行的交易、融资信息，企业与保险机构的保单信息以及企业在政府机关的营业执照、法律纠纷等信息。区块链不可篡改以

---

① 哈希一般指 Hash，是把任意长度的输入通过散列算法变换成固定长度的输出，简单的说就是一种将任意长度的消息压缩到某一固定长度的消息摘要的函数。

及共识机制的特性,保障了账本内储存的企业内部业务财务信息和外部信息的真实性准确性,为投资决策或合规监管提供了科学有效的数据保障。此外,智能财务投资风险引擎还拥有层级式多维度的指标体系,300＋指标,组合成100＋指标对,再聚合成50＋指标组,为数据分析提供了全面科学的指标模型。同时,智能引擎内嵌了基于规则和基于人工智能模型的两套分析引擎,跨越历史、实时和预测三大时间维度,全方位对标的的风险进行全面揭示。其处置的结果也将记录在历史风险库中,并自动更新对应的规则引擎以实现模型自我迭代升级。

基于分布式账本技术的智能财务投资风险引擎,大大赋能企业洞悉标的公司投资风险的能力,协助企业更加科学全面地挖掘标的公司的内在价值,规避可能产生的合规风险。

### (三)分布式账本赋能机器人云部署

机器人流程自动化(RPA)在提升企业工作效率方面发挥着巨大的作用,但是RPA从一个单部门、割裂流程的应用,走向全部门、全流程的应用过程中,面临着部署、运维成本高昂,系统软硬件要求高等几大问题。通过分布式账本与机器人的云部署,可以有效应对以上问题。

机器人云部署RaaS(Robot-as-a-Service)是一种更加灵活的RPA部署方式,通过将服务器部署于基于分布式记账技术的云端,为不同规模的企业量身定制适用于其自身特点的定制化管理服务,让用户无需再购买机器人许可,直接可以享受到机器人的服务,减少了企业的前期投入成本,同时也缓解了企业对信息系统软硬件配置的高要求,解决了中央机器人调度的难题。在实际部署中,系统结构主要由三层组成,即云服务层、边缘计算层和区块链层。各个工作节点的机器人将工作数据上传至云服务器,由边缘计算层进行计算处理。在基于边缘计算的网络基础之上,将边缘设备节点赋予区块链属性,从而形成移动区块链系统。来自不同节点上机器人的数据由区块链记录为块,形成链表数据结构以指示添加到区块链的数据之间的逻辑关系,不需要中央实体或中介来维护数据块,为数据提供分布式存储和访问控制。边缘计算的结合使系统拥有了大量计算资源和分布在网络边缘的存储资源,从而有效地减轻了功率限制设备的区块链存储和挖掘计算负担。

该架构具有高质量、高数量的共享数据和基于区块链的强大分布式算力，使得 RPA 机器人的反应速度、资源调配合理性大大提高，以及部署机器人的成本大幅下降、灵活性大大增强。

## 四、面临的难点与挑战

基于区块链的分布式账本，作为近年来兴起并快速发展的科技创新，必然会面临各种制约其发展的问题和障碍，其中技术的制约及法律和监管政策的不确定性就是其面临的两大挑战。

### （一）技术的制约

底层技术存在瓶颈，区块链技术在系统稳定、应用安全和运行效率等方面尚未成熟。随着数学、密码学和计算技术的发展，非对称加密机制存在一定的破解可能性，使其应用存在潜在的安全威胁。上链数据的隐私保护也存在安全风险，各节点并非完全匿名，而是通过地址标识（如比特币公钥地址）来实现数据传输，随着各类反匿名身份甄别技术的发展，仍有一定可能实现关键目标的定位和识别。此外，节点的数据备份要求对日益增长的海量数据存储持续增压，效率问题也是制约其应用的重要因素。

### （二）法律和监管政策的不确定性

区块链去中心化、自我管理和集团维护的特点，对现有法律法规和监管框架带来了新的挑战。法律和监管政策的不确定性也不可避免制约了区块链技术的应用与发展。

## 五、总结与展望

2009 年至今，区块链技术已经走过了 11 个年头，毫无疑问，分布式账本科技已经成为金融科技领域的重要创新成果，带来的效率提升必将创造新的发展机遇。基于区块链的分布式账本在贸易金融、投资决策和机器人部署领域的应用，也极大地体现了其潜在的商业价值，但仍有技术和法律监管角度的难点与挑战，使其在具体的场景运用上还需进一步探索和研究。

# 七

# 分布式账本：易被忽视的价值

胡仁昱，华东理工大学会计信息化与财务决策研究中心主任、教授

## 一、分布式账本的概念

　　账本是会计记录的基础与会计信息的承载体，账本的作用在于登记各类经济业务的增减变动及其余额。账本历史已经十分悠久，一开始的账本都以纸质实体方式存在，在 20 世纪 90 年代计算机投入运用之后，电子账本逐渐成为账本形式的主流。而无论是纸质形式还是电子形式，传统的账本都由经济业务的某一方进行记录与保存，不同主体的账本之间进行验证的成本相对高昂，对于伪造账簿记录等行为的监控也相对滞后，而分布式账本技术则有望能够解决这些问题。

　　分布式账本（Distributed Ledger）是一种在网络成员之间共享、复制和同步的数据库。分布式账本记录网络参与者之间的交易，比如资产或数据的交换。

　　分布式账本的数据库分布于对等网络的节点（设备）上，当中每个节点都复制及存储与账本完全相同的副本并独立更新。账本里的任何改动都会在所有的副本中被反映出来，反应时间会在几分钟甚至是几秒内。在这个账本里存储的资产可以是金融、法律定义上的实体的或是电子的资产。在这个账本里存储的资产的安全性和准确性是通过公私钥以及签名的使用去控制账本的访问权，从而实现密码学基础上的维护。根据网络中达成共识的规则，账本中的记录可以由一个、一些或者是所有参与者共同进行更新。

## 二、分布式账本的优点

相对于传统的账本系统而言，分布式账本的最大优点在于其不存在中央权威。当一个账本出现更新，每个节点都将执行一笔新交易，然后所有节点以共识机制投票决定哪一个副本是正确的。一旦达成共识，所有其他节点都会按照正确副本的数据进行更新。这种投票机制降低了因调解不同账本所产生的时间和开支成本，也使得分布式账本的数据与记录更加透明、可信。

分布式账本的运作效率更高，成本也更低。分布式账本可以减少完成一笔交易所需要花费的总时间，作为一个自动化的系统，其也可以做到 24 小时不间断的运转。

分布式账本也使得财务系统的信息流更加清晰，为财务报表的审计带来了巨大的便利性。在分布式账本中，企业不存在独立伪造交易的可能性，财务数据的真实性从源头上得到了保证。

## 三、分布式账本的应用场景

分布式账本以其安全性、可验证性以及高效性的特点，有望能够为政府、机构以及企业的工作方式带来巨大的革新。

分布式账本技术有潜力帮助政府进行税款征收与管理、政府补助的资格认证与发放和产权登记等管理工作，同时也可以协助政府实现社会福利发放、证件执照文件的发放等社会公共管理职能。英国国民健康保险制度（National Health Service，NHS）着重推动了分布式账本技术在其制度改革中的应用，包括医疗保险、患者档案管理、药品管理以及治疗方案的评估等方面。

分布式账本在银行等金融机构中也有极为广阔的应用场景。分布式账本能够高效、低成本地完成资金清算，并且能够保证相关信息的真实连贯性。加拿大央行与新加坡金管局都已经在其数字化货币转型中运用了分布式账本的技术，以期能减少支付流程，尤其是日益繁多的跨境支付流程的成本，并使得相关的交易更加可溯源。

　　供应链管理也有望迎来分布式账本技术带来的革新，分布式账本提供了一种确定商品所有权和起源的新方法。以钻石这种商品为例，传统的钻石识别与分类都依靠名目繁多的各种纸质文件来进行，不仅效率低下、成本高昂，还存在着较大的文件被伪造的风险。而 Everledger 公司提供了一种确保钻石身份的分布式账本，其中记录了钻石从采掘、切割、销售到承保的各种信息，使得相关的验证工作更加高效，并且有效降低了诈骗风险。

# 主要参考文献

［1］SCHNEIDER J. Blockchain：putting theory into practice［R］.Goldman Sachs，2016.

［2］SATOSHI NAKAMOTO. Bitcoin：A Peer-to-Peer Electronic Cash System［EB/OL］. (2008-10-31)［2020-09-05］.https：//bitcoin.org/bitcoin.pdf.

［3］VITALIK BUTERIN. A Next-Generation Smart Contract and Decentralized Application Platform［EB/OL］.(2020-10-09)［2020-10-10］.https：//ethereum.org/en/whitepaper/.

［4］AMANI F A, FADLALLA A M. Data mining applications in accounting：A review of the literature and organizing framework［J］. International Journal of Accounting Information Systems，2017，24：32-58.

［5］WANG P Y, CHOW T W S, CHIU C W F. Computational accounting in determining Chart of Accounts using nominal data analysis and concept of entropy［J］. Expert Systems with Applications，2009，36(3p2)：6966-6977.

［6］CALLEN J L, KWAN C C Y, YIP P C Y, et al. Neural network forecasting of quarterly accounting earnings［J］. International Journal of Forecasting，1996，12(4)：475-482.

［7］BACK B, TOIVONEN J, VANHARANTA H, et al. Comparing numerical data and text information from annual reports using self-organizing maps［J］. International Journal of Accounting Information Systems，2001，2(4)：249-269.

［8］MAGNUSSON C, ARPPE A, EKLUND T, et al. The language of quarterly reports as an indicator of change in the company's financial status［J］. Information & Management，2005，42(4)：561-574.

［9］LANDAJO M, DE ANDRÉS J, LORCA P. Robust neural modeling for the cross-sectional analysis of accounting information［J］. European Journal of Operational Research，2007，177(2)：1232-1252.

［10］EKLUND T, BACK B, VANHARANTA H, et al. A Face Validation of a SOM-Based Financial Benchmarking Model［J］. Journal of Emerging Technologies in Accounting，2008，5(1)：109-127.

［11］KOSTAKIS H，SARIGIANNIDIS C，BOUTSINAS B，et al. Integrating activity-based costing with simulation and data mining［J］. International Journal of Accounting and Information Management，2008，16(1)：25-35.

［12］LIU X B，ZHOU S K，MENG Q N，et al. Activity-based standard cost variance analysis ［J］. Computer Integrated Manufacturing Systems，2012，18(8)：1881-1893.

［13］C C REYES-ALDASORO，A R GANGULY，G LEMUS，A GUPTA. A hybrid model based on dynamic programming，neural networks，and surrogate value for inventory optimisation applications［J］. Journal of the Operational Research Society，1999.

［14］DIKMEN B，GÜRAY KÜÇÜKKOCAOĞLU. The detection of earnings manipulation：the three-phase cutting plane algorithm using mathematical programming［J］. Journal of Forecasting，2010，29.

［15］TACKETT J A. Association Rules for Fraud Detection［J］. Journal of Corporate Accounting & Finance，2013，24(4)：15-22.

［16］JANS M，ALLES M，VASARHELYI M. The case for process mining in auditing：sources of value added and areas of application［J］. International Journal of Accounting Information Systems，2013，14(1)，1-20.

［17］OWUSU-ANSAH，STEPHEN，MOYES G D，BABANGIDA OYELERE P，et al. An empirical analysis of the likelihood of detecting fraud in New Zealand［J］. Managerial Auditing Journal，2002，17(4)：192-204.

［18］KNUDSEN D R. Elusive boundaries，power relations，and knowledge production：A systematic review of the literature on digitalization in accounting［J］. International Journal of Accounting Information Systems，2020，36.

［19］HARTIGAN J A，WONG M A. A K-Means Clustering Algorithm［J］. Applied Stats，1979，28(1).

［20］MAK YUEN TEEN，RICHARD TAN. Banking on governance. Insuring sustainability ［EB/OL］.［2020-09-05］. https：//www. cpaaustralia. com. au/professional-resources/esg/corporate-governance/banking-on-governance.

［21］毕夫.财税变革与管理的区块链赋能与加热［J］.中关村，2020(2)：26-28.

［22］王尔媚，苏静.基于区块链的电子发票应用研究［J］.现代商贸工业，2020，41(18)：95.

［23］刘诗琪.基于区块链技术的企业财务活动优化路径［J］.商业会计，2019(14)：66-67.

［24］姚孟良.浅议区块链技术对财务审计的影响［J］.商业会计，2018(13)：107-108.

［25］袁勇，王飞跃.区块链技术发展现状与展望［J］.自动化学报，2016(4)：481-494.

［26］钟玮，贾英姿.区块链技术在会计中的应用展望［J］.会计之友，2016(17)：

122-125.

[27] 沈鑫,裴庆祺,刘雪峰.区块链技术综述[J].网络与信息安全学报,2016,2(11):11-20.

[28] 付晨.区块链视角下企业资金管理模式改革与创新研究[J].中外企业家,2020(18):53.

[29] 赵磊.区块链类型化的法理解读与规制思路[J].法商研究,2020(04):46-58.

[30] 邹亚强,朱小燕,蒋小健,等.联盟链技术在汽车售后服务的应用模型[J].科学技术创新,2020(17):71-73.

[31] YEASY.区块链技术指南[EB/OL].[2020-09-05] https://github.com/yeasy/blockchain_guide.

[32] 陈虎,郭奕.财务数字基建 赋能企业转型[J].财会月刊,2020(13):15-21.

[33] 何欣哲.信息技术引领财务变革[N].中国会计报,2017-10-27(006).

[34] ACCA,中兴财务云,通用(GE)全球运营.2017 中国共享服务调研报告[R].2017.

[35] 中兴新云,西安交通大学,中国会计报.2019 年中国共享服务领域调研报告_基于中央企业财务共享服务建设情况[R].2019.

[36] 陈虎,孙彦丛,郭奕,等.财务机器人——RPA 的财务应用[M].北京:中国财政经济出版社,2019.

[37] 国家档案局经科司.企业电子会计档案管理试点工作取得重大进展[EB/OL].(2014-07-10)[2020-09-05].https://www.saac.gov.cn/news/2014-07/10/content_58303.htm.

[38] 财政部.财政部国家档案局有关负责人就印发《关于规范电子会计凭证报销入账归档的通知》答记者问[EB/OL].(2020-04-30)[2020-09-05].http://kjs.mof.gov.cn/zhengcejiedu/202004/t20200402_3492561.htm.

[39] 杨茜雅.会计档案电子化 助力财务管理转型[J].中国档案,2015(2):25-27.

[40] 王艳明.刍议电子文件、电子档案一体化管理[J].湖北大学学报(哲学社会科学版),2001(06):111-113.

[41] 王强,高强.数字转型 单轨切换:中国石油数字档案管理系统特色与功能实现[EB/OL].(2020-07-27)[2020-09-05].http://www.dajs.gov.cn/art/2020/7/27/art_81_51586.html.

[42] 邓绍兴,陈智为.档案管理学[M].北京:中国人民大学出版社,1996:9.

[43] 国家档案局.国家档案局印发《关于进一步加强档案安全工作的意见》的通知[EB/OL].(2019-10-09)[2020-04-21].https://www.saac.gov.cn/daj/gfxwj/201910/55d8388520734b2ab270bbd49b7b61d2.shtml.

[44] 浪潮云 ERP."云上临矿"再进一步:煤炭行业第一个会计电子档案系统上线运行[EB/OL].(2020-03-18)[2020-09-05].https://www.sohu.com/a/381152622_282002.

[45] 高廷帆,陈甬军.区块链技术如何影响审计的未来——一个技术创新与产业生命周期视角[J].审计研究,2019(02):3-10.

[46] 刘勤.智能财务的发展体系及其核心环节探索[J].财务与会计,2020(10):11-14.

[47] 秦荣生.区块链技术及其在会计审计中的应用[J].审计观察,2019(06):4-7.

[48] 王刚,叶明,郑天娇.信息质量视角下区块链技术在企业会计领域的应用探析[J].财务与会计.2019(02):67-69.

[49] 吴忠生.区块链:未来可期 任重道远[J].财务与会计,2019(24):77-80.

[50] 袁广达,郭译文.区块链技术在会计领域中的应用探析[J].财务与会计,2019(06):73-74.

[51] 中国信息通信研究院.区块链白皮书(2019年)[EB/OL].(2019-11-08)[2020-09-05].https://mp.weixin.qq.com/s/VAD59IlLw0aCewhsuX71Jw.

[52] 潘正平.关于移动支付对企业财务管理影响的研究[J].科学与信息化,2018(12):154-155.

[53] 刘敏文.生物识别技术现状及对我国金融业发展的启示[J].时代金融,2018(36):45,50.

[54] 张伟,董伟,张丰麒.中央银行数字货币对支付、货币政策和金融稳定的影响[J].上海金融,2019(01):59-63,77.

[55] 路伟果,刘光军,彭韶兵.数据挖掘技术对会计的影响及应对[J].财会月刊,2020(07):68-74.

[56] 徐宇华.审计机关联网审计[J].中国内部审计,2008(07):84-85.

[57] 李海龙,张宇,孙雷,等.大数据环境下审计技术方法研究[J].营销界,2019(46):66-67.

[58] 张志斌,刘玲,王宁.大数据环境下在线监督监控协作整合机制研究[J].财会学习,2018(014):182-183,191.

[59] 谷月英.构建基于风险导向的在线审计体系提升企业风险应对能力[J].财务与会计,2016(003):28-29.

[60] 黄志艳.基于数据挖掘的在线审计模型设计[J].电子技术与软件工程,2016(021):168-169.

[61] 袁虎,岳苓,王静.浅谈如何推进数字化审计和联网在线审计工作[J].财经界(学术版),2019(02):141.

[62] 闭秀萍,谢志林,梁琦,等.在线审计建模与实现探讨[J].现代信息科技,2019(20).

[63] 王舰,赵悦,董灿.关于区块链电子发票的思考与建议[J].财务与会计,2019(14):63-65.

[64] 张庆胜,刘海法.基于区块链的电子发票系统研究[J].信息安全研究,2017(6):516-522.

[65] 程平,王文怡.基于区块链技术的税收征管电子发票防伪追溯研究[J].会计之友,2020(4):154-160.

［66］秦川.浅议区块链电子发票［J］.国际税收,2018(11):78-79.

［67］陆煜.区块链技术下数字货币的会计计量模式探索［J］.财政监督,2020(12):94-98.

［68］何德旭,姚博.人民币数字货币法定化的实践、影响及对策建议［J］.金融评论,2019(11):116-117.

［69］成丽莉.数字货币对金融会计的影响［J］.中国金融,2019(24):38-40.

［70］罗玫.加密数字货币的会计确认和税务实践［J］.会计研究,2019(12):34-39.

［71］杨雁.中央银行发行法定数字货币对会计工作的影响研究［J］.经济研究导刊,2019(34):116-120.

［72］蹇薇,夏玉梅.数字货币相关会计问题探讨［J］.会计之友,2018(23):120-125.

［73］王碧玉,钟冰,陆建桥.关于数字货币会计处理的探讨［J］.财务与会计,2017(22):72-75.

［74］孙其博,刘杰,黎羴,等.物联网:概念、架构与关键技术研究综述［J］.北京邮电大学学报,2010(3):1-9.

［75］王立斌.产业经济学视域下优化物联网发展路径探析［J］.中国集体经济,2020(19):23-24.

［76］安筱鹏.重构:数字化转型的逻辑［M］.北京:电子工业出版社,2019.

［77］陈志刚.5G革命［M］.湖南:湖南文艺出版社,2020.

［78］王志平.无形资产概念探析［J］.内蒙古财经学院学报,1997(01):32-37.

［79］大数据与会计发展研究中心.物联网与会计的融合发展——来自中国企业的调研报告［R］.2019年11月.

［80］上海国家会计学院.2020年影响中国会计从业人员的十大信息技术评选报告［R］.2020年6月.

2020 年影响中国会计从业人员的
十大信息技术评选报告

# 本项目由以下机构共同支持

（排名不分先后）